에드워드 홀 문화인류학 4부작 ❸ 최효선 옮김

문화를 넘어서

이상의 도서관 48

한길사

 이상의 도서관 48

문화를 넘어서

지은이 에드워드 홀
옮긴이 최효선
펴낸이 김언호

펴낸곳 (주)도서출판 한길사
등록 1976년 12월 24일
주소 10881 경기도 파주시 광인사길 37
홈페이지 www.hangilsa.co.kr
전자우편 hangilsa@hangilsa.co.kr
전화 031-955-2000~3 **팩스** 031-955-2005

CTP출력·인쇄 예림 **제본** 예림바인딩

제1판 제1쇄 2000년 3월 5일
제1판 제3쇄 2003년 9월 25일
제2판 제1쇄 2013년 2월 28일
제2판 제3쇄 2021년 5월 28일

값 20,000원

ISBN 978-89-356-6543-3 04330
ISBN 978-89-356-6545-7 (세트)

• 잘못 만들어진 책은 구입하신 서점에서 바꿔드립니다.
• 이 도서의 국립중앙도서관 출판시도서목록(CIP)은 서지정보유통지원시스템 홈페이지(seoji.nl.go.kr)와 국가자료공동목록시스템(www.nl.go.kr/kolisnet)에서 이용하실 수 있습니다.
(CIP제어번호: CIP2013000825)

 IDEAL LIBRARY

Beyond Culture

Copyright © 1976 by Edward T. Hall
All rights reserved.
Korean Translation Copyright © 2000 by Hangilsa Publishing Co., Ltd.
The Korean translation rights arranged with The Palmer & Dodge Agency, Boston
through Eric Yang Agency, Seoul

이 책의 한국어판 저작권은 에릭양 에이전시를 통한 The Palmer & Dodge Agency사와의
독점계약으로 (주)도서출판 한길사가 소유합니다.
저작권법에 따라 한국 내에서 보호를 받는 저작물이므로 무단 전재와 복제를 금합니다.

문화의 숨겨진 차원을 초월하라
• 옮긴이의 말

지금의 세계는 모든 인간을 '시장의 파리 떼'로 환원시키는 거대한 기계다. "새천년을 맞아 가장 부가가치가 높고 각광받는 산업은 문화산업이 될 것이다"라는 말 또한 수상쩍다. 과학과 기술의 상품화로 지구상의 거의 모든 인간을 사로잡은 자본주의 논리가 문화에도 그대로 적용되어 '문화상품'의 개발에 기치를 올리고 있는 이즈음, 인간은 또다시 자기 자신을 돌아볼 기회(문화에 대한 새롭고도 반성적인 '원근법적' 시각을 통하여)를 자본주의적 시장논리에 빼앗기고 있을지도 모른다.

니체가 '미래의 철학을 위한 서곡'이라는 부제가 달린 『선악의 피안』을 쓴 것이 1885년이다. 당시 서구의 문화와 사상을 통렬히 비판하면서 니체가 우리에게 베푼 덕이 바로 이 '미래의 철학'으로 그것은 우리 자신의 '해독'(解讀)의 노력 속에서만 존재하게 될 잠재태일 것이다. 그렇지 않을 때 우리에게는 저 기계를 피하게 해줄 어떤 보장도 없다. 에드워드 홀이 자신의 모든 책에서 직접적으로 혹은 우회적으로 역설하고 있는 내용은 이에 다름 아니다.

홀에 의하면 인간은 자기 외부의 연장물(延長物)을 진화시킴으로써 자신의 약점을 보완해왔고 그것이 다름 아닌 문화(언어나 문명의 이기를 포함하여)라는 것이다. 그저 편리한 것이 문화라고 믿는다는 니체의 불만에 나타나듯이 문제는 자신이 진화시킨 연장물이 가져다주는 편리함에 젖어서 어느덧 인간은 그 연장물의 구속을 눈치채지 못한 채 문화의 지배를 받게 되었다는 점이다.

홀의 모든 시도는 바로 이 문화의 속박을 풀기 위해 우리가 하지 않으면 안 될 노력에 관한 것들이다. 그 노력이란 우리 자신을 진정으로 알고자 하는 일이며 그러기 위해서는 무의식중에 당연시되면서 자신을 얽어매는 문화적 습관을 읽어내어 새로운 습관으로 개선시킬 수 있는 자발성을 갖추어야 한다는 것이다.

현대 프랑스 철학의 유심론적 실재론자인 라베송(F. Ravaisson)은 인간을 무한한 습관의 잠재력을 가진 존재로 보았다. 일단 형성된 습관은 필연성·자동성을 띠는데 새로운 습관을 들이는 능력이 부족한 존재는 그만큼 더 필연성에 지배된다. 그리고 새로운 습관을 무한히 형성할 수 있는 것은 이 필연성으로부터의 해방, 즉 자유를 의미한다. 자유와 선택, 창조는 주어진 습관을 끊임없이 무화(無化)시키는 능력 이외의 것이 아니며 이것은 베르그송이 말했듯이 '무한히 옛 습관에 새로운 습관을 대체시키는' 힘을 의미한다. 그리고 인간의 탁월성은 바로 여기에서 유래한다.

역으로 문화를 진정으로 이해하려면 삶에 대한 우리의 관심을 다시 불러일으키지 않으면 안 된다. 홀은 문화가 인간에게 부과된 것일 뿐만 아니라 넓은 의미에서 문화 그 자체가 인간이며 삶이 풍부한 의미를 지니게 되는 것은 복잡다양한 문화에서 수백만 가지 가능한 결합을 이끌어낸 결과라고 주장하고 있다. 다른 문화를 연구하는 궁극적인 이유도 자신의 삶에 생동감과 새로운 인식을 부여하기 위한 것으로 삶에 대한 관심은 대조와 차이라는 충격을 통해서 비로소 촉발될 수 있기 때문이다.

홀은 머리로 쓰는 학자가 아니라 발로 쓰는 부지런한 학자이다. 그가 문화를 연구하는 과정에서 독창적으로 만들어낸 용어——예컨대 프록세믹스, 연장의 전이, 저맥락·고맥락의 메시지, 모노크로닉·폴리크로닉한 시간——들은 수십 년간의 체험을 통해 얻은 사례들에 의해 하나하나 설명되고 입증된다.

그가 차례로 발표한 『침묵의 언어』(The Silent Language, 1959), 『숨겨진 차원』(The Hidden Dimension, 1966), 『문화를 넘어서』(Beyond Culture, 1976), 『생명의 춤』(The Dance of Life, 1983)은 상호연관성을 지닌 연작으로, 다양한 신개념들을 일관성 있게 반복하여 다룸으로써 문화에 관한 다층적이고도 통합적인 반성과 전망을 전개시키고 있다. 여기에는 문화인류학뿐만 아니라 언어학·사회심리학·교육학·역사학·행동과학에서 생물학·동물행동학·유전학과 같은 자연과학에 이르기까지 다양한 학문적 업적이 초학문분야적(interdisciplinary) 접근방식으로 원용되고 있다.

그러나 그의 책들은 자신이 밝히고 있듯이 어떤 전문적인 학문분야에도 속하지 않는 독자적인 것으로 특정 독자나 전문가를 위한 것이 아니다. 따라서 다분히 심각한 주제를 다루고 있는 그의 문체는 자못 경쾌하고 내용 또한 생생하고 흥미로울 뿐만 아니라 실용적인 이야깃거리로 점철되어 있다. 아마도 그의 경력이 그러한 능력의 원천을 말해줄 것이다.

홀은 1942년 컬럼비아 대학에서 박사학위를 취득하고 나바호족, 호피족, 에스파냐계 미국인, 남태평양의 트루크족 등과 더불어 현지조사 연구를 행했다. 그 후 해외원조사업이 집중적으로 행해지던 1950년대에 미국 국무성의 의뢰로 '해외파견요원 훈련사업'에서 수년간 정부와 기업을 위해 외국에서 일할 미국인들을 선발하고 훈련시키는 데 종사해 왔다. 그 일을 통해 그는 외국에서 일하는 미국인이 그 나라 사람들과의 관계에서 겪는 대부분의 어려움은 통문화적 의사소통(cross-cultural communication)에 관해 거의 배운 바가 없다는 사실에 기인한다는 점을 확신했다고 한다. 그리고 나서 1959년에서 1963년까지는 '워싱턴 정신의학교'에서 커뮤니케이션 연구 프로젝트를 지도했다.

그와 같은 경험을 기반으로 그가 절감한 인류의 당면 문제를 풀고자 한 노력의 결과가 바로 그의 책들이다. 세계 각지 사람들과의 상호관계가 점차 증가하고 있는 오늘날, 문화가 다른 사람들이 교류할 때 서로 호의를 가졌음에도 불구하고 그 문화 고유의 비언어적 행동양식을 이해하지 못해 의미를 왜곡하게 된다는 점에서, 홀은 무엇보다도 먼저 문화를 여러 차원의 복잡한 커뮤니케이션으로 이해할 필요가 있다고 생각한다. 그것을 다룬 책이 그의 첫 번째와 두 번째 저서이다. 두 책은 문화에 의해 형성된 경험의 구조를 각각 시간과 공간을 이용하는 방식에 근거하여 풀어냄으로써 부지불식간에 우리의 삶을 속박하고 있는 요인들을 기층문화에 입각한 체계적이고도 다각적인 시각으로 분석하고 있다.

홀에게 명성을 안겨준 첫 번째 저서 『침묵의 언어』에서는 인류학의 전문영역으로만 다루어지던 문화를 커뮤니케이션의 한 형태로 분석하면서 너무나 모호한 개념이 돼버린 문화라는 말의 의미를 명확히 하기 위해 문화의 기본적 단위를 제시하고 있다. 그를 위한 기초 작업으로서 대부분의 문화가 성장한 생물학적 근원과 문화의 조성에 결합된 10가지 기본적 의사전달체계(비언어적 커뮤니케이션)와 인간이 사물을 경험하는 3가지 차원의 방식을 정리하고 있다.

또한 홀은 커뮤니케이션의 다양한 방식, 특히 '지각되지 않는' 측면을 다루면서 침묵의 언어로서의 시간과 공간을 상세히 분석하고 있다. 그는 자신의 접근방식들은 문화에 관한 기존 학설의 재탕이 아니라 사물을 새로운 시야로 바라보는 방식을 다룬 것이며 다른 문화를 진지하게 받아들이는 태도를 통해 자신에게조차 숨겨진 면을 파악할 수 있는, 즉 자신을 아는 가장 효과적인 방법을 다룬 것이라고 말한다.

두 번째 저서 『숨겨진 차원』에서는 사람들이 문화의 한 기능으로서 공간을 사용하는 방식, 즉 인간이 공간을 구조하고 사용하는 방식에 문화가 미치는 영향을 프록세믹스(proxemics)라는 새로운 용어를 마련하여 관찰하고 있다. 여기에서 홀은 현대사회에서 갈수록 심각해지는 이문화 간 갈등의 한 요인이 개체 간의 거리, 즉 공간을 지각하는 형식의 문화적 차이에 있다고 보고 '침묵의 언어'인 공간이 야기하고 있는 여러 역작용을 감소시키기 위해 공간을 이용하는 방식을 동물행동학의 연구성과 등 다양한 실험과 관찰을 통해 설명하고 있다. 특히 이 책은 건축학도들에게는 필독서로 꼽히는데 그 이유는 인간에게 편안하고 유용한 공간설계를 위해 염두에 두지 않으면 안 될 여러 가지 문화적·환경적 문제들을 다루고 있기 때문일 것이다.

"도시는 인류가 뱉어낸 가래침이다"라는 장 자크 루소의 말을 절감할 정도로 현대의 도시는 인산의 연상물이 주는 모든 편리와 불편을 동시에 지니면서 인류의 골칫거리를 제조하고 있는 거대한 공장이 되었다. 홀은 환경문제·인구문제·인종문제 등이 농축되어 있는 거대도시의 문제를 인류의 미래와 직결된 것으로 보고 미래의 도시계획에 구체적인 비전을 제시하고 있다. 그리고 앞으로의 도시계획에는 기존의 전문가들 외에 심리학자·인류학자 등 새로운 전문가들이 반드시 참여해야 할 것이라고 당부한다.

앞서 강조했던 홀의 접근방식들은 세 번째 저서 『문화를 넘어서』에서도 유지되어 맥락화 · 동시동작 · 행동연쇄 · 동일시 등 인지나 행동상의 문제를 인간에 관한 생물학적 · 심리학적(정신분석학적) 기초사실에 근거하여 풀어내고 있다. 특히 교육과 관련해서는 현대의 제도화된 교육 패턴이 간과해온 것들을 최근의 연구성과를 동원하여 영장류로서의 인간이라는 유기체의 생리학적 · 신경학적 구조를 설명함으로써 개선점을 제시하고 있다. 쉽게 말하자면, 지금의 교육제도는 고도로 논리정연하고 수리능력이 탁월한 학생들만이 큰 혜택을 받도록 고안된 것으로, 두뇌와 재능이 뒤져서가 아니라 그 특별한 재능이 교육제도와 부합되지 않기 때문에 좌절하거나 배제되는 학생들이 많다는 것이다. 이 점에서 홀은 서구의 문화가 학습을 제도화시키는 과정에서 인간의 기본 본성은 엄청난 모욕을 감내할 수밖에 없었다고 지적한다.

또한 이문화 간의 차이를 극복하기 위해 홀이 마련한 구체적 방법으로, 드러나지 않은 숨겨진 차원의 문화를 파악하기 위한 악보(그는 문화를 읽어내기 위한 자신의 작업을 음악에서 악보를 만드는 작업에 비유한다), 즉 문화를 구성하는 다양한 요소를 분석하고 통합하는 작업이 제시된다. 그리고 오늘날과 같이 수많은 정보가 범람하는 세계에서 자신의 전문분야에서조차 시대의 흐름에 뒤지고 있는 듯한 불안감과 외부세상과의 연결점을 놓친 듯한 소외감에서 벗어날 수 있는 자신감을 부여하기 위해 맥락(context)을 파악하는 능력을 강조하고 과잉정보의 맹점을 집어내는 혜안을 갖출 수 있는 준거의 틀을 마련하고 있다. 여기에서 특별히 옮긴이의 관심을 끈 대목은 번역과 관련된 홀의 생각으로, 네 번째 책에서도 거듭 강조되듯이, 엄청난 시간과 돈을 쏟아부었음에도 컴퓨터가 결국

해내지 못한 번역작업의 실패요인이 다름 아닌 언어코드를 전체적인 맥락과 연관짓는 일에 있다는 것이다.

홀은 인간이 자신의 연장물, 특히 언어·도구·제도를 진화시키면서 스스로 창조한 괴물을 통제할 능력을 잃게 된 현상을 '연장의 전이'라고 명명하면서 인간은 스스로 연장시켜온 자신의 일부를 대가로 지불하고 진보해왔으며, 그 결과 인간의 본성은 다양한 형태로 억압되고 말았다고 주장한다. 이 시점에서 인간은 자신의 외부세계에 집중하던 관심을 방향전환시켜 내부의 상실되고 소외된 본연의 자아를 다시 찾는 일로 향하게 하지 않으면 안 된다는 홀의 염려가 이어지고 있다.

네 번째 책이 다루고 있는 주제가 바로 그것이다. 『생명의 춤』은 인간의 생명 그 자체를 이해하기 위한 지표로서 인류의 두 철학적 전통, 즉 서양철학과 불교철학을 기반으로 한 상이한 두 문화권의 비교를 통해 서로 얻고 배울 점을 논하고 있다. 이 책은 앞서의 책들에서 거론된 모든 개념을 되짚어나가면서, 특히 커뮤니케이션의 90퍼센트를 점하는 기층문화의 무의식적이고 숨겨진 문법이 사람들의 세계관을 규정하고 가치를 결정하며 생활의 기본적 템포와 리듬을 설정한다는 점을 염두에 두고 문화에 따른 시간관념의 차이를 재고찰하고 있다.

그는 여기에서 시간과 문화를 불가분의 관계로 보고 뉴턴적 모델에 입각한 절대적인 시간관념과 서구인의 우월감을 비판하고 있다. 홀은 시간이 하나의 문화가 발달하는 방식뿐만 아니라 그 문화에 속한 사람들이 세계를 경험하는 방식과도 밀접한 관련을 지니고 있다고 보고 다양한 시간의 고찰을 통해 문화의 드러나지 않은 속박에서 벗어나는 길을 모색하고 있다.

네 권의 책을 통해 홀이 일관되게 유지하고 있는 기본 정서는 무엇보다도 인류의 미래에 대한 우려와 기대이다. 그는 공평무사한 사람으로 문화 간의 갈등, 나아가 인간 내면의 갈등을 바라보는 시각 또한 보편타당한 인지상정을 기반으로 한다. 그는 이렇게 말한다.

"모든 사람, 모든 문화에 등급을 매기는 일을 멈추어야 한다. 진리에 이르는 길은 여러 갈래로서 진리를 추구하는 데 어떤 문화가 다른 문화보다 불리하거나 유리한 점은 없다는 사실을 인정하지 않으면 안 된다."

컴퓨터가 하지 못하는 인간의 일이기에 번역은 어쩔 수 없이 오역을 면하지 못하리라는 변명을 덧붙인다. 독자 여러분의 관심 있는 지적을 감히 기대하면서 다소 번다한 해설을 마친다.

옮긴이 최효선

문화를 넘어서

옮긴이의 말 | 문화의 숨겨진 차원을 초월하라   5

머리말   15
1 문화의 패러독스   25
2 연장물로서의 인간   49
3 일관성과 삶   71
4 숨겨진 문화   89
5 리듬과 몸의 동작   105
6 맥락과 의미   125
7 고맥락과 저맥락   151
8 왜 맥락이 문제인가   167
9 정황—문화를 구성하는 요소   183
10 행동연쇄   199
11 드러나지 않은 문화와 행동연쇄   215
12 상상력과 기억   235
13 교육의 문화적 기반과 영장류적 기반   259
14 문화의 비합리성   291
15 동일시와 문화   305

참고문헌   327
찾아보기   345

머리말

오늘날 세계에는 서로 연관되어 있는 두 위기가 존재한다. 무엇보다도 먼저 눈에 들어오는 것은 인구와 환경의 위기이다. 그리고 더욱 미묘할뿐더러 치명적인 또 하나의 위기는 인간이 자신의 연장물(extention), 제도, 관념 등과 맺고 있는 관계 속에, 또한 지구상에 거주하는 수많은 개인과 집단 사이에서 이루어지는 관계 속에 내재한다.

이 두 위기는 동시에 해결되지 않는 한 어느 하나도 풀리지 않을 것이다. 우리는 기술을 신뢰하고 기술적인 해결책에 의지하고 있지만 인간이 대면하고 있는 대부분의 문제는 도무지 기술적인 해결방안이 서지 않는다. 더구나 인류가 자신의 제도·철학·문화로 인해 짊어진 지적 한계를 초월하지 못하는 한 환경문제에 응용될 수 있는 기술석 해걸닝 안조차도 합리적으로 적용할 수 없다. 이러한 모든 문제를 하나로 결합시키는 것이 정치라는 것의 실재다.

정치는 생활의 주요한 일부로 가정에서 시작하여 지역적·국가적·국제적 차원으로 제도가 확장됨에 따라 그 힘도 더욱 확연해진다. 우리는 정치에서나 정치제도에서나 그 허울에 기만당해서는 안 된다. 지금 우리가 문제 삼고자 하는 바는 **권력**(power)과 그 사용이다. 분명 인간의 생활에는 가장된 권력이건 순수한 권력이건 그 이상의 무엇이 존재한다. 적어도 때가 되면 권력의 동기가 더욱 합리적으로 인간적인 진행방식과 조화되리라고 기대할 수도 있다. 권력을 제외하고는 문화가, 예컨대 러시아와 서방의 관계처럼 아직도 현저하게 지배적인 역할을 하고 있다.

문화는 유럽과 러시아의 관계뿐만 아니라 유럽 국가들끼리의 관계에서도 늘 하나의 쟁점이 되어왔다. 독일 · 프랑스 · 이탈리아 · 에스파냐 · 포르투갈 · 영국뿐만 아니라 스칸디나비아반도와 발칸 제국(諸國)의 문화도 모두 나름대로의 자기동질성, 언어, 비언어적 의사소통체계, 물질문화, 역사 및 일처리 방식이 있다. 흔히 들을 수 있는 주장으로, 문화란 어떤 것이든 큰 차이가 없다는 어불성설은 다음 장에서 논의할 것이다.

오늘날 유럽은 번영과 일시적인 평온을 구가하고 있으며 문젯거리가 될 만한 일도 거의 없다. 그러나 석유 고소비 국가들이라면 위협받지 않을 수 없는 중동의 문화충돌은 어찌하며 중국과 일본의 등장은 어찌할 것인가? 극동 밖에서 성장한 서구인으로서 중국인이건 일본인이건 그들을 진정으로 이해하고 그들과의 의사소통이 가능하다고 주장하는 자가 있다면 그것은 망상이다.[1] 나아가 아프리카의 복합문화와 라틴아메리카의 신흥 국가는 제각기 자신들을 정당하게 인정할 것을 요구하며 부상하고 있다. 이러한 모든 위기 속에서 미래는 개별적인 문화가 갖는 한계성을 초월할 수 있느냐 없느냐 하는 인간의 능력에 달려 있다. 그러

---

[1] 내 말의 의미는 그들과 처음부터 좋은 관계를 맺을 수 있는 재능 있는 사람이 없다는 뜻이 아니라 매우 세련되고 놀라울 정도로 복잡한 그들 문화의 맥락을 깊이 이해하는 것을 말한다.

나 초월하기 위해서 인간은 먼저 무의식적인 문화의 이면에 숨겨진 다층의 차원을 인지하고 수용하지 않으면 안 된다. 모든 문화는 제각기 그 무의식적인 부분을 형성하는 드러나지 않는 독특한 형태를 지니고 있기 때문이다.

세계의 정치적·문화적 문젯거리들을 악화시키는 요인은 환경과 경제의 위기들이다. 하딘(Hardin)[2]이 「공유지의 비극」(The Tragedy of the Commons)[3]이라는 논문에서 지혜로운 통찰력으로 밝혀놓았듯이, 인류는 세계 유한자원의 소비를 계속 늘려갈 수가 없다. 영국에서 마을의 공유지(개인 소유의 가축을 방목할 수 있는, 공동으로 소유하고 이용하는 토지)를 이용하는 고전적인 양태를 보면 **토지가 충분한 이상** 공적 이익과 사적 이익이 충돌하는 경우가 없다.

그러나 가축이 늘어남에 따라 과잉방목된 토지는 생산성이 낮아지게 되며, 가축 소유자는 생산성을 유지하기 위해 가축의 수를 늘리지 않을 수 없다. 그리하여 마침내 공유지는 파괴되고 만다. 공유지를 최대로 이용한 약삭빠른 자가 이익을 챙기는 반면 손실은 이용자 모두에게 돌아가는 비극이 초래된다. 그것을 자제한 사람들은 이중으로 손해를 입는 것이다. 즉 이웃의 과잉방목으로 손실을 입을 뿐만 아니라 자신의 생산물을 매개로 시장을 유리하게 이용하는 일도 불가능해진다.

오늘날 바다·대기·하천·지구·토지 및 도시에서 산출되는 모든

---

[2] Garrett Hardin "The Tragedy of the Commons," *Science*, Vol.162, pp.1243~48, December 13, 1968.
[3] 하딘은 공유지에 관한 주제를 다른 책에서도 다루고 있다. Garrett Hardin, *Exploring New Ethics for Survival: The Voyage of the Spaceship "Beagle,"* New York: Viking Press, 1972.

것이 우리의 공유지가 되어왔고 또한 남용되고 있다. 이타주의에 호소하는 것은 부질없고 어떤 의미에서는 어리석은 일임에 틀림없다. 이러한 문제들은 인간적인 것들이므로 기술은 그 딜레마를 해결하지 못할 것이다. 편협하고 뉴턴적인 접근방법으로 만족을 얻을 자들은 정치가나 현안을 지나치게 단순화시킴으로써 계속 이익을 확보하려는 공유지의 큰손(대착취자)일 뿐이라고 하던은 주장한다. 그가 필요하다고 느끼는 것은, 무엇이 우선적이고 선택적인 것인지 또한 어떤 길을 택할 것인지를 판단하는 데 기초로 이용될 수 있는 보다 포괄적이고 다원적(디오니소스적)인 접근방법이다. 요컨대 힘을 합하여 소비와 생산의 양태를 조절하는 것을 배우지 못한다면 인류는 파국으로 향하게 되리라는 말이다. 그리고 우리가 서로의 사고방식을 이해하지 못하는 한 협조란 불가능하며 어떠한 조처도 취할 수가 없다.

해답은 인간의 노력을 제한하는 데 있는 것이 아니라 새로운 대안, 새로운 가능성, 새로운 차원, 새로운 선택사항들을 개진하고 인류의 다양한 발자취에서 그토록 확연하게 드러내 보인 다단하고 비범한 재능의 인식을 기초로 한 인간의 창조적 능력을 발휘할 새로운 통로를 열어주는 것이다.

이와 같은 사고는 내 일생을 통해 마음속에 키워온 중요한 문제로 이끌어준다. 그 문제는 우리들 자신을 향한 우리의 근원적인 태도와 관련된 것이다. 이것은 수월하게 관찰되고 경험할 수 있는 어떤 피상적인 것에 관한 이야기가 아니라 표면에 드러나는 것보다 깊이 있고 더욱 미묘한 그 무엇에 관한 이야기이다. 대개의 사람들은 자기 자신에게 왜 **그토록 불필요하게 엄격한가?** 문제는 바로 이 점이다. 왜 자신의 재능을 보다 잘 이용하려 들지 않는가? 우리는 마치 우리 모두의 내부에 유치한 존재로서 도사리고 있는 어린아이를 키우듯이 서로를 두려워하고 있는 듯하다. 이것은 간단한 문제가 아니며 세계적인 문젯거리일지도 모른다. 인간이란 종은 잠재적이고 반쯤 의심이 가는 이러한 결함을 제대로 다루었던 적이 분명 없었기 때문에 우리는 진짜 죄인을 제쳐놓고는 누구든 무엇이든 탓하고 있는 것이다.

인류가 스스로를 억압하고 있다는 증거는 일상생활에서뿐만 아니라 민속·종교·철학·제도 등에서 보인다. 이 자기억압의 과정은 의식적인 통제가 미치지 않는 내면 깊숙한 곳에서 진행되고 있는 것으로 보인다. 프로이트는 스스로를 억압하는 인류의 능력에 크게 충격을 받고는 죽음의 본능(타나토스)이란 가설을 세우고 나서, 인간이란 종은 자기를 희생하지 않고는 진보하지 못한다는 관념을 중심으로 자신의 이론들을 수립했다.

프로이트는 인간이 집단 내에서 살아가고자 한다면 본능적 에너지(리비도적 힘)를 억제하지 않으면 안 되며 그 리비도적 에너지가 근대적 제도들을 만들어낸 창조적이고 협동적인 동인으로 '승화'되었다고 믿었다. 그가 말하는 창조성이란 인간이 그 본성을 억제하고자 하는 필요성에서 비롯된 부산물이다. 모든 인간이 그렇듯이 프로이트도 자기 시대의 산물이었다. 그 시대는 그러한 사고로 특징지어지며 당시의 맥락에서 프로이트의 사고는 대개 타당성을 갖는다. 그렇지만 과거는 물론 현재 우리의 연구결과로는 인간이 성적 에너지를 승화시키는 과정을 통해서 진보하고 제도를 설립한다는 프로이트의 견해를 확증할 수 없다.

이 책은 또 다른 대안을 제시한다. 요컨대 인간이 일단 자신의 연장물, 특히 언어·도구·제도 등을 발전시키기 시작하면 내가 제2장에서 '연장의 전이'(extension transference)라고 이름한 그물에 걸려들게 되고, 그 결과 인간은 판단에 오류를 범하고 자신을 소외시키게 되며 스스로 창조한 괴물을 통제할 능력을 잃게 된다. 이러한 의미에서 인간은 스스로 연장시켜온 자신의 일부를 대가로 지불하고 진보해왔으며, 그 결과 인간의 본성은 다양한 형태로 억압되고 말았다. 이 지점에서 인간이 목표로 삼아야 할 것은 상실되고 소외된 본연의 자아를 다시 찾는 일이다.

확실히 서구인과 그들이 만들어낸 물질적·비물질적 연장물 사이에는 엄청난 대립의 간극이 존재한다. 우리가 창출해낸 도구들은 마치 발에 맞지 않는 신발과 같다. 인간은 맞지 않거나 제 기능을 못하는 연장물들을 만들어냄으로써 타고난 심리적·신체적 가능성의 가장 중요한 측면을 개발시키지 못했다. 가장 탁월하고 신중한 일부 심리학도에 의하면 인간에게 일어날 수 있는 가장 파괴적이고 유해한 일은 자신의 가능성을 발휘하지 못하는 것이다. 그와 같은 일이 벌어지면 쉴 새 없이 밀려오는 공허감, 갈망, 좌절감, 엉뚱한 분노가 인간을 집어삼킨다. 그 분노는 자기 내부로 향하건 타인에게 미치건 무시무시한 파괴적 결과를 낳는다.

우리는 인간에게 대단한 재능이 있다는 사실을 알고 있으며 모든 면에서 그것이 입증되는 것을 본다. 그러나 진화과정에서 어떻게 인간이 믿어지지 않을 정도로 다양한 재능을 갖추게 되었는지는 완전히 이해할 수 없다. 인간이 자신을 제대로 파악하지 못한 이유는 자신에 대해 충분한 경외감을 갖지 못하기 때문일 수도 있고 자신에 관해 거의 아는 바가 없어서 평가할 도리가 없기 때문일 수도 있다.

문제의 일부는 인간의 창조성 및 다양성과 인간이 만든 제도의 다소 특수하고 제한적인 요구 사이에서 생기는 알력에 놓여 있다. 인간이 일으킨 대부분의 문화와 제도는 다소 특수한 문제에 대해 고도로 전문화된 해답을 개진해온 결과이다. 예컨대 산업혁명 초기의 영국에서 마을 주민과 농민이 공장에서 일하게 되었을 때[4] 그들 첫 세대의 직공들은 공장의 경적이나 계획된 시간표에 의해 통제되지 않았다. 산업혁명 이전 사람들과 마찬가지로 그들은 자신들의 부채를 갚고 당분간 심신을 편히 할 만큼의 돈을 벌면 공장을 그만두고 고향으로 가버려서 공장주를 몹시 당황하게 만들었다.

이러한 현상은 아이들이라는 복병이 없었더라면 무한정 지속되었을지도 모른다. 당시에는 아동을 위한 노동법이 없었을뿐더러 가정에서 아이들을 돌볼 사람도 없었기 때문에 순응적인 아이들은 부모를 따라서 공장에서 일하며 어린 탓으로 경적에 의해 길들여졌다. 그 아이들이 자라서 자신의 아이들도 같은 방식으로 양육함에 따라 노동자의 조건에는 정신적으로도 육체적으로도 적합하지 않은 방식으로 일련의 일들과 시간을 다루는 방식이 정착되어버렸다. 그러나 정해진 시간표에 대한 적응이 내면화되고 자동적이 되었기 때문에 그러한 상태는 부담스러운 것이 아닌 유용한 자질로 간주되었다.

오늘날 아이들은 상이한 시간체제에서 성장한다. 즉 시간과 공간, 단일한 제도에 구애되는 정도가 명백히 덜하다. 또한 단조로움이나 인간과 기계 간의 속도차로 인한 긴장을 극복하려는 압력이 증가하고 있다. 인간은 스스로 만든 동물원에 자신을 가두었기 때문에 그 상태를 벗어나기가 힘들다는 사실을 알고 있다. 사람들은 자기 삶이 달려 있는 제도와 투쟁할 능력이 없으므로 결국 그들의 분노는 우선 무의식적으로 안

---

4) Sebastian De Grazia, *Of Time, Work and Leisure*, New York: Twentieth Century Fund, 1962.

으로 쌓이게 되고 급기야 바깥으로 분출한다.

우리의 기본 주제로 돌아가보자. 대개의 경우 자신을 얼마만큼 가치 있는 존재로 여기는가는 자신이 처한 상황을 어느 정도 지배할 수 있는가와 곧바로 연관된다. 즉 상황을 명백하게 지배하는 경우가 거의 없기 때문에 자기 이미지 평가에 곤란을 겪는 사람들이 많다.[5] 켄 키지(Kesey)의 소설 『뻐꾸기 둥지 위로 날아간 새』[6]에서는 인간의 최종적인 하락 상태와 제도적 형식을 필요로 하는 인간의 예속상태를 그리고 있다. 이 책에 나오는 간호부장은 인간이 고안해낸 관료제도에 나타나는 모든 비인간성과 파괴성, 그리고 의사소통과정에서 나타나는 모든 왜곡, 문화적 규범에 대한 모든 위반행위를 집약하고 있다. 이 책은 현대인에게 공통적인 무력감, 자신감의 결여를 은유적으로 절묘하게 표현하고 있다.

심리학자나 정신병리학자가 반복해서 주장하듯이 무력감과 자신감의 결여는 공격성을 유도한다. 심리적 무력감은 과거의 사건들에서 유래하지만 상황적·문화적 무력감은 지금 당장의 현안이다. 근래에 발생한 흑인 및 다른 소수민족의 폭동은 그들이 조직적인 행동을 하는 데 무력감을 느꼈기 때문이다. 마틴 루터 킹의 암살이나 캄보디아 '침입' 등으로 유발된 믿을 수 없는 분노의 폭발은 달리 설명할 도리가 없다. 그 토대는 오래전부터 마련되어 있었지만 소수집단을 돌연 압도적으로 일깨

---

[5] 나는 상황을 지배(control)한다는 말을 힘(power)의 의미로 사용한 것이 아니라 다만 언어적이든 비언어적이든 모든 또는 대부분의 의사소통체계를 지배함으로써 인간이 자기 자신을 느낄 수 있는, 즉 자신의 생활을 영위하는 주체적 요인이 될 수 있는 상태를 의미한 것이다.

[6] Ken Kesey, *One Flew over the Cuckoo's Nest*, New York: The Viking Press, Inc., 1962.

운 것은 바로 무력감이다.

요즘 게토(흑인 등 소수민족의 빈민가-옮긴이)가 비교적 잠잠한 것은 흑인의 삶의 리듬이 느긋한 단계이기 때문이다. 그들은 잠시 숨을 돌리고 있는 중이다. 베트남전쟁이 막을 내린 이후에는 캠퍼스도 비교적 잠잠하다. 그러나 좌절감의 주된 지속적 원천은 여전히 존재한다. 왜냐하면 여성, 흑인, 미국 원주민(인디언), 에스파냐계 미국인, 그 밖의 소수집단은 다양한 장점과 재능을 인정받지 못했을 뿐만 아니라 지배적인 집단의 구성원에 의해 번번이 무시당하고 있기 때문이다. 일상생활을 잠식하는 좌절감, 의사소통이나 의미 있는 관계수립의 불가능 등은 영혼을 움츠러들게 한다.

문화를 부정하고 인간의 재능이 발휘할 수 있는 효력을 모호하게 만드는 것은 악의 존재를 부정하는 것만큼이나 파괴적이고 잠재적인 위험성을 지닐 수 있다는 사실을 문화적이고 심리학적인 통찰력으로 절실히 인정해야 한다. 우리는 문화와 악 모두에 대처하지 않으면 안 된다. 문화에 직면하여 느끼는 무력감과 자기계발과정에 가로놓인 문화적 한계는 인간의 공격성을 불러일으킨다. 역설적으로 말하자면, 인간이 드러나지 않는 문화의 숨겨진 긴장으로부터 빠져나올 수 있는 유일한 길은 우리가 아주 당연한 것으로 여기는 일상생활 구석구석에 적극적이고 의식적으로 개입하는 것이다.

오늘날 요청되고 있는 것은 강요가 아닌 내부로부터 분출된 대중적인 문화계몽운동이다. 인간이 참으로 얼마나 놀라운 생물인지를 보다 깊이 있게 인식하는 것은 인간에게 매우 유익하다. 우리는 자신이 뛰어난 재능이 많음을 자각함으로써 성장하고, 자신감에 차고, 보다 여유로울 수 있다. 그러나 그를 위해서 우리는 사람과 재능 모두에 등급을 매기는 일을 그만두어야 하며, 진리에 이르는 길은 여러 갈래가 있고 진리를 추구하는 데 어떤 문화보다 불리하거나 유리한 문화는 없다는 사실을 인정하지 않으면 안 된다.

1 문화의 패러독스

 정신분석과 인류학자가 행하는 작업이라고 하는, 매우 다양한 범위이지만 서로 연관성이 있는 두 체험을 통해 내가 도달한 확신은, 서구인은 질서를 추구하는 과정에서 경험을 통합하려는 자아의 한 측면을 부정하는 한편, 경험을 단편(斷片)화시키는 측면을 신주단지 모시듯 함으로써 혼돈을 빚어냈다는 점이다.
 나는 인간 정신에 관한 이러한 고찰에 의해 다음과 같은 사실 또한 확신하게 되었다. 생각한다고 하는 인간의 자연스러운 행위는 문화에 의해 크게 변용된다는 점, 서구인은 자기 정신적 능력의 극히 일부만을 사용한다는 점, 논리석으로 사고하는 방식은 매우 다양한데 서구인은 소크라테스 이래 사용해온 이른바 '로직'(logic, 논리)이라는 선형(線形, linear)의 사고체계를 다른 무엇보다도 중시하고 있다는 점 등이다.
 서구인은 자신의 논리체계를 진리와 동의어로 간주한다. 논리는 그들이 실재(reality)에 도달하는 유일한 통로다. 그러나 프로이트는 꿈을 드러나는 사고의 선형성(線形性)과는 전혀 별개로 존재하는 정신의 정당한 한 과정으로 바라보도록 독자를 유도하면서, 우리에게 정신의 복합성에 관해 가르쳐주었다. 그러나 그의 생각은 발표 당시부터 특히 뉴턴적 모델에 여전히 집착하고 있던 과학자와 기술자의 격렬한 반발을 샀다. 프로이트적인 사고가 진지하게 거론되기 시작하면서 전통적인 사고는 그 기저부터 흔들리게 되었다. 프로이트의 추종자들, 특히 프롬과 융은 일반적인 통설이나 물리과학의 엄청난 권위에도 굴하지 않고 프로이트의 이론을 보강하고 논리의 선형적 세계와 꿈의 통합적 세계 사이에 다리를 놓았다.[1]

꿈과 신화와 행동에 관한 해석은 항상 어느 정도는 개인적인 문제라는 점을 알고 있으므로,[2] 나는 『뉴욕타임스』지에 보도된 다음과 같은 일련의 사건에 관한 나의 해석에 정신분석에 일가견을 가진 독자라면 과연 어떤 견해를 덧붙일지 자문해보지 않을 수 없다. 그 기사는 뉴욕 부근의 무인도인 러플 바(Ruffle Bar) 섬에서 발견된 경찰견에 관한 이야기이다.[3] '러플 바의 왕'이라는 별명이 있는 그 개는 2년 정도 자립적으로 살아왔는데, 멀리서 볼 수밖에 없지만 건강상태는 확실히 좋아 보였고 아마도 사고가 없다면 반야생 상태로 여생을 보냈을 것이다. 그런데 그 개 이야기를 들은 한 선량한 시민이 '미국동물학대방지협회'(ASPCA)에 그 일을 알리면서 관료제의 바퀴가 굴러가기 시작했다. 사람들은 '왕'에게 접근할 수 없었기 때문에 미끼를 단 올가미를 놓았다.

---

1) Erich Fromm, *The Forgotten Language*, New York: Rinehart & Company, 1951.
2) 상징이란 어떤 관점에서 출발하든 불가피하게 공통의 요소와 개인적 요소를 모두 포함한다. 두 사람이 같은 단어를 정확하게 같은 방식으로 사용하는 일은 결코 없으며, 상징이 추상적일수록 개인적인 요소는 더욱 커질 수 있다.
3) 『뉴욕타임스』, 1970년 2월 20일자. 러플 바 섬은 케네디 국제공항에서 남서쪽으로 5마일 정도 떨어진 자메이카 만에 위치해 있다.

『뉴욕타임스』의 보도에 의하면, "……연일 경찰정이 시프스헤드 (Sheepshead) 만으로부터 개가 사는 늪지대 무인도 러플 바로 출동한다. 그리고 경찰 헬리콥터 한 대가 러플 바 상공을 매일 반 시간 남짓 선회한다." 당시 라디오 방송은 헬리콥터로 개를 '낚으려는' 헛수고(개는 올가미에 걸리지 않으려고 저항했기 때문에)나, 적어도 개를 보다 잘 관찰하기 위해 개를 괴롭히는 상황을 보도했다. 경찰은 개가 "건강해 보인다"고 진술했다. 미국동물학대방지협회의 대표는 질문에 답하여, "우리가 개를 포획하면 수의사에게 검진시켜서 건강상태가 양호하다면 **행복한 안식처를 마련해주겠다**"[4]고 말했다(고딕체 강조는 에드워드 홀).

만약 이 이야기가 뉴스 보도가 아닌 꿈이나 신화였다면 그 해석에 대해 별다른 의문이 없었을 것이다. 드러나건 드러나지 않건 이 내용이 전달하는 바는 아주 분명하며, 그것이 바로 이 지방 뉴스감이 전국적으로 보도된 이유일 것이다. 이 이야기를 반복해서 검토하다가 이런저런 연상이 꼬리를 물었다. 이 이야기는 거대한 관료조직에 대항하는 작은 인간을 상징적으로 보여준다. 여기에는 또한 그냥 지나칠 수 없는 망상적인 일면이 있다. 미국동물학대방지협회는 개를 포획하지 않으면 안 된다는 강박관념에 사로잡히게 되었다. 그리고 일단 발동이 걸리자 협회는 관료제 특유의 가공할 만큼이나 인정사정없는 집요함으로 경찰기구를 끌어들였다. 흥미롭게도 경찰은 2년 동안 그 개에 관해 알고 있었으면서도 그대로 섬에 방치해두었다. 경찰은 명령집행 중에도 '왕'을 동정했다. "그들은 왜 개를 그냥 놔두지 않을까?"라고 중얼거린 경관이 있는가 하

---

4) 미국동물학대방지협회 대표의 말이다. 『뉴욕타임스』, 1970년 2월 23일자에는 개의 포획에 관한 기사가 실렸고 '행복한 안식처'에 관한 진술을 되풀이하고 있다.

면, "그 개는 진흙탕의 돼지처럼 행복하다"고 본 경관도 있었다.[5]

이 이야기의 망상적인 측면은 '모든 것'을 통제하려는 제도화의 필연성이나 관료에게 맡기는 것이 최선이라는 일반적 통념과 관련된 것이다. 관료는 한순간도 관료적 해결의 타당성을 의심해본 적이 없다. 순전히 관료제적 완벽을 기할 목적으로 헬리콥터·가솔린·급료 등에 드는 수천 달러를 낭비한다는 것은 정신이 살짝 나간 짓이거나 적어도 상식선에서 사리를 판단하는 데 대한 인간의 무능력을 단적으로 드러내는 것이다.

보다 최근의 일로 『뉴욕타임스』의 뉴스란에는 '합중국 공원경찰'이 '워싱턴 기념비' 주변의 연날리기를 중단시키고자 출동한 사건이 실려 있다.[6] 이 연날리는 사람들을 괴롭힌 헌장은 아마 라이트 형제의 비행기가 연줄에 걸리지 않도록 하기 위해 의회가 제정한 것으로 보이는 예전의 법규에 의한 것이다.

정신분석학자인 레잉(Laing)은 서구세계가 미쳐 있다고 확신한다.[7]

---

5) 이 기사는 보통 전하는 활자가 아니라 '뉴욕 최고의 신문'에 보도된 것임을 상기하라. 또한 확신컨대, 이 기사는 경관의 감상과 개가 처한 상황(진흙탕의 돼지: 미국에서 돼지는 경관을 의미하기도 한다—옮긴이)을 무의식적으로 연관 짓는 비유적인 함축을 의도한 것도 아니다.
6) 『뉴욕타임스』, 1970년 4월 23일자. 이 경우는 대중의 압력과 분노가 심했기 때문에 '국립공원관리소'가 정책을 바꾸기로 했다. 이 책을 쓸 당시에는 사실상 국립공원관리소에서 연날리기 대회를 후원하기 시작했다.
7) R.D. Laing, *The Politics of Experience*, New York: Ballantine Books, 1967. 프롬도 또한 "……암흑의 시대…… 우리는 광기의 시대를 지내고 있다"고 말했다. Erich Fromm, *Sigmund Freud's Mission*, New York: Harper & Brothers, 1959. 세계가 미쳐 있다는 생각은 정신병리학자와 정신분석학자에게만 국한된 것이 아니다. 건축평론가인 헉터블(Ada Louise Huxtable)은 『뉴욕타

이 개와 연에 관한 이야기는 레잉의 견해를 뒷받침하며 내가 아는 최근의 사건들과 마찬가지로 인간의 곤궁한 처지를 상징화한다.[8] 그러나 제정신이 아닌 것은 인간이라기보다는 오히려 인간이 만든 제도[9]와 인간의 행동을 규정하는 문화적 양상이다. 우리 서구인은 자기 자신으로부터 자연으로부터 소외되어 있다. 우리는 숱한 망상 위에서 돌아가고 있으며 그 망상 가운데 하나가 바로 삶이 합리적이라는, 즉 우리가 제정신이라고 생각하는 것이다.

그와 반대되는 증거가 대량으로 쏟아짐에도 아랑곳하지 않고 우리는 자신의 견해를 고집한다. 우리가 단편화되고 구획된 삶을 영위하는 가운데 모순들조차 제각기 조심스레 봉함되어버렸다. 우리는 포괄적이기보다는 선형적으로 사고하도록 교육받았다.[10] 그런데 우리가 그렇게 사고하는 것은 의식적인 장치에 의해서도 아니며 우리가 무능하거나 무지

임스』, 1970년 3월 15일자에서 이렇게 말했다. "하나하나 쌓여온 실용적인 결정들이 우주적 재난의 위기에 직면하도록 만들었다. 그리하여 우리는 오염과 혼돈 속에서 지구의 종말을 맞고 있다. 어떻게 단지 실용적일 수만 있단 말인가?"(고딕체 강조는 에드워드 홀)

8) 베트남 전쟁, 닉슨 대통령의 워터게이트 사건, 정작 필요한 도시와 주택문제보다 우주 개발이나 쓸데없이 초음속기(승객 한 명당 2만 명이 잠 못 이루게 하는) 개발에 쏟아붓는 경비 따위는 너무도 엄청나서 인간이 인간에 대해 얼마나 큰 폭행을 가할 수 있는가에 대해 새삼 경악하게 만든다. 어떻든 그 개의 곤궁한 처지는 인간의 인간답고자 하는 욕구를 상징하고 있을 뿐만 아니라 어느 정도 이해할 수 있는 경우이다.

9) 갤브레이스는, '새로운 경제학' 역시 국가의 경제 상태를 결정하는 쪽은 소비자가 아닌 대기업과 정부관료제라는 견해를 반영할 것이라고 주장한다. John Kenneth Galbraith, *The New Industrial State*, Boston: Houghton Mifflin Company, 1967; *Economics and the Public Purpose*, Boston: Houghton Mifflin Company, 1973.

해서도 아니다. 다만 깊게 흐르는 문화적 저류가 미묘하게, 그러나 무의식중에 형성된 고도로 일관된 방식으로 생활을 틀 짓기 때문이다. 마치 하늘에서 태풍의 진로를 결정하는 보이지 않는 제트기류처럼 이 숨겨진 흐름이 우리의 삶을 틀 짓는다. 그러나 그러한 영향력은 이제 겨우 확인되기 시작했다.

학교 교육과 대중매체에 의해 육성된 서구인의 선형적이고 단계적인 구획된 사고방식으로 인해[11] 우리의 지도자들은 사리를 포괄적으로 고려하거나 공동의 이익체계에 따라 일의 경중을 가늠할 수 없다. 공동의

---

10) 이 말에서 내가 의미하는 바는 '선형적' '포괄적'이라는 단어가 '비합리적' '합리적'이라는 단어의 동의어로서 사용되기를 함축하는 것이 아니다. 문제해결에는 포괄적 과정이 더 적절한 것이 있는가 하면 순차적 또는 선형적 진술이 적절한 것도 있다. 비합리적이라는 것은 마치 스포츠카로 밭을 갈거나 트랙터를 카 레이스에 이용하듯이 '용도가 다른 것을 이용하는 것'이다. 가능할 수도 있겠지만 사리에 어긋나는 일이다.

11) Marshall McLuhan, "The Effect of the Printed Book on Language in the 16th Century," *Explorations in Communication*, Boston: Beacon Press, Inc., 1960; *The Gutenberg Galaxy*, Toronto: University of Toronto Press, 1962. 풀러(R. Buckminster Fuller)와 매클루언(Marshall Mcluhan)은 강연이나 그들의 저서에서 서로 다른 두 가지 사고방식을 구별했다. 매클루언은 선형적 · 비선형적 사고, 풀러는 포괄적 · 비포괄적 사고에 관해 이야기한다. 두 사람에 의해 유명해진 이 구별은 그들만큼 널리 알려져 있지는 않지만 높이 평가되는 학자 크로우(Beryl L. Crowe)에 의해서도 이루어졌다. 그는 『사이언스』지의 논문(1969년 11월 28일)에서 내가 도달한 것과 동일한 결론을 피력했다. 즉 우리의 가장 기본적인 몇 가지 문제에 대한 대답은 우리가 사고하는 방식에 있다는 것이다. 크로우는 또한 윌더브스키의 정부예산편성에 관한 포괄적 연구(Aaron Wildavsky, *The Politics of the Budgetary Process*, Boston: Little, Brown & Company, 1964)를 인용하고 있다. "······그것은 포괄적이라기보다는 순차적이고 증식적인 계산에 의해 행해진다." Beryl L. Crowe, "The Tragedy of the Commons Revisited," *Science*, Vol.166, pp.1103~7, November 28, 1969.

이익은 모조리 문화의 문턱에서 버림받은 부랑아처럼 방치될 것이다. 그렇지만 역설적이게도 인류학자들은 문화라는 제명(題名)으로 무엇을 포함시킬 것인가에 관해 거의 일치된 의견이 없다. 이론(異論)이 있을지도 모르지만 그 인류학자가 속한 문화에 따라 많은 것이 좌우된다. 왜냐하면 각자의 문화는 그가 어떻게 사고하는가뿐만 아니라 어디에서 그와 같은 문제의 경계를 끌어내는가에 대해 근원적이고 지속적인 영향력을 행사하기 때문이다.

흔히 당대 문화의 상당한 부분이 문화의 대상에서 제외되어 '단순한 관습'으로 지칭되고 만다. 실제로 인류학자가 문화로 정의하는 것은 자료가 시사하는 바를 평가하는 일보다는 그 분야의 통례나 동료의 연구 내용과 더 많은 관계가 있다. 다른 분야와 마찬가지로 인류학에서도 모델을 사용하지만 그 모델도 유행을 탄다. 그리고 그 대부분의 모델은 전수되어 시대에 따라 수정된다.

당연히 독자는 "모델이란 무엇인가?" 또는 "당신은 어떤 종류의 모델을 말하고 있는가?"라고 질문할 것이다. 모델이 무엇이며 어떻게 인간이 모델을 이용하는가는 이제 이해되기 시작했을 뿐이지만 한 가지 확실한 것은 무수히 상이한 모델이 존재한다는 사실이다. 예컨대 바람의 터널을 뚫고 나는 비행기의 모델처럼 기계적인 모델은 기계와 프로세스가 작동하는 방법을 보여준다. 기계에서 예술작품의 복사에 이르기까지 모든 것을 복제할 수 있는 주형을 만드는 모델도 있다. 살아 있는 모델은 예술가의 불완전한 시각적 기억과 실물 사이의 거리를 메워준다. 부모와 교사도 아이들의 모델일 수 있다.

과학자는 종종 수학적인 천성으로 이론 모델들을 사용한다. 이 모델들은 생활 중에 경험하는 특정한 질과 양, 관계를 상징적으로 표현하기 위해 사용된다. 예컨대 계량경제학자는 경제체계에서 비교적 측정하기 쉬운 측면이 어떻게 기능하는가를 조사하기 위해서 모델을 사용한다.

인류학자는 문화에 근거한 주로 비수학적인 이론 모델을 사용한다. 문화 그 자체가 행동과 사고를 위한 일련의 상황적 모델이기 때문에 인류학자들이 사용하는 모델은 흔히 문화 전체를 구성하는 모델의 일부를 고도로 추상화한 것이다(혈족체계 등).

인간은 모델을 만들어내는 데 탁월한 생물이다. 태곳적 인간의 지적 노력으로 남겨진 기념물은 그것이 해명되기까지 20세기의 인간을 당혹스럽게 만들었다. 예컨대 스톤헨지(stonehenge)는 태양계의 모델로서, 일찍이 솔즈베리(Salisbury) 평원의 주민들은 그와 같이 정교한 계산과 관찰이 도저히 불가능하다고 생각되던 시대(기원전 2000년에서 1500년 무렵까지!)에 그 모델을 이용해서 천계의 사상(事象)을 정확히 관찰하고, 계절의 변화에 맞추어 제력(祭曆)을 정하고, 일·월식까지 예측할 수 있었다.

문법과 기록 체계는 언어의 모델이다. 자기가 배우는 것을 이해하고자 열심히 노력하는 학생이라면 이치에 닿는 말과 그렇지 않은 말을 분간한다. 신화, 철학적 체계, 과학은 사회과학자들이 인지(認知)체계라고 일컫는 것과는 상이한 유형의 모델을 제시한다. 그 모델은 사용자로 하여금 무한히 복잡다단한 삶에 보다 잘 대처할 수 있도록 고안된 것이다. 모델을 사용함으로써 우리는 일이 돌아가는 이치를 알고 확인하며, 나아가 미래의 일까지 내다볼 수 있다. 한 모델의 유효성은 그 기능성뿐만 아니라 기계적인 또는 철학적인 하나의 체계로서 갖는 일관성에 의해 판단될 수 있다. 또한 모델은 행동의 기반을 형성하기 때문에 사람들은 각자의 모델과 매우 긴밀히 동화된다. 인간은 나름대로 지니고 있는 모델을 걸고 투쟁하기도 했고 목숨을 걸기도 했다.

이론적인 모델은 모두 불완전하다. 그것은 정의(定義)에 의한 추상이며 그렇기 때문에 모든 것을 망라하지 못한다. 생략된 것은 생략되지 않은 것 못지않게, 경우에 따라서는 그 이상으로 중요하다. 왜냐하면 체계의 구조와 형태는 생략된 부분에 의해 이루어지기 때문이다. 모델은 반쯤은 생명체이다. 덧없이 사라지기도 하지만 수세기를 버티기도 한다. 매우 분명하게 드러나는 모델도 있지만 생활의 일부가 되어 아주 특수한 상황이 아니고는 분석에 쓰일 수 없는 모델도 있다.

대개의 인류학자는 문화의 모델을 설정할 때 행동에 게재된 다양한 차원, 즉 드러나는(overt) 것과 드러나지 않는(covert) 것, 내재적인(implicit) 것과 외재적인(explicit) 것, 언급된 대상과 언급되지 않은 대상을 고려한다. 또한 무의식적인 요소가 어느 정도까지 문화에 영향을 미치는가에 대해서는 거의 의견일치를 보지 못하고 있지만, 그러한 요소가 존재한다는 것도 염두에 둔다. 예를 들면 융(Carl Gustav Jung)과 같은 심리학자는 전 인류가 공유하고 있는 것으로 '집단'(collective) 무의식을 설정했다(많은 인류학자가 이 개념을 수용하는 데 곤란을 겪었을 것이다).

역설적이게도 인간이 자연을 설명하기 위해 고안해낸 모델을 연구하다보면 그에 의해 연구된 자연에 관해서보다도 인간에 관해서 더 많은 사실을 알게 된다. 서구인은 모델이 어떻게 조립되고, 조성되고, 기능하며, 그 의도는 무엇인가 하는 것보다도 그 모델의 내용과 의미에 더 큰 관심을 갖는다.

인류학자는 여태껏 사람들이 그들에게 이야기할 수 있거나 이야기하고자 하는 대상만을 연구해왔다. 그 결과 생활에 특별한 의미를 부여해주고 집단 간의 차이를 진정으로 드러내주는 문화의 양상과 같은 많은 중요한 일이 눈길을 끌지 못한 채 알려지지도 않고 사라졌거나 대수롭지 않은 일로 방치되었다. 언어학적으로 비유하자면 그것은 마치 문화의 어휘에 관한 자료는 남아 있어도 통사체계(문법)나 음소체계(알파벳은 음소분석에 기초한다)에 관한 자료는 거의 사라져버린 경우와 같다.

프랑스 사람은 이런 것을 믿고 에스파냐 사람은 저런 것을 믿는다고 말하는 정도로는 충분하지 않다. 신념이라는 것은 변할 수 있다. 선명하게 지각되고, 고도로 외재화된 표층 문화의 저변에는 전혀 다른 세계가 존재하며, 일단 그것을 이해하게 되면 인간 본성에 관한 우리의 견해는 송두리째 바뀔 수 있다. 40년 전에 언어학자 사피어(Sapir)는, 인간은 언어를 통해 상식적으로 생각해볼 수 있는 것과는 전혀 다른 도구를 창출해냈다는 논문을 발표함으로써 일대 선풍을 일으켰다. 그는 이렇게 말했다.

> 언어와 경험의 관계는 종종 잘못 이해되고 있다……. 언어의 형식적 완전성으로 인해, 그리고 우리가 언어에 내재해 있는 기대를 무의식적으로 경험의 영역에 투사하기 때문에, 언어는 사실 우리의 경험을 규정한다……. 언어는 수학적 체계와 매우 유사하다. 그 체계는…… 특별히 용인된 형식상의 한정에 부합되도록 일어날 수 있는 모든 경험을 예견하는 자기충족적인 개념체계로 정교하게 엮어간다……. 수, 성(gender), 격, 시제, 법, 성조, '양상'(aspect) 등, 그 밖의 대개의 범주는 경험에서 발견된 것이라기보다는 경험에 부과된 것이다…….[12]

---

12) Edward Sapir, "Conceptual Categories in Primitive Languages," *Science*, Vol.74, p.578, 1931.

"미디어는 메시지이다"라고 말한 매클루언(Marshall McLuhan)보다 35년 앞서 발표된 사피어의 연구는 그보다 더욱 강력하고 상세한 사례를 밝혀놓았을 뿐만 아니라 다른 문화체계에까지 확장시켜 적용할 수 있다. 문화가 진화하는 과정에서 인간이란 종이 이루어놓은 바는 당초에 의도했던 바를 훨씬 능가한다.

사피어 모델의 유효성은 클럭혼(Kluckhohn)과 레이턴(Leighton)의 선구적인 저서 『나바호족』(*The Navajo*)[13]에서 실제적인 방법으로 입증되었다. 이 책에는 나바호족의 동사중심적 언어에 익숙해진 아이들이 백인 학교에 다니면서 문법적 구조가 해이한 형용사적 언어인 영어를 대하면서 겪는 어려움이 그려져 있다. 그러나 클럭혼과 레이턴이 기본적으로 지적하고 있는 바는, 형용사적 형식을 강조하는 영어와 동사적 형식을 강조하는 나바호어의 상이점으로 인해 학교에서 야기되는 곤란뿐만 아니라 두 언어가 각기 전체로서 지니고 있는 지향성이 다르기 때문에 두 집단의 아이들이 자연물에 대해 갖는 관심도 완전히 딴판이라는 점이다.

수년간 나바호인들과 생활하면서 그들을 겪어온 나는, 그들이 백인과 전혀 다르게 사고한다는 사실뿐만 아니라 그 차이의 대부분은 적어도 그 신마리를 그들의 언어로부터 추적해볼 수 있다는 사실에 추호의 의심도 없다. 나는 여러 상이한 문화체계를 연구하면서 그와 같은 갈등은 반드시 언어 안에서만이 아니라 언어 밖에서도 찾아볼 수 있다는 사실을 입증해왔다. 물론 그러한 발견에는 자기 문화의 드러나지 않는 구조

---

[13] Clyde Kluckhohn, and Dorothea Leighton, *The Navajo*, Cambridge, Mass.: Harvard University Press, 1946.

를 드러내줄 수 있을 만큼 충분히 상이한 문화를 접하게 되는 운이 따라야 한다.

  이 책에 제시된 자료를 다루는 데 독자가 중요하게 고려해야 할 점은 자기의 문화 모델이 지니고 있는 드러난 형태와 드러나지 않은 형태를 더불어 파악하는 것이다. 왜냐하면 나의 의도는 잠재적인 것을 의식의 차원으로 끌어올려 그에 관한 연구가 가능할 수 있도록 형태를 부여하는 데 있기 때문이다. 기술적으로 보건대, 내 연구작업이 기초한 문화의 모델은 나의 일부 동료가 사용하는 모델보다 더 포괄적이다. 나는 문화의 비언어적이고 진술되지 않은 영역에 중점을 둔다. 그렇다고 내가 철학체계, 종교, 사회조직, 언어, 도덕적 가치, 예술, 물질문화 등을 배제하는 것은 아니지만, 이론보다는 실제로 사물이 조성되는 방식을 살피는 것이 더 중요하다는 느낌이 든다.

  그러나 세부적으로 많은 차이가 드러남에도 불구하고 인류학자들은 다음과 같은 문화의 세 특징에 동의하고 있다. 즉 문화는 생득적인 것이 아니라 습득된 것이라는 점, 문화의 다양한 측면은 상호연관되어 있다는 점——한 군데를 건드리면 문화의 다른 면이 모두 영향을 받는다는 점, 한 집단이 문화를 공유함으로써 다른 집단들과의 사이에 경계를 둔다는 점이다.

  문화는 인간의 매체이다. 인간의 삶은 어떤 면으로나 문화의 영향을 받고 그로 인해 변용된다. 말하자면 문화는 사람들이 어떻게 자기를 표현하는가(감정표현을 포함하여), 어떻게 사고하고 행동하는가, 어떻게 문제를 해결하는가, 어떻게 도시를 설계하고 수립하는가, 교통체계는 어떻게 기능하고 조직되는가, 경제 및 정치체제는 어떻게 구성되고 기능하는가를 좌우한다. 그러나 마치 '도둑맞은 편지'(에드거 앨런 포의 단편으로, 잃어버렸던 중요한 편지를 결국 다른 곳이 아닌 편지함에서 발견하게 된다는 내용-옮긴이)처럼 인간의 행동에 가장 심각하고 미묘한 방식으로 영향을 미치는 문화의 측면은 너무나 분명하고 당연한 것으로 여겨져서 연구가 가장 덜 된 측면일 경우가 많다.

　이 점에 대한 한 예로서 미국에 사는 백인이 그들 고유의 시간과 공간 체계에 얼마만큼 매여 있는지 살펴보기로 하자. 먼저 시간에 관해 이야기하자면, 나는 미국인의 시간이 '모노크로닉'(monochronic, 단색의, 단일적인)하다고 말하고 싶다. 요컨대 미국인은 진지하게 무슨 일을 하려고 하면 대개 한 번에 하나씩 해나가는 편인데, 그러기 위해서는 마음속으로든 구체적으로든 어쨌든 일종의 스케줄(시간표)이 요구된다. 물론 우리 모두가 이 모노크로닉한 규범에 따르는 것은 아니지만, 대부분의 미국인을 이 모노크로닉한 틀 안에 묶어두는 사회적 또는 다른 압력들이 존재하는 것은 분명하다. 그런데 미국인이 다른 문화에 속한 사람들과 교제하게 되면 그 상이한 시간체계로 인해 큰 곤란을 겪게 된다.

　모노크로닉한 시간(M-타임)과 폴리크로닉(polychronic, 다색의, 다원적인)한 시간(P-타임)은 행동을 위한 골조를 구성하는 요소인 시간과 공간의 사용법에 관한 두 가지 다른 태도를 대변한다. 여기에는 공간도 포함되어 있는데 그 이유는 두 체계(시간과 공간)가 기능적으로 상관관계에 있기 때문이다. M-타임은 스케줄·분질화·신속성을 강조힌다. P 타임 체계의 특징은 몇 가지 일이 동시에 발생한다는 점이다. 이 체계에 속한 사람은 미리 계획을 세워 지키기보다는 사람끼리 이루어지는 관계나 일처리 과정에서의 성취도에 역점을 둔다. P-타임은 M-타임에 비해 실질적이지 못한 것으로 여겨진다. P-타임은 또한 띠와 같은 선이나 길이라기보다는 점으로 간주되는 경향이 있는데, 그때의 점이란 신성한 것이다.[14]

외국에 살고 있는 미국인은 라틴아메리카나 중동 같은 곳에서 P-타임 체계와 대면하게 될 때 여러 가지로 심리적인 스트레스를 받는다. 지중해 국가의 시장이나 상점에서 물건을 사려고 하면 다투어 주인의 시선을 끌려는 손님들에게 휩싸인다. 거기에 차례라는 것은 애당초 있지도 않으므로[15] 북유럽인이나 미국인에게 그 광경은 온통 아수라장이라고밖에 달리 할 말이 없다.

　맥락은 다르지만 지중해 국가들의 정부관료체제에서도 그와 동일한 양상을 볼 수 있다. 예컨대 정부각료는 자기 개인 집무실 밖에 넓은 접대실을 소유할 수 있는데, 이곳에는 거의 언제나 몇몇 무리의 사람이 진을 치고 있다. 그러면 정부관료들이 그 방을 돌아다니면서 각각의 무리와 이야기를 나눈다. 업무의 대부분이 집무실에서 개별적인 접견으로 처리되는 대신 개방된 장소에서 처리된다. 미국인이 특히 곤혹스러운 것은 폴리크로닉한 사람들의 약속시간에 대한 태도이다. 약속 그 자체가 미국에서만큼 무게를 싣고 있지 않다. 모든 일이 끊임없이 변전하고 확고부동한 일은 아무것도 없어 보인다. 미래의 계획에 관해서는 특히 그렇다. 중요한 계획일수록 늘 막바지에 이르러 뒤바뀌고 만다.

　이와는 대조적으로 서구세계에서는 M-타임의 철통 같은 손아귀에서 해방된 삶을 영위하는 자가 거의 없다. 사실, 그들의 사회생활과 경제생활, 심지어 성생활까지 철저하게 시간에 지배되는 경향이 있다. 시간이

---

14) Edward T. Hall, *The Silent Language*, Garden City, N.Y.: Double-day & Company, Inc., 1959.
15) P-타임은 말 그대로 비선형적이다. 모든 일이 동시에 일어난다. 일이나 업무에 따라 모노크로닉하기보다 폴리크로닉한 것들이 있다. 중동이나 라틴아메리카에서 보는 바와 같이 문화 전체가 폴리크로닉하기도 하다. 같은 책.

생존의 구조에 너무도 철저히 짜여 들어가 있기 때문에, 여러 가지 미묘한 방식으로 타인과의 관계를 형성하는 일을 포함해서 우리가 행하는 모든 일이 어느 정도까지 시간에 의해 결정되며 조성되고 있는지 거의 깨닫지 못하고 있다. 우리는 시간표를 짜서 시간을 쪼갠다. 그렇게 함으로써 한 번에 한 가지 일씩 집중하는 것이 가능해진다. 하지만 그와 동시에 전체적인 맥락을 따라가기 힘들게 만든다. 계획을 세운다는 그 본래의 의도 자체가 인지될 만한 것과 그렇지 않은 것, 할 만한 일과 하지 않을 일을 선별하고, 일정 기간에 한정된 수의 일만을 허용하는 것이다. 그때, 계획에 집어넣거나 빼거나 하는 일은 그 자체로 사람과 기능 모두에 대해 경중을 가늠하는 체계가 된다.[16] 중요한 일은 우선순위에 놓여 가장 많은 시간이 할애되며, 중요하지 않은 일은 뒤로 돌려지거나 시간이 모자라면 생략되고 만다.[17]

공간과 그것을 다루는 방식 또한 중요도와 우선순위를 드러낸다. 얼

---

[16] 실제 어떤 차원이건 미국에서의 우선순위를 연구하는 데는 시간의 배분을 살펴보는 것으로 족하다. 우리가 중요하다고 말하는 어떤 일들은 미국인이 보기에는 그리 중요하지 않다(예컨대 아버지가 아이들과 보내는 시간). 게다가 사건의 수와 시간의 관계는 선형적이고 순차적이며 고정되어 있다. 각 사건에 할당된 시간을 줄이기만 하면 사건의 수를 늘릴 수 있는 것이다. 개개의 사건은 하나의 업무처리이니 시작·준비·쇠퇴·최종 단계가 있게 마련이므로, 이론적으로는 생산시간(준비단계에서 최종단계까지의 시간)이 다하면 모든 일이 멈춘다. 이 모노크로닉한 시간을 잘 다루기 위해서는 집행부가 역시 시간의 과정에 지배되어 있는 다른 사람들에게 책임을 배분할 수밖에 없다. 이 때문에 모노크로닉한 시간체계의 관료제는 중층적일 뿐만 아니라 모든 관료체제의 규모에는 이론적인 제한이 가해질 수밖에 없다.
[17] 신경증적이거나 또는 다른 이유들 때문에 이러한 시간계획의 우선순위를 뒤바꿔서 자신의 생활을 허비하는 사람이 있다. 우리에게 가장 중요한 일 가운데 하나는 시간의 이용 방법을 배우는 것이다.

마만큼의 공간이 할당되어 있는지, 그리고 조직 내에서 어느 장소에 배치되어 있는지 하는 것으로 한 사람에 관해 그리고 그가 조직과 맺고 있는 관계에 관해 많은 사실을 알 수 있다. 그가 자기 시간을 어떻게 다루는가도 그에 못지않게 중요하다. 사실, 시간을 짜는 재량권—사무실 도착시간에 대한 결정권—이 문제가 된다. 직업에 따라서 자리를 떠나 일하는 세일즈맨이나 대개 자리를 지키고 있지 않는 신문기자처럼 본래 폴리크로닉한 직업을 가진 사람들은 예외이다.

활동하도록 정해진 장소, 즉 자리는 근대 관료체제의 매우 중요한 일부가 되었기 때문에 자리를 떠나 일하는 쪽이 훨씬 능률을 올릴 수 있는 직원에게도 좀처럼 그것을 허용하지 않는다. 예컨대 라틴아메리카에 부임한 미국 외교관들은 밖에 나가서 현지인들과 교제하지 않으면 안 될 경우에도 관료제의 요지부동한 관례로 인해 자리를 뜰 수가 없다. 그들이 유대를 맺어야 할 사람들과 격리되어 있으면서 도대체 어떻게 효과적으로 업무를 수행할 수 있겠는가? 미국식 관료체제로 인해 빚어진 또 다른 사건을 예로 들자면, 널리 알려진 중요한 한 연구계획이, 그 실험에 요구되는 공간이 연구자의 지위에 걸맞지 않게 넓다는 이유로 좌절될 뻔한 일이 있었다. 물론 완전히 돌지 않고는 있을 수 없는 일이지만 관료세계에서는 매우 현실적인 일이다.

북유럽적 전통의 M-타임 체계에서 성장한 사람들에게는 시간이란 미래와 과거를 선후로 하여 이어지는 길이나 띠에 눈금을 표시한 직선과 같다. 또한 그들의 시간은 구체적인 실체이다. 그러므로 그들은 시간을 두고 말할 때 시간을 절약한다, 쓴다, 낭비한다, 잃어버린다, 낸다, 쏜살같다, 느리다, 기어간다, 떨어지다 따위로 표현한다. 우리는 이러한 비유적 표현들을 매우 신중히 검토하지 않으면 안 된다. 왜냐하면 그 표현들을 통해 다른 모든 것을 구축하는 무의식적인 결정인자나 틀(구조)로서 상정되고 있는 시간에 대한 기본적인 태도가 드러나기 때문이다.

M-타임에 의한 시간 짜기는 삶을 질서 짓는 분류체계로 이용된다. 출생과 사망을 제외한 일생의 모든 중대사가 시간으로 짜인다. 짚고 넘어가지 않을 수 없는 점으로, 시간표나 M-타임 체계와 같은 것이 없었더라면 우리의 공업문명이 오늘날과 같이 발달할 수 있었을까 의심스럽다. 그러나 그로 인한 결과는 또 있다. 모노크로닉한 시간은 개인을 집단으로부터 격리시키고 특정 개인, 기껏해야 두세 사람과 맺는 관계를 강화시켰다. 그러한 의미에서 M-타임은 프라이버시를 보장해주는 밀폐된 방과 같다. 오직 문제되는 것은 시간표에 의거하여 15분 또는 한 시간, 하루, 일주일을 단위로 그 '방'을 비우고 다음 차례를 맞을 준비를 해야 한다는 것이다. 돌발적인 일로 인해 기다리는 사람을 제때에 맞지 못하기라도 하면 자기중심적이고 자기도취적인 나쁜 매너를 지닌 사람으로 간주된다.

모노크로닉한 시간은 자의(恣意)적이고 강제적이다. 다시 말하자면 그것은 **습득된** 것이다. 너무도 철저히 습득되고 우리의 문화와 완벽하게 일체화되었기 때문에 우리는 삶을 조직하는 데 자연스럽고 '논리적인' 방법으로는 모노크로닉한 시간체계밖에 없는 것으로 여긴다. 그러나 그러한 시간관념은 인간 고유의 리듬이나 창조적 충동에 내재하는 것이 아닐뿐더러 자연에 실재하는 것도 아니다. 나아가 조직, 특히 기업이나 행정관료체제는 인간을 조직에 예속시키는데, 그것은 주로 시간-공간 체계를 조작함으로써 이루어지고 있다.

우리 삶의 모든 것은 스케줄이라는 프로크루스테스(Procrustes)적 요구에 부합되지 않으면 안 된다. 미국인이라면 누구나 일이 바람직한 길로 막 접어드는 순간인데도 미리 정해진 스케줄을 따르기 위해 중단하지 않을 수 없었던 경험을 말할 수 있을 것이다. 예컨대 연구성과를 막 거두려는 시점에서 연구기금이 끊긴다거나 하는 경우를 말한다. 또한 유쾌한 마음으로 무언가 창조적인 일에 시간 가는 줄도 모르고 몰두하다가 흔히 대단치 않은 선약이 느닷없이 떠올라 '현실'로 돌아오고야 마는 경우를 독자는 흔히 경험했을 것이다.

이 점에 비추어 볼 때, 미국인은 대개 시간표를 실재하는 것으로 연상하고 자아 또는 자신의 행동을 생활과 분리된 별개의 것으로 여기는 공통된 실수를 범하고 있다. M-타임은 우리를 자아로부터 소외시키고 넓은 의미에서 전체의 맥락을 파악하지 못하도록 만든다. 즉 M-타임은 마치 대롱을 통해 사물을 바라보는 것과 흡사하게 우리의 시야를 편협하게 만들며, 우리가 생각하는 데 미묘한 방식으로 깊숙이 영향을 미침으로써 우리의 사고를 단편화시킨다.

미국 기업이 다른 시간체계에 적응하는 데 겪는 어려움은 맥락을 파악하기 힘들게 만드는 이러한 M-타임 체계에 의해 다소 설명될지도 모르겠다. 어떤 경제학자가 내게 다음과 같은 이야기를 한 적이 있다. 알래스카의 생선 통조림 공장에서 일하는 에스키모인들은 공장의 경적을 우스꽝스럽게 생각한다는 것이다. 인간이 소리에 의해 일을 하고 말고 하는 그 발상 자체가 그들 눈에는 정신 나간 짓으로밖에 보이지 않는 것이다. 에스키모인은 인간이 무슨 일을 어느 때 얼마 동안 할 것인가를 조수에 의해 결정한다. 썰물 때에는 이런 활동, 밀물 때에는 저런 활동을 하는 것이다.

나중에 이 경제학자는 대규모 국제기관에서 일하게 되었는데, 그때 그는 특히 창조적 측면에서 자신의 생산성을 시간표에 맞추어 짜내려는 부질없는 노력으로 인해 나타나는 스트레스의 징후를 자각하게 되었다. 마침내 창조성을 시간에 맞추어 짜내는 일이 불가능하다는 결론에 이른 그는 그러한 노력을 중단하고 자리에 붙어서 잡무를 보는 기간과 지속적으로 자기 일을 하는 기간을 따로 두는 방식의 스케줄을 채택하는 것으로 타협을 보았다. 얼마나 많은 사람들이 9시부터 5시까지라는 8시간 노동체제에 강요되어 자신의 창조성을 희생당하는가, 또한 그로 인한 사회적·인간적 희생은 어떠한가.

시간과 공간은 상호적인 기능이다. 예컨대 끊임없이 방해당하는 공간에 있다면 어떻게 마감시간을 지킬 수 있겠는가? 얼마만큼 방해당하는가는 자신을 얼마나 확보할 수 있는가에 달려 있다. 그리고 자신을 확보하는 것은 얼마나 능수능란하게 타자의 시선을 가릴 수 있는가 하는 문제이다. 가령 의사에게 적절하게 자신을 차단하는 막(screen)이 없다면 어떻게 환자의 삶에 관한 이야기를 경청할 수 있겠는가? 그것은 불가능한 이야기이다.

나는 지금 이상적인 양식(pattern)에 관해 말하고 있다. 업무를 처리하는 데 장애가 되는 공간을 인내할 수밖에 없는 사람들이 많다. 그러한 일이 생기는 부분적인 이유는 시간과 마찬가지로 공간도 관료적인 신분체제에 결박되어 있기 때문이다. 예컨대 복지부의 상담원(case worker)에게 프라이버시가 보장되는 사무실이 필요하다는 것은 두말할 나위도 없지만, 그 활동의 등급이나 그들이 상대하는 사람들의 신분이 낮기 때문에 관료제적 입장에서는 사무실을 내주기가 어렵다(사무실은 '주요' 인사들용이다). 부문마다 모두 업무상의 필요성과 조직상의 요구가 따로 돌아가는 이와 같은 불일치 양상으로 인해 사는 것이 '이상한 나라의 앨리스'와 같을 때가 종종 있다.

이러한 점에서 문화도 역시 상호대비적이다. 가정에서조차 혼자 있는 법이 거의 없는 아랍인이나 터키인과 같이 폴리크로닉한 사람들은 자신을 차단하는 방식이 다르다.[18] 그들은 한꺼번에 여러 사람과 교제하면서 끊임없이 서로 간섭한다. P-타임 체계의 사람들이 시간표에 맞춰 산다는 것은 불가능한 일은 아니더라도 힘든 일이다. 그것이 가능해지려면 M-타임을 전혀 다른 체계로서 기술적으로 섭렵하여, 마치 외국어를 사용할 때처럼 자기의 시간체계와 M-타임 체계를 혼동하지 않고 시의적절하게 사용하지 않으면 안 된다.

이론적으로 사회적 조직을 고찰할 경우 P-타임 체계는 M-타임 체계보다 훨씬 강력한 통제의 집중화가 요구되며, 비교적 천박하고 단순한 구조를 특징으로 한다. 그 이유는 상위의 인물이 항상 많은 사람을 거느리며 그 사람들은 대개 일이 돌아가는 상황을 파악하고 있기 때문이다. 그들은 같은 공간에 지내면서 서로 깊이 개입하도록 양육되며 상황을 파악하기 위해서 끊임없이 질문을 주고받는다. 그러한 환경에서는 권력기관의 대표를 파견하거나 관료제적 차원의 강화를 위해 과도한 양의 업무처리를 요구해서는 안 된다.

P-타임 체계의 관료기구가 안고 있는 주요한 결함은 업무기능이 늘어남에 따라 작은 관료기구가 증식하고 그와 더불어 외부인과의 문제를 다루는 데 곤란을 겪게 된다는 점이다. 사실, 지중해 국가를 여행하거나 그곳에 체류하는 외국인은 관료기구가 유난히 마이동풍 격임을 알게 된다. 폴리크로닉한 시간체계의 국가에서는 무슨 일이건 성사시키려면 그

---

18) Edward T. Hall, *The Hidden Dimension*, Garden City, N.Y.: Doubleday & Company, Inc., 1966(a).

나라 사람이든지 아니면 '연줄'이 있어야 한다. 관료기구는 모두가 배타적이기는 하지만 P-타임 체계에서는 특히 그러하다.

행정적인 기능수행 면에서도 P-타임 체계와 M-타임 체계의 흥미로운 차이점을 그대로 보게 된다. 폴리크로닉한 사람(중동이나 라틴아메리카)들의 행정과 통제는 업무분석을 중요시한다. 행정은 각 부하직원의 업무를 파악하고 그 일에 따른 활동을 확인하는 것으로 이루어진다. 그런 다음 명칭을 정하고 행정관으로 하여금 일의 진척 상황을 확인할 수 있도록 잘 정리된 차트를 가지고 종종 점검하기도 한다. 그러한 방법으로 개개인에 대한 완벽한 통제가 가능하다고 생각한다. 그러나 실제 각각의 활동을 언제 어떻게 수행하는가는 직원이 알아서 한다. 부하직원의 활동계획안까지 짜주는 것은 개인의 인격에 대한 폭군적인 침해로 간주되기 때문이다.

그와는 대조적으로 M-타임 체계의 사람들은 활동을 시간표화하고 각 부문의 업무분석은 개인에게 일임한다. 폴리크로닉한 유형의 분석은 일의 성질상 매우 기술적인 것일지라도 그 일이 하나의 시스템이면서 또한 보다 큰 시스템의 일부라는 점을 끊임없이 부하직원에게 일깨운다. M-타임 체계의 사람들은 일이 구획화되어 있기 때문에 자신의 활동을 보다 큰 전체의 일부로서 맥락 속에서 살피는 경우가 비교적 적다. 이것은 그들이 '조직'을 지각하지 못한다는 말이 결코 아니라 업무 그 자체나 더욱이 조직의 목표를 보다 큰 맥락 속에서 살필 경우가 거의 없다는 말이다.

또한 조직을 그것이 의도한 기능 이상으로 평가하는 일이 우리 문화에서는 일반적이며, 그 점은 가장 중요한 방송이 나가는 중에도 그것을 끊어버리는 '특별한 메시지', 즉 텔레비전 선전을 무던히 용인하는 우리의 태도에서도 단적으로 요약된다. 그와는 대조적으로 내가 에스파냐에 있을 때 한 시간짜리 프로가 끝나자 21개의 선전이 한꺼번에 방영되는 것을 본 적이 있다. 폴리크로닉한 에스파냐 사람들은 중요한 프로 사이에 선전을 집어넣는 것에 매우 예민하다.

이 두 체계 모두 약점과 동시에 강점을 갖고 있다. P-타임 체계의 관리자는, 일을 분석할 수 있는 속도에는 한계가 있지만 일단 분석이 되면 적절한 보고를 통해 놀라우리만큼 많은 수의 부하직원을 다룰 수 있다. 그렇지만 폴리크로닉한 모델에 의해 운영되는 조직은 그 규모에 한계가 있고, 재능 있는 관리자에 대한 의존도가 크며, 외부 업무를 취급할 경우에는 일이 더디고 번거로워진다. 재능 있는 인물이 부재하는 P-타임 체계의 관료제는 많은 사람들이 경험했듯이 재난을 만난 듯하다. P-타임 체계의 모델이 제도상의 증가된 요구에 대처하는 방식은 관료기구를 증식시키는 것이다.

모노크로닉한 유형의 조직은 그와는 반대 방향으로 움직인다. 이 조직은 P-타임 체계의 조직보다 훨씬 대규모화될 가능성이 있고 사실 그렇다. 그러나 모노크로닉한 유형의 조직은 관료기구를 증식시키는 대신 통합한다. 예컨대 통합학교나 복합기업, 그리고 오늘날 미국정부에서 발전시키고 있는 초대형 부서 등이 그것이다.

모노크로닉한 조직의 특이한 맹점은 그 구성원의 비인간화이다. 반면, 폴리크로닉한 유형이 지닌 취약점은 우발적인 사건이 발생할 경우 전적으로 우두머리에게 의존하기 때문에 그가 모든 일을 관장해야 한다는 것이다. 모노크로닉한 유형의 관료기구는 대규모화할수록 자신의 구조에 맹목적이 됨으로써 폐쇄적으로 변한다. 그 결과 갈수록 경직화되며 그 본래의 목적이 지닌 비전을 상실하는 경향마저 있다. 그에 대한 제일가는 사례는 '미육군공병대'와 '개척국(局)'으로, 그들은 댐을 건설하고 바다로 흘러드는 강의 흐름을 순조롭게 한다는 자신들의 업무에만 열중한 나머지 참담한 환경파괴를 초래했다.

 모노크로닉과 폴리크로닉의 차이는 시간과 공간을 조직하는 방식, 그리고 그 조직이 인간존재의 핵심부에 미치는 영향력과 관계가 있다. 우리는 문화를 초월한 입장에서 사물을 바라볼 수 있으며, 그렇게 함으로써 문화가 조성되는 과정을 일반화할 수 있다.

 이러한 일반화 가운데 하나가 의미와 맥락 사이의 미묘하고도 복잡한 관계에 관한 것으로, 제6·7·8장에서 다루었다. 연장물의 제작자로서의 인간 및 바로 그 연장물이 인간의 삶을 형성하는 양태에 관해서는 제2장에서 다루었다. 동물행동학자가 일컫는 행동연쇄(제10장)와 정황적 틀이나 정황적 방언(제9장)은 모두 무의식적인 문화의 구조적 특징이다. 다음 장에서는 언제 어디서나 접할 수 있는 인간의 연장물에 관해 다루고자 한다.

2 연장물로서의 인간

19세기의 박물학자는 포유류가 두 부류, 즉 인간과 그 밖의 모든 포유류로 나뉜다고 주장했다. 또한 그들의 생각으로는 조류도 두 가지 — 정원사새(bowerbird : 풍조과風鳥科의 새 – 옮긴이)와 그 밖의 모든 새 — 로 분류하지 않으면 안 된다. 이러한 분류는 인간과 정원사새가 모두 자신의 연장물(extension)을 정교하게 만들어내고 그 일을 통해서 진화를 크게 촉진시킨다는 관찰에서 비롯된 것이다.

정원사새는 뉴기니아와 오스트레일리아 북부의 밀림과 덤불숲에 서식하며, 그 이름이 시사하듯이 정자(bower) 모양의 둥지를 지어서 배우자를 유혹하고 구애한다. 나뭇가지와 풀로 이은 정교한 정자는 조가비, 진줏빛을 발하는 곤충의 유해, 씨앗, 진흙덩이, 목탄, 자살, 그리고 금빙 딴 꽃들을 비롯하여 찬연한 빛깔을 내는 오브제로 장식된다. 실제로 둥지와 그 장식은 한때 화려했던 깃털의 연장물일 뿐만 아니라 구애를 위한 전시물이기도 하다. 길리아드(Gilliard)[1]가 말하듯이, "……이러한 오

---

1) E. Thomas Gilliard, "On the Breeding Behavior of the Cock-of-the-

브제는 육체적이라기보다는 심리적으로 수컷과 연관된 여러 가지 2차 적인 성적 특징들을 실제적으로 구현하게 되었다."

이 둥지의 배후에는 사회조직과 행동에 있어 어떤 근본적인 변화가 존재한다. 정원사새는 교미, 둥지 틀기, 새끼 기르기를 위해 이제 더 이상 이성과 짝짓기를 하지 않는 새의 부류에 속한다. 대신 수컷끼리(암컷과 떨어져서) 무리를 짓고 자기들끼리 위계적인 서열을 정한다. 봄이 되면 이 무리는 '교미 장소'에 모여들어 자기를 전시하고 짝을 짓는다. 이들은 저마다 개별적인 전시장을 확보하는데 이것을 렉(lek)이라고 부른다. 우세한 새들이 그 장소의 중심을 점유하고 우세한 수컷만이 그곳을 찾는 암컷과 교미한다. 가장 번쩍번쩍한 장식물로 꾸며진 다채로운 색상의 정자를 가진 새가, 마치 인간세계에서 부와 권력을 가진 남자처럼 정원사새의 위계질서로는 지배적인 새이다.

정원사새의 진화에 관한 이야기는 복잡미묘하다. 그 이야기에서 알 수 있는 것은, 인간의 경우와 마찬가지로 일단 그 새가 연장물에 의해 진화하기 시작하면 진화에 속도가 붙는다는 사실이다. 더 이상 자연선택의 더딘 작용을 기다릴 필요가 없다. 길리아드에 따르면 정원사새의 경우, "……새로운 적응지대로 돌입하는 것……"[2]이 가능하다. 이것은 인간의 경우가 더욱 완벽하다는 점 외에는 인간의 진화과정과 일치한다.

정원사새의 진화는, 종(種)이 일단 환경을 도구로서 사용하기 시작하면 더욱 효과적인 적응을 요구하는 일련의 새롭고, 흔히 예견할 수 없는

Rock(Aves, Rupicola rupicola)," *Bulletin of the American Museum of Natural History*, Vol.124, 1962; "Evolution of Bowerbirds," *Scientific American*, Vol.209, No.2, pp.38~46, August 1963.
2) 길리아드와의 개인적 대담(1963).

방식으로 환경에 대처하기 시작한다는 사실을 강력히 시사해주는 사례이다. 지금까지는 아주 작고 단명한 생물만이 급속하게 진화할 수 있었다.[3] 그러나 연장물은 생물체보다 훨씬 빠른 속도로 진화할 수 있다. 자동차나 비행기는 인간의 꿈에서 비롯된 것으로, 단순하고 불완전한 여러 형태를 거쳐서 오늘날과 같은 복잡한 기계로 진화했다.

연장물의 진화과정 전체에 관해서는 더욱더 많은 것이 밝혀져야 한다. 연장물에 의한 진화의 정교함에서 인간과 견줄 만한 종은 없다. 인간과 다른 종은 양적으로나 질적으로 너무 큰 차이가 난다. 더욱이 일단 연장화의 과정이 시작되면 진화는 급격히 가속화된다. 이 점에서 인간은 독특한 존재이기 때문에 인간을 통해서만 인간을 알 수 있다. 불행하게도 물질적 연장물의 진화에 관한 연구는 흔치 않다. 왜냐하면 초기의 몇몇 사람을 제외한 대개의 인류학자들은 우리가 가장 손쉽게 찾아볼 수 있는 연장체계의 하나인 물질문화로부터는 배울 것이 거의 없다고 생각했기 때문이다.[4] 원시미술에 관심이 있는 인류학자를 제외하고는 대개 학술원 회원이었던 초기의 인류학자는 언변에는 능해도 사물을 통해 배우는 일에는 둔했다.

---

3) 이러한 진화과정에 관해 지금까지 수집된 대부분의 정보는, 인간이 세균이나 곤충을 박멸하고자 개발한 독에 그것들이 적응하는 능력을 연구함으로써 밝혀진 것들이다. 예컨대 파리와 모기는 1년도 안 되어 DDT를 이겨낼 수 있는 형태로 진화한다.
4) 매클루언은 내면적(innering)과 외면적(outering)이라는 말(그가 인간에게 작용하는 것으로 파악할 수 있었던 과정)을 사용하곤 했는데, 사람들이 이 말의 참뜻을 이해하게 된 것은 그가 자신의 저서 『구텐베르크의 은하수』(*The Gutenberg Galaxy*, 1962)에서 연장물이라는 용어—내가 만든 용어를 빌렸다—를 쓰기 시작했을 때부터이다.

발명과 과학적 혁신은 실제적인 일로서 사물을 달리 바라보는 데에서 비롯된다. 그러한 일들은 제우스의 이마에서 단번에 터져나오듯이 분출하는 것이 아니라 아주 미약하고 불완전한 사건으로부터 서서히 전개된다. 이제 우리가 연장화의 과정을 검토하는 데 유념해야 할 점은 그것이 환경의 도전에 대응하는 여러 방법 가운데 하나라는 사실이다.

아주 밀접한 화학성분을 재조직하는 일에 불과할지라도 모든 생명체는 어떤 방식으로든 주어진 환경을 개조하지 않고는 생존할 수 없다. 환경을 개조하는 것은 두 상호보완적인 과정, 즉 **외재화**와 **내재화**의 과정으로 나눌 수 있는데, 그것은 어디서나 볼 수 있는 지속적이고 정상적인 과정이다. 인간의 경우 이러한 과정은 적응기제와 통제(control)라고 할 수 있다. 이 두 과정 가운데 어느 쪽을 사용하는가에 따라 뒤따라 발생하는 모든 일에 중요한 결과를 가져온다. 예컨대 서구사회에서 많은 부분을 의존하고 있는 양심은 내재화된 통제과정의 좋은 본보기이다. 만약 양심이 제 기능을 발휘하지 않는다면 누구나 정신이상 증세와 같은 위태로운 지경에 이를 것이다. 그러나 어떤 지역에서는 이른바 양심이라는 것의 통제에 의해 행해지는 행동이 다른 지역에서는 외재화된 통제에 의해 다루어질 수도 있다.

일정한 종류의 통제가 문화에 따라 내재화되거나 외재화되는 원인에 관해서는 연구된 바가 없다. 그러나 그 차이는 밀접한 교류가 있는 문화들 사이에서도 관찰할 수 있다. 예컨대 북유럽적 전통에서 성적(性的) 통제는 아주 최근까지도 대부분 여성에게 달려 있는 일이었다. 요컨대 내재화된 것이다. 그런데 남유럽에서는 사정이 달라서 그것은 상황——사람——과 물리적 구조——문이나 열쇠——에 달린 문제이다. 라틴아메리카의 중·상류계급 사람들은 오랜 세월, 남자의 성적 충동은 매우 강하고 그에 저항할 수 있는 여자의 힘은 너무 약해서, 만약 남녀가 함께 밀실에 갇히는 경우 남자의 압도적인 충동의 힘을 여자가 막는다는 것은 기대할 수 없는 일이라고 믿었다. 벽·문·열쇠 등은 도덕성의 물리적 연장물로서 북미의 중류계급에서는 내재적으로 다루어지는 과정이 여기서는 외재화되어 있다.

처음에는 아주 유연하던 연장물의 체계가 갈수록 매우 경직화되고 변화하기 힘들게 되는 경우가 많다는 사실 또한 역설적이다. 이러한 경직성은 연장물과 연장되어온 과정 사이에 빚어지는 혼동으로 일부 설명될 수도 있지만 완벽하게 설명될 수는 없다. 나의 오래된 독자라면, 참된 언어는 씌어진 언어(文語)이고 말로 한 언어(口語)는 불순물이 섞인 물의 흐름 같은 것에 불과하다는 점을 주입시키고자 애쓰던 영어 선생을 기억할지도 모르겠다. 실제로는 구어야말로 일차적인 연장물이고 문어는 그다음 세대의 연장물이다. 구어는 일어난 일, 일어날 수 있는 일, 일어나고 있는 일을 상징화한 것인 반면 문어는 구어를 상징화한 것이다. 그러나 문어가 상징화의 상징화라고 해서 문어체계가 독자적인 체계가 아니라는 의미는 아니다. 그것은 마치 수학이 암산과는 별개의 독자적인 체계인 것과 같은 이치이다.

나는 일찍이 이와 같이 연장물이 연장화 과정과 혼동되거나 바뀌는 일반적인 지적 작용을 지칭하기 위하여 '연장물의 전이'(Extension Transference)라는 용어를 만들어냈다. 연장물의 전이라는 요인과 그것이 실제적이고 개념적인 모든 면에 야기시키는 스트레스에 관해서는 서구문화에서 가장 탁월한 정신으로 꼽히는 몇몇 사람의 연구가 있다. 예컨대 조이스(Joyce)[5]는 두 체계 간의 간격을 좁히는 데 일생을 바쳤다. 그는 『피네건의 경야』(*Finnegans Wake*)라는 작품에서 뇌의 언표(言表)

부문이 어떻게 작용하는지 묘사하고 있다. 피카소의 그림과 무어(H. Moore)의 조각 대부분도 조이스가 묘사한 바와 동일한 뇌의 시각적 과정의 외재화를 시각적 또는 촉각적으로 표현한 것이다. 만약 피카소와 무어가 재능과 통찰력이 부족해서 '연장의 전이'라는 장막을 제대로 꿰뚫어보지 못했다면, 요컨대 그들의 작품에 진실된 그 무엇이 존재하지 않았다면, 그들은 천재가 아닌 괴짜로 대접받았을 것이다.

이와 같이 연장의 전이는 여러 형태를 띠고 있으며 다양한 방식으로 다루어질 수 있다. 의미론의 창시자인 코르지브스키(Alfred Korzybski)와 존슨(Wendell Johnson)[6]은 단어의 구사에서 연장의 전이 요인을 확인하고는, 상징을 상징화된 사물로 오인한 상태에서 상징이 지니고 있지 않은 성질을 상징에 부여하는 경우 발생하는 심각한 영향력에 관해 광범위하게 저술하였다. 모든 문화에 공통된 우상숭배는 연장의 전이 요인을 제시하고 있는 가장 오래된 예 가운데 하나이다. 『성경』에 나오는 '우상'(graven image)의 숭배를 금하는 대목에서 그 점을 알 수 있다.

연장물은 종종 만족할 만한 방식으로 인간이 문제를 풀어나갈 수 있도록 해주며 신체의 기본 구조를 변화시키지 않고도 매우 빠른 속도로 진화하고 적응할 수 있도록 해준다.[7] 그러나 연장의 기능은 그 이상이다.

---

5) James Joyce, *Finnegans Wake*, London: Faber & Faber, Ltd., 1939.
6) Alfred Korzybski, *Science and Sanity: An Introduction to Non-Aristotelian Systems and General Semantics*(3rd ed.), Lakeville, Conn.: Int. Non-Aristotelian Library Publishing Co., 1948; Wendell Johnson, *People in Quandaries: The Semantics of Personal Adjustment*, New York: Harper & Brothers, 1946.
7) Weston La Barre, *The Human Animal*, Chicago: University of Chicago Press, 1954.

즉 인간은 연장을 통해 머릿속에 들어 있는 것을 검토하고 완성할 수 있다. 일단 그 무엇인가가 외재화되고 나면 그것을 관찰하고, 연구하고, 변화시키고, 완성하는 것이 가능해지는 동시에 자기 자신에 관해서도 중요한 것을 알 수 있게 된다. 학습으로서의 연장과 거울로서의 연장이 내포하고 있는 완전한 의미는 아직까지 충분히 인식되지 않고 있다.

연장은 또한 연장물의 배후에 놓여 있는 과정에 무슨 일이 발생할 경우 보철(補綴, prosthesis)의 형태로 기능할 수 있다. 러시아의 과학자 루리아(Luria)[8]는 인간의 뇌가 지닌 경이로움과 복잡성을 현존하는 어느 누구보다도 깊이 이해하고 있는 인물일 것이다. 루리아의 천재성은 사소한 것으로 취급될 수도 있는 점에 대해 그 중요성을 인식할 줄 아는 그의 능력에 있다. 뇌기능 손상에 관한 그의 실험과 검증은 너무나 단순 명료하고 직설적이어서 어린아이라도 이해할 수 있을 정도이다. 그렇지만 전체에 대한 파악이 가능하도록 채택한 방식에 모든 것을 꿰맞추고 있다는 감이 다소 든다. 연장에 대한 뇌의 관계는 이 장에서 다루고 있는 과정이라는 것의 중심 안건이다. 그리고 보철로서의 연장을 설명하기 위해서는 루리아의 연구 가운데 한 사례만으로도 충분하다.

『파괴된 세계를 가진 인간』(*The Man with a Shattered World*)[9]에서 그는 제2차 세계대전 중 독일군의 총탄에 맞아 뇌가 손상된 차세츠키라는 한 러시아 기술자의 기록을 수집하여 주석을 달고 있다. 온전하게 남아 있는 뇌의 전두엽을 통하여 차세츠키는 25년간에 걸쳐서 그가 입은 끔찍

---

8) A.R. Luria, *Higher Cortical Functions in Man*, New York: Basic Books, Inc., Publishers, 1966.
9) A.R. Luria, *The Man with a Shattered World*, New York: Basic Books, 1972.

한 손상을 극복할 수 있는 의지를 키웠다. 과거의 기억, 감각적인 지각을 온전한 의미로 조직하는 뇌의 능력, 자신의 사지가 행하는 바를 전달하는 되먹임(feed-back) 체계, 중·장기적인 기억, 문법체계, 단어와 그것이 지칭하는 실제 대상물의 관계 등이 총탄으로 인해 그의 머릿속에서 지워졌다. 차세츠키에게 생각이란 없는 것이나 마찬가지였다. 다행스럽게도 그의 뇌에 단어가 저장되어 있었기 때문에 도움을 얻어 그 단어들을 사용할 수 있게 되었다. 고통스럽고 힘겨운 노력으로 그는 문장을 만들게 되었다. 문장은 그의 세계가 되었고 쓰기는 그가 사고하는 방법이 되었다!

이제 쓰기를 사고의 한 방법으로 여기는 것은 특이한 경우가 아니다. 머릿속에 단어가 떠오르지 않을 경우 생각을 써내려가면서 푸는 방식으로 사고하는 사람도 많다. 그러나 차세츠키의 경우 생각할 수 있는 유일한 방법은 쓰기밖에 없었다. 그의 사례는 다른 방법이 없다는 바로 그 사실로 인해 간단히 정곡을 찌른 경우이다. 그러나 씌어진 문장은 마치 조각가가 다루는 대리석 덩이처럼 정물(靜物)이기 때문에 형태를 갖추어야 그 자체로 기능할 수 있고 또 그 과정에서 스스로 무언가 납득이 가야 비로소 사고작용이 가능해진다.

사피어와 워프의 전통을 따르는 기술(記述)언어학자들은 언어와 사고 간의 밀접한 관계에 작용하는 어떤 새로운 변형인자를 처음으로 암시했다. 화학자이면서 보험조사원이기도 했던 워프[10]는 단어의 오용이 흔히 사람들에게 초래하는 참담한 결과를 보고 처음 언어에 관심을 갖게 되

---

10) Benjamin Lee Whorf, *Language, Thought, and Reality*, New York: The Technology Press of M.I.T. and John Wiley & Sons, Inc., 1956.

었다. 예컨대 '비어 있다'고 명시된 가솔린 통이 화재와 폭발의 원인이 되는 것은 통에 가솔린이 없는 대신 가솔린 증기로 '가득하기' 때문이다. 워프가 서구의 사유에 크게 기여한 바는 사상(事象)에 대한 언어의 관계를 통(通)문화적 맥락에서 세심하게 기술했다는 점이다. 그는 문화마다 언어와 모든 부류의 현실을 관계 짓는 독특한 방식이 있고 그 방식이야말로 문화적 차이에 관한 정보를 제공하는 주요한 자료 가운데 하나일 수 있다는 사실을 제시하였다.

인간 세계에 일어나는 일치고 언어적 형태에 의해 깊이 영향받지 않은 것은 없다. 예컨대 비교적 실용적이고 정확한 호피(Hopi)족 사람들은 기독교의 신비적인 세계를 이해하는 데 곤란을 겪는다. 그들에게는 감각적 체험과 대응하지 않는 추상적이고 공허한 공간에 대한 사고가 없기 때문이다. 개념뿐인 천국은 호피족의 사고에 부합되지 않는다.

일단 발견된 것이 완전히 자취를 감추는 예는 거의 없는데도 워프가 그의 시대를 100년 앞서 개척했던 한 분야 전체가 그 후 유감스럽게도 방치되고 말았다. 그의 업적은 그의 선배인 에드워드 사피어[11]의 업적과 마찬가지로 아직 때를 만나지 못했지만 참으로 탁월하며 인류의 놀라운 다양성에 관하여 전혀 새로운 전망을 열어놓았다. 그러나 그들의 재능에도 불구하고 워프와 사피어 모두 '연장의 전이'라는 함정에 빠져든 것이 분명하다. 요컨대 그들은 언어를 사고로 생각한 것이나. 언어가

---

11) Edward Sapir, *Language: An Introduction to the Study of Speech*, New York: Harcourt, brace & Company, 1921; "Conceptual Categories in Primitive Languages," *Science*, Vol.74, p.578, 1931; *Selected Writings of Edward Sapir in Language, Culture and Personality*, Berkeley: University of california Press, 1949.

사고에 작용하는 놀라운 영향력만을 고찰할 경우 그들의 생각에는 일리가 있다. 이 특수한 함정에서 빠져나오려면, 아인슈타인처럼 언어를 사용하지 않고[12] 시각적, 심지어 근육적 용어로 사고하는 부류의 사람들을 생각지 않을 수 없다. 이 문제는 제12장에서 논의하겠다.

다음은 연장의 전이를 주제로 한 다양한 현상 가운데 하나이다. 연장의 전이과정이 제2·3세대까지 충분히 진행될 경우 제1세대의 연장물은 빛이 바래서 마치 아무런 구조도 없는 것처럼 보이는 경우가 빈번하다. 이러한 발견은 미국의 주도적 기술언어학자이자 아랍어 전문가인 퍼거슨(Charles Ferguson)이 아랍 구어의 표기를 위한 철자법과 문법을 연구하던 가운데 이루어졌다. 아랍 세계에서는 고전 아랍어(문어이기도 하다)가 신성시된다. 고전 아랍어와 구어 아랍어의 차이는 프랑스어와 라틴어의 차이만큼 현저하다. 교양 있는 아랍인이 학교에서 배우고 공식석상에서 사용하는 말은 고전 아랍어이다. 그리고 고전 아랍어를 얼마나 유창하고 아름답게 말하고 쓰는가에 따라 신분이 정해진다. 그러나 경우에 따라 구어를 사용하기도 한다.

구어의 표기법이 없다는 사실로 인해 아이들이 학교에 들어가게 되면 읽기와 쓰기뿐만 아니라 새로운 언어까지 배워야 한다. 퍼거슨이 일하던 미국무성의 해외협력기구에서는 적어도 몇 사람이라도 미국인이 '서민의 언어'를 말할 수 있어야 유익하리라는 생각이 들었다. 물론 중동을 전공하는 언어학자나 전문가들은 언제나 '권위 있는' 언어, '참된' 언어인 고전 아랍어를 배우도록 요구받아왔다.

---

12) Banesh Hoffmann, and Helen Dukas, *Albert Einstein Creator and Rebel*, New York: The Viking Press, Inc., 1972.

구어 문법이 없었기 때문에 생생한 언어에서 문법을 추출해낼 수밖에 없었는데, 그것이야말로 기술언어학자가 할 수 있는 일 가운데 하나이다. 퍼거슨이 작업에 들어가서 처음 발견한 사실은 구어 아랍어는 아예 언어도 아니고 아무런 체계도 없다고 생각하는 아랍인의 통념이었다. 그런데 어떻게 그의 연구가 가능했겠는가? 퍼거슨에게 자료를 제공하던 아랍인의 말은 구어 아랍어는 아무렇게나 말해도 상관없다는 것이었다. 그럼에도 불구하고 현지인과의 대화에서 30분 만에 정확하건 아니건 간에 모든 말에 나름대로 조리가 있다는 사실이 드러났다. 언표되지는 않았지만 그 규칙은 마치 콘크리트처럼 단단한 것이었다.

라보브(Labov)[13] 외 몇 사람이 흑인 영어에 관해 이와 똑같지는 않지만 비교될 만한 상황을 기술한 바 있다. 미국 하층계급의 흑인 아이들이 흑인 문화의 다양한 필요성에 이상적으로 부응하는 풍부하고 색다른 방언에 익숙한 상태로 학교에 다니게 되면 그들이 쓰는 말이 수준 이하의 격조 없는 영어라는 비난을 반드시 듣게 된다는 이야기이다.

내가 접했던 어떤 세계에서나 연장물의 전이 요인이 자아와 전통(이 두 용어는 때때로 동의어가 된다)으로부터 인간을 소외시키는 주요한 원인이 된다는 사실을 알 수 있었다. 학생이 선생으로부터 학교에서 배우는 것만이 타당하고 진실이며 성장하면서 익혀온 것은 잘못됐다는 말을 듣게 될 경우 그 학생은 막연한 오해를 갖고 순간 불안감을 느낄지도 모른다. 그러나 그가 할 수 있는 일이 무엇이겠는가? 그 순간부터 그에게는

---

13) William Labov, Paul Cohen, Clarence Robins, and John Lewis, *A Study of the Non-standard English of Negro and Puerto Rican Speakers in New York City*, Vol.II, pp.76~152, New York: Dept. of Linguistics, Columbia University, 1968.

자신이 생각하는 삶과 현실이 영구히 분열되어갈수록 깊어지는 골만이 남을 것이다.[14] 독자들도 틀림없이 나름대로 연장의 전이과정을 설명할 수 있는 체험이 있을 것이다.

　연장의 전이 체계에서 흔히 장애를 초래하는 특징 가운데 하나는 그 체계가 이리저리 무리하게 적용될 수 있다는 점이다. 그 점은 제대로 된 연장체계를 발전시키려면 많은 세월이 필요하고 일생이 걸릴 수도 있다는 사실을 고려하면 이해할 수 있다(이 전이체계가 문법적·규칙적·범형적 형식을 갖출 경우 그것을 패러다임으로 일컫기도 한다). 일본이 외부 세계에 문호를 개방한 지 얼마 되지 않아 미국 선교사들은 자기들끼리 일본어를 가르치기 위해 나름대로 문법을 만들었다. 이 초기의 문법을 보면 일본어의 실질적인 구조를 참조하지 않은 채 그들의 언어인 인도유럽어의 문법형식을 일본어에 투사한 것을 누구나 알 수 있다. 즉 주격·속격·여격·탈격 등의 모든 문법이 그대로 일본어에 적용되어 있다.

　전이 현상의 한 특징은 사람들이 전이된 체계를 유일한 현실로 받아들여 새로운 상황에 무차별적으로 적용하려 든다는 점이다. 내가 도쿄에서 알고 지내던 한 미국 여성은 올바른 일본어를 주입시키고자 고안된 해외협력기구의 언어훈련방법에 진저리가 나서 그냥 자기식대로 일본어를 깨우쳤다. "빌어먹을 경어 같으니, 내가 배우나 봐라, 난 그냥 단어만 외울 테니까"라고 말했던 그녀가 구사한 일본어는 말할 나위도 없이 아주 저속하고 알아들을 수도 없는 일본어 단어와 영어 문법의 잡탕이었다.

---

14) Sylvia Scribner, and Michael Cole, "Cognitive Consequences of Formal and Informal Education," *Science*, Vol.182, pp.553~559, November 9, 1973.

이와 유사한 현상이 사회과학의 주요 부문에서도 발생한다. 거기에도 연장의 전이(진짜 과학은 데이터가 아닌 방법론이라는 사고)가 존재할 뿐만 아니라, 물리학이 거둔 대단한 성공으로 인해 이른바 엄격한(hard) 과학의 패러다임이 수정을 거치지 않은 상태로 사회과학에 전이되었으나 거의 적용할 수가 없다는 점이 그것이다. 산타바바라에 있는 캘리포니아 대학교의 생태학 교수인 하딘(Garrett Hardin)은 이와 같은 사회과학의 상황을 물리학에서 빌려온 세계관의 결과로 설명하였다.

그의 말에 의하면, 물리학자는 세계를 병렬적으로 존재하거나 외부적으로 충돌하는 것을 제외하고는 "……서로 아무런 현실 관계도 없는 고립된 원자단위로 이루어진 것으로 본다."[15] 요컨대 그러한 세계관이 물리학자를 선형적으로 사고하도록 이끈다. 그러한 접근방법을 통한 물리학의 성과와 권위가 대단한 만큼 다른 분야에서 그 방법론에 느끼는 매력을 배가시키고 있다.

사회과학의 연장의 전이 요인에 관해서는 최근 마틴(Martin)[16]과 안드레스키(Andreski)[17]에 의해서도 유려하게 기술되었다. 연장의 전이로 인한 왜곡현상이 크게 증가하고 현실과 연장체계 간의 불일치가 무시될 수 없을 만큼 명백해지자 마침내 사람들은 불안을 느끼고 무언가 대처하기 시작하고 있다. 그러나 이러한 불연속성이 최악의 상태에 이르지 않는 한 변혁이 일어날 조짐은 보이지 않는다.

---

15) Garrett Hardin, *Exploring New Ethics for Survival: The Voyage of the Spaceship "Beagle,"* New York: Viking Press, 1972.
16) Malachi Martin, "The Scientist as Shaman," *Harper's Magazine*, Vol.244, No.1462, pp.54~61, March 1972.
17) Stanislav Andreski, *Social Sciences as Sorcery*, New York: St. Martin's Press, Inc., 1973.

이제 연장의 전이과정은 기술분야에서도 대중적인 지지를 받아 연구되고 있다. 그것은 기술이 그 자체로 하나의 목적이 되어왔고 오늘날 말썽 많은 세계에서 연구와 문제해결—사회과학자가 아닌 기술자에 의한 문제해결—의 '장'으로 전망되고 있기 때문이다. 세계적으로 문제가 되고 있는 식량이나 주거 따위는 풀러(Fuller)[18]와 같이 진보된 사상가조차 기술적으로 해결할 문제로 보고 있다. 나는 "보다 적은 노력으로 보다 많은 효과를" 거두지 않으면 안 된다는 풀러의 주장에 동의하고는 있지만 문제는 그것으로 끝나지 않으며, 토플러(Toffler)[19]의 미래상도 불가피한 것이 아닐 수 있다.

최근 들어 사람들의 관심은 기술적인 해결책으로부터 벗어나 생생한 과정의 역학이라는 보다 통합적인 연구로 향하고 있다. 살충제가 그 사례 가운데 하나이다. 요즘은 해충으로 엄청난 피해를 입는 경우 생물학자나 생태학자가 그 해충의 천적을 찾아내는 일부터 시작하는 것을 볼 수 있다. 이제 과학자는 눈에 들어오는 대로 죽여버리는 방법(대부분의 살충제가 그렇다)보다는 그 해충만을 멸절시키고 음식물에 연쇄반응을 일으켜 1,000만 배로 농축될 수 있는 잔해를 남기지 않도록 하는 특수 방책의 개발에 힘쓰고 있다.[20]

공립 및 사립학교도 연장의 전이에 의한 왜곡이 미칠 수 있는 또 하나의 경우이다. 배우는 능력은 아이들뿐만 아니라 모든 연령의 사람이 다 갖고 있는 천성이다. 더욱이 배운다는 것은 그 자체가 복될 수 있다. 식

---

18) R. Buckminster Fuller, *Operating Manual for Spaceship Earth*, Carbondale, Ill.: Southern Illinois University Press, 1969.
19) Alvin Toffler, *Future Shock*, New York: Bantam Books, Inc., 1970.
20) John McHale, *World Facts and Trends*, New York: Collier Books, 1972.

욕이나 성욕과 마찬가지로 배움에 대한 충동 또한 강력하기 이를 데 없다. 그러나 그 과정은 교육자의 정신에서 이미 왜곡되고 있다. 그들은 차기들이 교육이라고 일컫는 것과 배운다는 것을 혼동해왔기 때문이다.

일반적인 통념으로 학교란 배우는 장소이고 교육자의 업무는 아이들이 배울 수 있도록 다소 도와주는 것이다. 미국에서는 교육의 왜곡과정이 프로이트가 말하는 19세기 빈에서의 성의 왜곡과 비교될 만큼 이미 진행되었다. 사람들을 서로 결합시켜주는 자연스럽고, 강력하고, 유쾌한 배움에 대한 충동이 두려움뿐만 아니라 증오의 대상까지 되고 있다는 사실이 미국의 지성인을 향한 부정적인 태도를 일부 설명해줄지도 모르겠다.

그러나 사람들이 배울 수 있는 길과 여건은 얼마든지 있다. 수백만 년에 걸쳐 인간과 그 조상들은 학교라는 제도의 혜택 없이도 배웠다.[21] 근대 교육으로 우리에게 남겨진 환상은, 배운다는 것에 관해 거의 안다든지, 학교에 가야 진짜 배울 수 있다든지, 학교에서 또는 학교가 인정하는 과정(유학 따위)에서 배우지 않을 경우 무효라든지 하는 것 등이다. 이러한 과정에 관해 저술해온 사람들로는 홀트(Holt),[22] 코졸(Kozol),[23] 일리치(Illich)[24] 등이 있다. 교육이란, 일찍이 인간이 아주 자연스럽게 스

---

21) Scribner와 Cole, 앞의 책.
22) John Holt, *How Children Fail*, New York: Pitman Publishing Corporation, 1964; *How Children Learn*, New York: Pitman Publishing Corporation, 1967.
23) Jonathan Kozol, *Death at an Early Age*, Boston: Houghton Mifflin Company, 1967.
24) Ivan Illich, *Celebration of Awareness: A Call for Institutional Revolution*, Garden City, N.Y.: Doubleday & Company, Inc., 1970(a); "Why We

스로 이룬 바를 행하고 또는 강화할 수 있도록 발전시켜온 정교한 연장물(이 경우는 여러 복잡한 제도를 말한다) 가운데 한 예에 불과하다.

연장의 목적 가운데 하나는 생명체의 어느 특정 기능을 강화시키는 것이다. 예컨대 물건을 자르는 데에는 치아보다 칼이 훨씬 낫다(씹는 데에는 아니지만). 언어와 수학은 사고의 특정한 측면을 강화시키지만 칼과 마찬가지로 사고가 하는 모든 기능을 다 할 수는 없다. 망원경과 현미경은 눈을 연장하고 카메라는 시각적인 기억체계를 연장한다. 바퀴는 인간이 속력을 낼 수 있도록 해주지만 춤도 출 수 없고 바위를 탈 수도 없다. 바퀴에 모터를 달아 기동력이 생김으로써 신체의 주요한 기능이 퇴화할지도 모른다.

무엇보다도 중요한 점은 연장화된 기능이 그 과정에서 발생하는 무엇인가를 드러낸다는 사실일 것이다. 연장물에는 발견적 요인과 예기치 않게 나타나는 성질이 있다. 언어는 그 주요한 예이다. 언어학자 촘스키(Chomsky)[25]는 뇌의 한 부분이 어떻게 조직되어 있는가를 알기 위해서 언어를 연구대상으로 사용했다. 내 생각으로는 지금까지 언어나 뇌에 관해 밝혀진 사실이 촘스키가 이끌어낸 주요한 결론을 뒷받침해주고 있지는 못하지만 뇌의 특정한 부분의 모습을 그려내기 위해서 언어를 고찰해본다는 그의 생각은 옳다.

인간의 기계적인 연장물은 인간의 뇌에 관해서뿐만 아니라 신체에 관해서도 알려주는 바가 있다. 이 점에서 독자는 방금 한 이야기를 개인적

Must Abolish Schooling," *New York Review of Books*, Vol.15, No.1, July 2, 1970(b).

25) Noam Chomsky, *Language and Mind*, New York: Harcourt, Brace & World, Inc., 1968.

인 체험에 적용하는 데 약간은 곤란을 느낄지도 모른다. 대부분의 인간의 연장물은 인간의 원초적 본성이 표현된 것이기도 하지만, 또한 인간이 가지고 있는 무수한 원초적 본성을 연장물을 통해 배우기도 한다. 우리는 연장물을 통해서야 비로소 인간이 지닌 놀라우리만큼 다양한 재능을 구체적으로 파악할 수 있다. 예컨대 기계에 관해서는 아무런 감각도 없고 이해할 수도 없는 사람이 있는가 하면 그와는 정반대의 사람도 있다. 또한 음악을 작곡하고 시를 짓는 경이와 수학의 아름다움을 이해하는 사람과 그러한 일들을 미스터리로 여기는 사람을 비교해보라. 과학과 예술은 인간 중추신경계의 직접적인 산물이다.

그러나 우리는 때때로 연장의 전이 요인에 의해 그 모든 기적에 무감각해진다. 과학이라 일컫는 제도는 외재화 과정을 알 수 있는 무엇보다도 좋은 예이다. 이 과정에 의한 충격을 일부 경험해보기 위해서는 이집트와 수메르의 사제들이 살던 시대로 거슬러 올라가 생각해보지 않을 수 없다. 그들은 중동의 델타지대에서 처음으로 양과 크기의 체계화──토지를 측량하고 기록하는 도표를 위한 체계──를 시도했는데, 그것은 페니키아 상인들이 항해를 위해 별의 위치를 기록하기 시작했던 경우와 다름없다. 내가 앞서 정의한 바 있는 용어로 표현하자면,[26] 모두가 알고는 있지만 머릿속에 들어 있는 체계는 비공식적인 것이다. 기술적인 체계는 외재화되어, 다시 말해서 연장화되어 신체 밖으로 표줄된다. 이 외재화의 과정은 지속적인 것으로, 정신적 통찰을 언어 또는 수학으로 전이시키고자 노력했던 아인슈타인에 의해 설명되고 있다.[27]

---

26) Edward T. Hall, *The Hidden Dimension*, Garden City, N.Y.: Doubleday & Company, Inc., 1966(a).

언어와 수학이라는 연장체계는 기존의 것이지만 아인슈타인의 탄생을 기다리고 있었다. 그를 매료시킨 것은 수학이 지닌 믿어지지 않을 정도의 아름다움이었다. 아인슈타인은 이 정신(뇌)의 영상에 깊은 유대감을 느꼈다. 그렇지만 그가 이 영상이 바로 수학이라고 자각했는지는 잘 모르겠다. 수학・과학・음악・문학 등으로 촉발되는 즐거움은 그것을 통해서 인간의 정신(뇌)이 어떻게 기능하는지 알 수 있다는 데 있다. 이러한 분야들이 정신의 일부에 지나지 않는 것이라 해도 문자 그대로 정신의 모델들이다. 마치 칼이 자르기는 해도 씹지는 못하고 렌즈는 눈의 일부 기능만 있듯이 연장물의 능력은 축소된 것이다. 제아무리 노력해도 인류는 결코 애초의 연장물에 누락되어 있는 바를 완벽하게 보충할 수 없다.

또한 한 연장체계에 누락되어 있는 바를 아는 것은 그 연장체계가 소용되는 바를 아는 것 못지않게 중요하다. 그러나 연장물의 누락된 면은 흔히 간과되고 만다.

연장물이 그 사용자로부터 완전히 분리된 것으로 취급되어 그 자체의 정체성(identity)을 확보하는 것은 모든 연장체계가 지닌 특성이다. 종교・철학・문학・예술이 그것을 말해준다. 연장화된 체계는 어느 정도 시간이 지나면 사람들이 배울 수 있는 지식과 기술 체계 외에도 그 자체의 과거와 역사를 구비하게 된다. 그와 같은 체계는 그 자체가 실체(entity)로서 연구되고 평가될 수 있다. 그 최고의 예가 바로 문화이다.[28]

또 다른 연장물의 중요한 특징은 인간의 재능을 공유할 수 있도록 해

---

27) Hoffman과 Dukas, 앞의 책.
28) 연장물의 누락된 면은 내가 아는 한 단 하나의 문화체계에서도 연구된 바가 없다.

준다는 점인데 이것은 다른 어떤 방법으로도 이룰 수 없는 일이다. 예술을 즐기기 위해서 반드시 스스로 시를 짓고 음악을 만들고 그림을 그릴 수 있어야 한다는 법은 없다. 자동차·라디오·텔레비전 따위를 설계하고 제작하는 기술적인 재능을 타고난 사람들은 그 재능을 100만 배로 증폭한다. 말하자면 시청자는 텔레비전을 켤 때마다 다른 수백 명의 창조적 재능을 공유하는 것이다.

인간을 연구한다는 것은 인간의 연장물을 연구하는 것이다. 그러한 연구를 통해서 우리는 진화가 실제로 어떻게 이루어졌는지 알 수 있다. 생명체 외부에서 일어나 그 내부의 진화에 비해 훨씬 빠른 속도로 진행된 진화 말이다. 인간이 지구를 지배해온 이유는 인간의 연장물이 너무나 빠른 속도로 진화하는 탓에 아무것도 방해가 될 수 없었기 때문이다. 물론 그에 따른 위험도 있다. 즉 인간은 그 힘을 막대하게 증폭시킴으로써 자신의 생활권(biotope)——인간의 요구를 만족시키기 위한 기본 요소들을 담고 있는 환경——을 파괴시킬 수도 있는 처지에 놓이게 되었다. 불행히도 연장물은 그 자체의 생명을 갖고 있기 때문에 인간을 대신해 그 생활을 점유하는 것이다.

천재적 수학자인 위너(Wiener)[29]는 죽기 직전에 자신의 뇌가 낳은 자식, 즉 컴퓨터의 위험성을 알아채고 그것을 인간사에 너무 깊숙이 개입시키지 말라고 경고했다. 자동차는 또 다른 기계적 체계로서 너무 많은 사람이 그리고 미국 경제의 태반이 자동차에 의존하고 있기 때문에 천재지변이 일어나기 전에는 그 점유적 추세를 되돌릴 만한 가능성을 발

---

29) Norbert Wiener, *The Human Use of Human Beings*(2nd, rev. ed.), Garden City, N.Y.: Doubleday Anchor Books, 1954.

견하기 어렵다. 자동차가 도시와 시골의 생활환경, 깨끗한 공기, 건강한 신체 등 모든 것을 잠식하고 있다.

연장물은 생활을 단편화시키고 인간을 그 행동거지로부터 분리시킨다. 이것은 심각한 문제이다. 근대의 전쟁은 어떻게 기계적 체계가 그 과정에 인간을 개입시키지 않고도 원거리 살육에 사용될 수 있는지 보여주는 무시무시한 일례이다.

"폭탄 몇 개 더 떨어뜨려서 끝장내라."

대통령의 이 한마디는 매우 수월하다.

잠재적으로는 가장 해롭고 끊임없는 경계가 요구되는 연장체계의 특징은 다음과 같은 예로 설명할 수 있다. 한 젊은 정신요법사가 새로운 방법에 의한 기초 정신병 치료법에 관한 강의를 듣고 난 뒤 그 선생을 찾아가서 그의 이론을 자기 환자에게 적용할 수 있는 실질적인 조언을 구했다. 젊은이의 요청에 선생은 대뜸, "그런 실생활은 내 이론에는 당치 않은 것이네"라는 말로 일축해버렸다. 이 경우 두 사람은 실생활의 복잡성과 현실로부터 서너 단계의 긴 추상화 과정을 거친 이론을 조화시키는 데 곤란을 겪고 있는 것이다. 철학적·이론적 체계는 진짜로 대우받는 반면 실생활의 문제는 무시되어버린다는 데 위험이 존재한다.

나는 내 학생들에게서 매번 그러한 경우를 본다. 내가 경험한 바로는, 미국 교육제도하에서 16년 또는 그 이상의 세월을 보낸 학생들은 너무나 세뇌가 잘된 탓에 교실 밖으로 내보내어 그들이 듣고 느끼는 것이나 눈앞에서 벌어지는 일을 그냥 관찰하여 보고하도록 하는 일조차 불가능하다. 대부분의 학생이 실생활에 직면하여 무기력한 이유는 무엇인지 미리 알아야만 발견할 수 있고 이론이나 가설이 주어져야만 관찰할 수 있도록 그들을 세뇌시켜놓았기 때문이다. 더욱이 학위과정이 높아질수록 연구비와 논문출판을 위한 '학점'을 따내기 위해서는 그 길을 따를 수밖에 없다.

사람들이 이 지구에서 지혜롭게 살아가고자 한다면, 자신의 연장물이 얼마나 다양하게 기능하는지, 그리고 우리 모두에게 어떻게 영향을 미치고 있는지에 관해 더 많이 알지 않으면 안 된다. 예컨대 한 사회체계에서 정보가 어떤 방식으로 저장되고 어떻게 흘러가느냐에 따라 기계적 연장물이 사회와 통합되는 방식이 달라진다. 사람들이 서로 깊이 개입되어 있는 문화, 예컨대 아메리칸 인디언의 문화에서는 정보를 광범위하게 공유하고 있어서——그러한 문화를 '고맥락 문화'(high-context culture: 맥락화된 정도가 높은 문화)라고 지칭하겠다——간단한 메시지라도 깊은 의미를 담고 원활하게 흘러나간다. 그와 같은 문화는 기계적 체계에 압도되어 고유의 일체성을 상실하기가 쉽다.[30]

한편, 스위스나 독일과 같이 고도로 개인화되어 있고 다소 소외되어 있기도 하며 단편화된 '저맥락 문화'에서는 사람들 간의 개입이 비교적 적기 때문에 고유한 문화적 일체성을 상실함이 없이 인간의 기계적 연장물을 명확하게 흡수하고 사용할 수 있다. 이러한 문화에서는 인간이 차츰차츰 자신들이 만든 기계와 같아진다. 미국에서도 기술이 농촌지역에 미친 영향을 볼 수 있다. 100년 전의 작은 마을 공동체들은 아주 사라진 것은 아니지만 젊은이들이 일과 활동의 장을 찾아서 그리고 작은 도시로 빠져나감에 따라 나날이 줄어들고 있다.

사람들은 언어를 말하고, 읽고, 스케이트를 타고, 자전거를 타고, 하

---

30) 오랫동안 마을에 수도나 전기조차 개설하기를 거부했던 타오스(Taos) 인디언은 그 점을 직관적으로 인식했다.

늘을 날고, 스키를 타는 것 등을 배운다. 인간은 자신의 연장물을 사용하는 법을 배우지만 그 배후에 무엇이 있는지에 관해서는 거의 주의를 기울이지 않는다. '과학'의 도구나 전쟁의 무기와 같이 어떤 연장물은 유별나게 복잡할 수도 있지만 그럴수록 우리 자신에 관해 많은 것을 말해줄 수 있다. 인간의 연장물이 몇 가지 조야한 도구와 초보적 언어 정도에 불과했던 시대(200만~400만 년 전)가 있었다. 그때 이래 지금까지 인간의 원초적 본성에는 거의 변화가 없다.

모든 문화는 연장물의 복합적 체계이다. 그러므로 문화는 연장의 전이라는 증후와 그것이 내포하는 모든 현상에 종속되어 있다. 요컨대 문화는 인간을 통해 경험되고, 역으로 인간은 문화를 통해 파악된다. 게다가 인간은 자신이 만든 문화의 퇴색한 반영 또는 결코 문화를 따르지 못하는 싸구려 재생품으로 보이기 일쑤다. 그 과정에서 인간의 기본적 인간성은 무시되고 억압받게 마련이다.

이제부터 인간의 기본 본성과, 자기 문화에 의해 조건지어진 통제체계의 관계를 어떤 식으로 정의하느냐가 결정적으로 중대한 문제이다. 왜냐하면 나날이 축소되는 지구에서 인간은 문화에 대해 문맹상태로 있을 여유가 없기 때문이다.

3 일관성과 삶

　인간의 신경계는 매스미디어·대량수송·항공기·자동차가 등장하기 전에 진화된 것이다. 100만 년 이상에 걸쳐서 우리의 선조는 자기 주변 사람들의 일거수일투족이 의미하는 바를 알고 있었다. 예컨대 개들끼리의 보디랭귀지에서 꼬리를 흔들고 앞발을 뻗어 껑충거리는 것은 '놀자'는 뜻이고 등의 털을 곤두세우는 것은 '가까이 오지 마'라는 뜻으로 통하는 것과 마찬가지로, 서로 잘 아는 사람끼리는 몸짓이나 행동거지만으로도 뜻하는 바를 쉽게 알아챌 수 있었다. 인간사회가 현재의 지점까지 번영하고, 발전하고, 진화해오기까지는 안정성과 예측가능성이 본질적인 요건이 되었다.
　오늘날과 같이 급속히 변화하고 나날이 좁아지는 세상에 사는 우리 대부분은 변화하지 않는 세상에서 성장하고 생활한다는 것이 어떠할지, 그리고 항상 똑같은 사람들과 보고 만나기 때문에 모르는 사람이 거의 없는 세상이 어떤 것일지 떠올리기가 힘들다. 요즘 사라져가고 있는 작은 마을에서 성장한 사람들은 과거 태반의 세월에 인간의 생활이 어떠했을지 다소 상상해볼 수 있을 것이다. 그것은 매우 안락하고 안심할 수 있는 사회이지만 매우 공개적인 사회이다. 즉 누가 무슨 일을 하기도 전에 또는 무엇을 하게 될지 자신도 모르는 사이에 남들이 먼저 앞일을 내다보는 사회이다. 예컨대 이런 식이다.

"제이크는 새 말을 구입할 모양이지." "그러게 말야, 항상 말을 팔기 직전에 살찌우니까. 늘상 잘 먹이는 것은 너무 손해라나."

"마이크가 언제 누구와 헤어질지는 누구라도 알아맞힐 수 있지. 먼저 일어서서 서성거리다가 모두에게 등을 보인 채 창문 밖을 내다보면서 주머니에서 빗을 꺼내어 머리를 가지런히 하지. 그런 다음 다시 등을 돌려 사람들을 바라다보면 누구나 벌어질 일을 안다네."

동물의 응답행위가 대부분 생득적인 것과는 달리 인간의 의사소통 행위는 태반이 생리현상과 무관하게 진화하였다. 구어에서 볼 수 있듯이, 그것이 속해 있는 문화, 나아가 그 기층문화를 잘 모르고는 그 말이 의미하는 바를 명확히 이해할 수 없다. 인간의 신체는 아무리 피부색, 머리카락 모양, 얼굴 생김새, 체형과 같은 외관적인 특징이 다르더라도 어디서나 인간임을 알아볼 수 있다. 여기에 인공적인 조작을 가하지 않는 한 이러한 범인간적인 형태는 수천 세대가 지나도 변함이 없을 것이다.

인간을 변화시키고, 진화시키고, 인간으로 특징짓는 것, 즉 어느 곳에서 태어나더라도 인간으로서의 정체성을 부여하는 것은 인간의 문화, 요컨대 모든 의사소통체계(communication framework)——언어, 행위, 자세, 몸짓, 억양, 얼굴표정, 시간과 공간, 사물을 다루는 방식, 일하고, 놀고, 사랑하고 자신을 지키는 방식——이다. 이러한 모든 일은 그 행위를 역사적·사회적·문화적 맥락에서 이해할 때 비로소 그 의미를 올바르게 읽어낼 수 있는 완결된 의사소통체계이다.[1]

인간을 인간답게 하는 모든 것, 그리고 인간이 행하는 모든 것은 학습에 의해 수정될 수 있으며, 따라서 순응성이 있다. 그러나 일단 습득되고 나면 그 행동양식, 습관적 반응, 교제방식은 점차 정신의 표층 아래로 가라앉게 되어 마치 물에 잠긴 잠수함대의 사령관처럼 심층으로부터 인간을 통제하게 된다. 이 숨겨진 통제장치는 일반적이고도 습관적이라는 이유만으로 마치 생득적인 것인 양 느껴지는 것이 보통이다.[2]

획득된 것과 생득적인 것을 더욱 분간하기 어렵게 만드는 것은 사람이 성장함에 따라 주위의 모든 사람이 동일한 행동양식을 나누게 된다는 사실이다. 이것은 2개 또는 3개의 문화가 복합된 환경에서 성장한

---

1) 커뮤니케이션으로서의 문화에 관한 더욱 자세한 연구를 위해서는 나의 책 『침묵의 언어』 참조.
2) 나는 평생 서로 다른 문화 간의 커뮤니케이션에 대한 미묘한 차이를 연구하면서 이러한 습관적 행동들의 힘과 완고함이 거의 믿을 수 없을 정도로 강하다는 사실을 확신하게 되었다. 이러한 행동들은 자아—올바르고 적합하게 살기를 원하는 선한 자아, 또는 사회적 책임을 가진 자아—와 거의 동일시되며 사회적 능력과 동의어가 된다. 그러나 다른 문화와 접하는 경우에, 즉 문화가 다른 사람들이 자기가 인지하는 바와 다른 세계를 제시함으로써 이러한 숨겨진 반응과 인식의 차이들을 지적할 때 이러한 관찰은 흔들릴 수 있다. 이러한 지적을 받는 것은 사람이 무능하고, 행동에 적합한 동기가 없으며, 무지하고, 유아적이기까지 하다는 것을 시사한다. 그렇게 되면 자신의 행동양식에 대한 가벼운 언급만으로도 또는 그러한 지적만으로도 개인의 인격이 위협받는 경우가 있다. 정신의 보다 오래된 부분—성장기에 발달하는 부분과 부모와 과거로부터 물려받아 내재화된 권위를 보여주는 부분—이 작동하게 된다. 과거로부터 물려받은 다이너미즘의 영향에 대응하기 위해서는, 타인에 대한 자기 이미지의 대부분이, 마치 생득적인 것처럼 여겨지는 자신의 심리적 욕구를 포함하여 자기 인격의 다양한 부분들의 투영으로 이루어져 있다는 점을 상기하지 않으면 안 된다. 예컨대 제도적 속박에서 벗어나기를 원하는 미국인들은, 많은 일본인이 기업이나 정부의 관료기구에 일생 매이기를 열렬히 원한다는 사실을 믿기 어렵다. "어떻게 그러한 가족주의적 생활에 기꺼이 예속될 수 있단 말인가?"

사람에게는 해당되지 않는 말이다. 그러한 사람들은 사람들이 행동하는 방식이 참으로 다양하다는 사실을 익히 알고 있다는 점에서 굉장한 장점을 지녔다고 할 수 있다. 이중적인 문화에서 살고 있는 사람의 예를 들어보자면, 자기도 의식하지 못한 채 에스파냐식에서 독일식으로 교제방식을 바꾸는 사람이 있는가 하면, 상황이 요구하는 바에 따라 그리스식에서 출발하여 자동적으로 독일-스위스식으로 이행하는 사람도 보았다.

이 자동이행은 놀라운 일로 보일 수도 있지만 뇌의 정보처리와 통제기제에 의한 기능으로 합리적이고 일반적인 것이다. 이 점에 관해서는 제12장에서 다룰 것이다. 사실 파워스(Powers)[3]에 따르면, 인간의 신경계는 설정된 범위에서 일탈될 경우에만 그 행동과 인식을 지배하는 양식을 의식하게 되는 방식으로 구조되어 있다. 여기에 우리의 행동을 지배하고 생활을 통제하는 가장 중요한 패러다임이나 규칙이 의식의 차원 아래에서 기능하고 일반적으로 분석의 대상이 될 수 없는 이유가 있다. 이것은 흔히 무시되거나 부정되기는 하지만 중요한 점이다.

문화적 무의식은 프로이트가 말하는 무의식과 마찬가지로 인간의 행동을 통제할 뿐만 아니라 각고의 면밀한 분석과정을 통해서 비로소 이해될 수 있는 것이다. 그러므로 인간은 자신에게 가장 특징적인 것(어린 시절에 체험한 문화)을 마치 타고난 것처럼 자동적으로 다루고 있다. 그리하여 예측불허한 행동이나 어떤 식으로든 특이한 행동을 하는 사람을 보면, 정신이 살짝 나갔거나, 제대로 성장하지 못했거나, 책임감이 없다

---

[3] William T. Powers, "Feedback: Beyond Behaviorism," *Science*, Vol.179, pp.351~356, January 26, 1973.

거나, 정신이상이라거나, 구제받지 못할 만큼 정치적으로 편향되어 있다거나, 아니면 단지 덜떨어졌다거나 하는 식으로 생각하거나 느낄 수밖에 없게 된다.

문화가 교차되는 상황에서 흔히 듣게 되는 언사로, "음, 나는 그냥 내 식대로 하고 저들은 저들 식대로 받아들이면 됐지, 저들도 어쨌든 다 큰 어른 아냐?"라는 말은 그런대로 일리는 있다. 피상적인 사회적 상황에서는 내 식대로 한다는 원칙도 통용된다. 그러나 이런 경우를 생각해보자. 에스파냐계 미국인반을 맡고 있는 영국계 선생이 일부 학생들에게 학습의욕이 없는 것을 보고 무엇을 생각할 수 있겠는가? 에스파냐계가 아닌 그는 뛰어난 학생이 있으면 뒤떨어진 학생도 있게 마련이라고 생각한다. 그러다가 뉴멕시코에 사는 많은 에스파냐계 미국인이 동료보다 뛰어나면 자신이 큰 위험에 처할 수 있으므로 어떻게든 피해야 할 일이라고 생각한다는 사실을 알게 되면 갑자기 그의 낡은 스테레오타입은 새로운 의미를 얻게 된다.

오늘날 인간은 다른 사람들이 다음에 무엇을 할 것인가를 제대로 판단하는 데 더 이상 문화에 의존할 수 없는 상황에 나날이 접어들고 있다. 끊임없이 낯선 사람들과 교제하는 입장에 처한 인간은 다음 단계로 나아가서 자신의 문화를 초월하고자 시도하지 않으면 안 된다. 그것은 안락의자에서는 이루어질 수 없는 일이다.

그러나 처음에는 매우 힘이 드는 자질구레한 일로 느껴질지도 모르는 일이 매우 의미심장하고 개인적으로 중요하다고 판명될 수 있다. 이러한 맥락에서 중요하게 되새겨볼 점은 인간의 신경계에서 사회적 행동을 다루는 부분은 부(負)되먹임(negative feedback)의 원리에 따른 장치라는 것이다. 말하자면 인간은 일이 프로그램에 따라 진행되는 한, 통제체계가 있다는 사실조차 전혀 의식하지 못한다. 아이러니하게도 이것이 의미하는 바는, 인류의 대다수가 통제체계가 기능하는 방식 그 자체로 인해 자신의 중요한 부분에 대한 지식을 거부한다는 것이다.

인간은 일이 숨겨진 프로그램대로 풀려나가지 않게 되어야 비로소 통제체계를 의식하게 된다. 이러한 현상은 서로 다른 문화가 만나게 될 때 가장 빈번하게 발생한다. 그러므로 인류의 구성원끼리 주고받을 수 있는 최대의 선물은 이국적인 경험이 아니라 자기가 속하는 고유한 체계의 구조를 인지할 수 있는 기회다. 그것은 체계를 공유하고 있지 않은 사람들, 즉 성별·연배·민족·문화가 다른 사람들끼리의 교제에 의해 비로소 성취될 수 있다.

내가 만약 체험을 통해 다른 시간체계에 대처하기 위해 애쓰는 우리 미국인들을 관찰하지 못했더라면, 미국인이 자신의 생활을 설계하고 의사소통체계를 구성하는 데 어느 정도까지 시간에 의지하는지 결코 가늠하지 못했을 것이다. 나는 일본에 있으면서 일본인들이 '완곡법'이라고 일컫는 태도에 곤혹스러워하는 동포의 모습을 보고 나서야 비로소 논리와 명석한 사고, 그리고 본성이 일맥상통하는 것이 아님을 확실히 깨닫게 되었다. 일본인도 맥락을 고려하지 않고 곧이곧대로 '논리적인' 절차를 주장하는 미국인에게 고개를 절레절레 흔들기는 마찬가지임이 분명했다. 일본인은 일단 알고 나면 상당히 일관성이 있다고 생각되지만, 모르면 그들의 행동은 예측불허이다. 고지식한 미국 사업가들은 일본인의 완곡한 태도에 대처하기가 힘들다. 그리고 일본에서는 언제든지 무효화되거나 파기될 수 있는 서양의 철통 같은 계약서보다도 구두 약속이 구속력이 있고 훨씬 선호되고 있다는 사실에 익숙해지기가 쉽지 않다.

해외에 거주하는 미국인에 대한 인상은 자기들끼리의 관계에 신뢰감이 없으며 흔히 편집병적이기도 하다는 것이다. 미국인의 말은 구속력이 없다. 이 점으로도 문화 간의 상호관계를 창조적으로 이용함으로써 매우 깊이 있고, 고도로 개별화되고, 예민한 인간 정신의 일부를 드러낼 수 있다는 사실을 알게 된다. 또한 이것은 비교적 중요한 문화의 측면들이 왜 그토록 쉽사리 줄곧 무시되고 있는지 설명해줄지도 모른다. 예컨대 모든 일을 문서화하지 않으면 안 되는 것은 사람들 간에 신뢰감이 없기 때문이다. 만약 미국인이 자기 자신에게 솔직해진다면 다른 문화로부터 얻은 경험을 통해 서로 신뢰하는 세계에서 산다는 것이 어떤 것인지 배울 바가 많을 것이다. 그렇게 되면 다른 문화에 속한 사람들을 대할 때 그다지 두려움을 느끼지 않을 것이다.

이와 같이 통문화적 방법을 통해 자기 자신을 연구하게 되면 자신이 가장 익숙하게 느끼고 있는 것이 가장 무지한 바이고 따라서 연구하기에 가장 척박한 입지라는 점을 우선 깨닫게 된다. 앞에서 말했듯이, 이것은 인간의 생활을 통제하는 무의식적인 양식(패턴)이다. 옛날에는 그리고 가정에서는 그 양식이 공유되었기 때문에 생활을 예측할 수 있었고 모든 자연에서 관찰할 수 있는 질서가 제공되었다.

자기 자신과 외국인을 이해하려는 일에 착수한 사람들은 자신의 신념을 거의 벗어나는 장면, 즉 자신의 문화에 제약된 투사방법으로는 결코 기대할 수 없는 장면과 조우하게 된다. 자신의 문화적 경험에 기초하여 제각기 지니고 있는 정신의 지도(mental map)는 1492년에 콜럼버스가 인도를 찾아 서쪽으로 항해할 당시 지니고 있던 지도보다 하등 나을 게 없다. 그리고 아직 발견되지 않은 거대한 대륙, 즉 서양인이 전혀 모르는 인간 경험의 광대한 영역이 남아 있다. 우리가 가진 지도는 마치 고향이나 이웃처럼 완전히 꿰고 있는 영역에 대한 것이므로 설명할 필요

없이 우리 머릿속에 들어 있는 것만으로도 충분하다. 정확하게 표시된 실제 지도는 미지의 영역에서만 필요한 것이다.

대개의 문화탐험은 길을 잃는 곤혹감과 더불어 시작된다. 그때 정신의 통제체계는 무언가 예기치 않은 일이 발생해서 예정 항로를 벗어났으니 자동조작의 스위치를 끄고 스스로 조타수가 되지 않으면 안 된다는 신호를 보낸다. 전혀 예기치 못한 곳에 암초가 있을 수도 있다. 참으로 안타깝게도 실생활에 직면하여 실제 이런 식으로 미리 암초를 발견하는 사람은 없다. 왜냐하면 좌초를 당해봐야 비로소 암초의 존재를 인정하는 것이 거의 어쩔 수 없는 인간의 반응이기 때문이다.

나는 한때 미국인이 거의 없는 극동의 한 작은 나라에서 다소 특이한 양식을 판독할 기회가 있었다. 그 나라에 있는 미국인은 고작 미정부 파견관리 정도였다. 매우 아름다운 그 나라의 국민은 친절하고 우호적이어서 열대의 천국과도 같았다. 그런데 옥에 티가 있다면, 공식 방문에서 미국인을 상식 밖으로 오래 기다리게 한다는 것이었다. 그것은 마치 그들의 존재를 모르고 있다고 느껴질 정도였다. 몇 시간을 기다리는 경우는 물론 새로 부임한 미국대사마저 기다리게 했다. 일반적인 외교 상황이라면 그러한 대접은 미국정부에 대한 공식적인 모욕으로 간주되었을 것이다. 그러나 왠지 그런 경우는 아닐 것으로 여겨지는, 모욕은커녕 그와는 정반대의 단서가 너무 많았다. 게다가 두 나라의 관계는 우호적이었으며 첫 접견이 있기도 전에 무차별하게 모든 사람을 모욕할 이유는 더욱 없었다.

미국인들이 난감했던 것은 물론이다. 동남아시아를 잘 아는 사람이라면 여기서 점성술이 머리에 떠오를 것이다. 왜냐하면 그곳에서는 중대한 행사가 있기 전에는 언제나 별점을 쳐야 하는 복잡한 행사가 수반되기 때문이다. 실제로 모든 일에는 점성술사의 점괘가 서두를 장식한다. 그러나 점성술도 접견실의 오랜 기다림에 결정적 변수로 작용하는 것 같지는 않았다. 왜냐하면 이웃 나라들도 점성술을 행하지만 외국 관리를 기다리게 하지는 않기 때문이다.

이에 대해 미국대사관은 마침내 그 고유한 관료제적 패러다임과 특유의 시간관념을 적용해서 전 직원에게 다음과 같이 지시했다. 공식 업무일 경우에는 20분만 기다릴 것, 만약 그 안에 응답이 없으면 돌아갔다가 나중에 다시 올 것. 그렇게 해서 경의는 표하더라도 30분, 45분, 심하면 한 시간까지 기다림으로써 느껴지는 개인적 모욕은 피할 수 있으리라는 미국인의 생각이었다. 이러한 처사는 미국인의 불안이나 분노, 죄책감을 달래줄 수는 있었지만 그 지연의 배후에 놓여 있는 이유는 여전히 알 수 없었다. 미국인은 명백히 낯설고 당혹스러운 의사소통방법에 대응하여 전형적인 인간적인 방법에 의해 일반적으로 사람들이 행하는, 자기 문화의 보다 큰 패러다임에 부합하는 해결책을 고안했던 것이다. 그러나 그렇게 함으로써 미국인이 기껏 도달한 바는 자기 자신이나 상대국 모두에 관해 알 수 있는 기회를 차단한 것일 뿐이다.

이 사례는 미국인이 무의식적으로 시간을 짜는 태도에 관한 예전의 나의 관찰을 재확인시켜주었으므로 나로서는 흥미로운 것이었다. 즉 친밀하지 않은 사람들끼리의 공적인 업무는 미국 동부의 중류계급 양식에 준한다. 여기에서는 시간이란 지켜야 할 것이며, 5분이 지체되면 가벼운 사과가 요구되며, 10분이 지체되면 좀 무거운 사과의 말을 반드시 해야 하고, 15분일 경우에는 분명한 사과에 덧붙여 설명이 필요하고, 30분은 그 자체로 모욕이다 등으로 통하고 있다.[4] 기다리는 시간도 비슷하게 정해져 있다. 이러한 태도는 미국인에게서(영국의 중류 및 상류계급 사람들의 경우도 마찬가지이다) 의식의 높은 수준에서 작용하고 있는 '단순한 관습'이 아니라 활동을 조직하는 기본적인 양식일 뿐만 아니라 의사소통 체계 전체를 구성하는 것이다.

공식 방문에 최대한 기다리는 시간으로 설정된 20분은 어쩌다 한 관리의 머리에서 나온 우연한 수치가 아니다. 그 사정을 알고 나면 그 수치는 정확히 예측할 수 있는 것이고 미국인의 비공식적인 규범과 전적으로 일치되는 것이다(예의를 갖출 만큼은 긴 시간이고 공적인 체면을 유지할 만큼은 짧은 시간). 이러한 유형의 행동은 매우 판에 박은 것이기 때문에 일단 그 양식을 인지하고 나면 마치 버튼을 누르면 불이 켜지는 기계와 같이 관찰할 수 있다. 한 문화에 속한 사람들의 행동양식도 제대로 작동되기만 하면 항상 동일한 반응을 보이는 기계와 마찬가지이다. 그렇지 않다면 생활은 유지될 수 없다.

물론 문화와 기계의 유비는 아주 가볍게 다루어야 할 것이다. 왜냐하면 가장 복잡한 컴퓨터라 해도 기계는 인간의 복잡성에 견줄 바가 못 되고, 더구나 인간의 상호교류에 관해서는 말할 나위도 없다. 게다가 기계에는 연장물의 누락 요인이 존재한다. 이 말은 인간의 기관이나 행동의 모든 기능을 그대로 복제할 수 있는 연장물은 없다는 뜻이다. 그럼에도 불구하고 성질을 알 수 없는 어떤 가상의 기계 또는 생물이 있다고 한다면, 그 움직임을 알 수 있는 유일한 방법은 그 안의 입력(input)에 변화를 주어서 반응을 살피는 것이다.

잠시, 한 프로그램과 일련의 지시신호에 따라서 그것을 전혀 인지하지 못한 채 자신의 입력을 통제하도록 고안된 생물을 상상해보자. 입력

---

4) 『침묵의 언어』 제1장과 제9장 참조.

의 일관성을 유지하는 데 이용되는 통제체계의 성질을 알아낼 수 있는 유일한 방법은 일련의 단계를 따라 조직적으로 상태를 변화시킨 다음 다시 그 길을 따라 생물이 정상적인 상태로 돌아오도록 하는 것이다. 이것을 사고(思考)로 실험해보기 위해서 아주 단순한 구조로 생물을 하나 만들어보자.

  이놈은 물탱크에서 수영을 하는데 하루에 일정한 시간을 수표 바로 아래 일정한 수심으로 머무른다. 이때 이놈의 코를 살짝 누르면 바로 원상태로 돌아온다. 그런데 이놈이 코를 위로 올리는 한 가지 반응밖에 못할지도 모르므로 또 다른 실험을 해본다. 이번에는 물 밑에서 코를 밀어 올리자 역시 원상태로 돌아온다. 만약 시간표에 따라 모든 일을 행할 만큼 생활이 아주 일정한 사람을 이놈과 비교해본다면, 그는 일이 제대로 돌아가는 한 시간표는 물론 자신이 시간표를 필요로 한다는 사실조차 의식하지 못할 것이다. 무슨 일이 생겨서 정상궤도를 벗어나게 되면 그때에야 비로소 관심은 갖겠지만 그것마저도 시간표에 의지해 사는 자신보다는 잘못된 일로 더욱 쏠리게 될 것이다.

  이러한 현상은 근본적으로 세계의 모든 사람에게 발생한다. 일찍이 북아메리카에 정착했던 백인들은 인디언들을 유럽의 패러다임에 따르도록 할 수 없었기 때문에 그 반응은, 통제할 수 없고 예측가능한 태도를 벗어나는 그들을 섬멸하는 것이었다.

  남을 파괴함으로써 자신의 입력을 통제하려면 그 대가를 톡톡히 치르고야 말기 때문에 결국 유지될 수 없다. 그런데도 예측할 수 없는 상황에서는 기어코 통제하고야 말리라는 일념에 사로잡혀서 큰 대가를 치르게 된다는 사실에는 거의 생각이 미치지 않을 수 있고 또한 그런 경우가 많다.

또 다른 전략은 다른 양식의 존재 가능성을 아예 무시하거나, 세상의 양식은 기본적으로는 모두 같은 것이며 설사 차이가 있더라도 대수롭지 않고 단지 관습일 뿐이라고 스스로를 기만하는 것이다. 이것은 그럴듯하게 문제를 회피하고는 있지만 결국 서로 다른 두 체계가 충돌하지 않을 수 없는 길로 유도하여 난관을 중첩시킨다.

지금 논의되는 과정을 즉물적으로 이해해보기 위하여 발생하는 일에 따라 행동도 변화한다는 것을 입증하는 또 하나의 사고 실험을 해보겠다. 우선, 한 방에서 눈가리개를 한 사람 10명이 까막잡기놀이를 하고 있다고 상상해보자. 이들은 최면술에 걸려서 자신들이 볼 수 있다고 믿고 있다. 그 결과 예측할 수 없는 충돌이 계속 발생한다. 그다음으로, 충돌을 피하기 위해서는 더 열심히, 더 격렬하게, 더 빨리 움직이고 팔도 더 많이 휘둘러야 한다고 그 사람들에게 말해준다. 예측할 수 없는 충돌이 잦아짐에 따라 그들은 휘두름에 속도와 강도를 더하지 않을 수 없게 되고 연타를 주고받다가 마침내 좌절감과 분노를 느끼게 되리라는 것은 뻔한 이치다.

이제 그 사람들에게 다음과 같은 말로 지시사항을 변경시킨 다음 발생하는 일을 살펴보자.

"당신은 장님이지만 주변 사람 모두가 장님이기 때문에 그 사실을 모른다. 당신은 장님임에도 불구하고 당신이 의식하지 못하는 장치와 신호 체계에 의해 서로 부딪치지 않는 길을 완전히 알고 있다. 그러므로 어떠한 수단을 동원해도 당신이 볼 수 없다는 사실을 결코 모르게 할 수 있다. 이제 당신과 마찬가지로 자신이 장님이라는 사실을 의식하지 못하는 장님 몇 사람을 새로 방 안에 들이기로 하자. 당신과 다른 점은 그들은 사람과의 접촉으로 자신이 나아갈 방향을 가늠하기 때문에 서로 피해다니지 않고 오히려 부딪치는 것을 좋아한다."

우리가 마음의 눈으로 이 실험을 따라가본다면, 두 집단 모두 서로에게 실망하는 것을 보게 될 것이다. 첫 번째 집단은 예기치 않게 부딪고 안기고 하는 데 곤혹스럽고, 두 번째 집단은 사람들이 피해다니기 때문에 나아갈 방향을 가늠하는 데 곤란을 겪는다. 두 집단 모두 자신이 장님이라는 사실도 모르고 어떻게 접촉을 유지하고 충돌을 피해야 하는지도 모르고 있으므로 자신들의 시력을 시험해볼 필요가 있다는 데에는 생각도 미치지 않을 것이다. 다른 두 집단이 만나지 않는 한, 서로 피하거나 방향을 유지하기 위해 접촉하는 데 요구되는 단서에 세심한 주의를 기울이지 않을 것이다. 역설적이게도 그 단서는 그것이 기능할 수 없는 상황에 처해야 비로소 알려지기 시작한다.

모두가 동일한 체계를 사용하는 한, 다른 시각체계의 성질을 규명하는 것은 불필요한 일이고 사실 쓸데없는 짓이다. 그러나 충돌이 격화되어 난투극이 벌어지는 상황을 피하는 길은 대립하는 두 신호체계의 양상을 확인하는 방법밖에 없다. 요컨대 첫 번째 집단은 충돌할 때마다 더욱 속도를 내고 팔을 휘두를 것이 아니라, 움직임을 늦추고 발송되는 신호를 정확하게 인지하여 그것을 의식적으로 파악하고 통제할 수 있도록 수신하지 않으면 안 된다. 이 실험으로 네 가지 사실을 알 수 있다.

1. 무의식적이지만 마음대로 구사할 수 있는 매우 효과적인 회피체계를 지니고 있는 사람이 있다.
2. 세상에는 인간을 피하는 것이 아니라 탐구하는 것을 목적으로 삼는 사람들도 있다.
3. 그 사람들도 그대들처럼 자신이 장님이라는 사실을 의식하지 못

하고 있다.

　4. 또한 그들의 행동은 조직적이고, 고도의 일관성을 지니며, 예측 가능하다.

　사실 이 까막잡기의 비유는 우리가 다른 문화에 속하는 사람들이나 동일한 문화에 속하면서도 성향이 다른 사람들과 교제하는 경우 직면하는 상황을 지나치게 단순화시킨 예이다. 이 비유는, 오늘날과 같은 새로운 세계에서 예기치 않은 폭력을 당하는 일 없이 번영하고자 하는 사람이라면 자신의 체계를 초월하지 않으면 안 된다는 사실을 의미하고 있다. 그러기 위해서는 체계라는 것이 존재한다는 사실과 그 체계의 성질은 어떤 것인가 하는 두 가지 점을 인지해야만 한다. 나아가 그 두 가지를 습득하는 유일한 방법은, 자신의 체계와 다른 체계에 접하여 스스로 민감한 녹음기가 되어 자신의 반응과 단계적으로 확장되는 양상을 모두 기록하면서 탐구하는 것이다. 그리고 자신이 처해 있던 상태와 더불어 확장되어 가는 상태를 규명하는 데 도움이 될 만한 것들을 스스로 질문해본다.

　이러한 일을 추상적으로 하기는 불가능하다. 왜냐하면 행동체계는 너무나 복잡하므로 무수한 가능성이 존재하기 때문이다. 자신의 문화체계에서 행위와 구조를 지배하는 규칙은 구체적인 맥락이나 실생활의 상황에서만 발견될 수 있다.

　이것을 근거로 아시아의 작은 나라에 있는 미국인의 사례로 되돌아가 그들이 기다리고만 있을 때 실제로 무슨 일이 일어나고 있었는지 논의해보자. 나는 마침내 그 나라 사람들의 당혹스러운 행동을 설명해주는 하나의 양식을 확인할 수 있었다. 미국인들을 줄곧 기다리게 한 이유는, 그들이 아직 모르는 사람들로서 실재하는 존재로 느껴지지 않았기 때문이다. 외부의 어떤 사무실에 새로 부임한 관리가 있다 해도 그 존재는 마치 현상되지 않은 필름과 같아서 체험을 통해 실감할 수 있는 인간의 이미지가 아니다. 그를 친구로서 또는 한 인간으로 알고 있는 사람은 아무도 없다. 그가 기다리는 것에 대해 화를 내면서 자기가 얼마나 중요한 인물인지 큰 소리로 떠들어대는 것을 누군가 보고 듣는다 해도 그 나라 사회체계의 관계라는 견지에서는 그의 존재는 기껏해야 그림자 정도로 대수롭지 않게 보아 넘기고 만다.

미국인이라도 갔다가 되돌아오는 일을 반복하면서도 사무실 밖의 사교석상에서 기꺼이 그들을 접하고자 하는 사람이라면 한 사회체계에서 살아 숨쉬는 활발한 구성원이 될 수 있는 기회를 얻게 되고, 마침내 아무런 문제도 없이 사무실로 안내될 수 있다. 미국인은 사람을 그 지위에 입각해서 대하는 반면, 그 사람들은 일체화되는 데 비교적 시간이 많이 걸리는 더욱 광범위한 구조에 입각해서 사람을 대한다.

이 사례에서 두 문제를 지적하자면, 첫 번째는 양쪽 모두 직접적으로 문제가 되는 상황을 전혀 밝혀낼 수 없다는 것이다. 왜냐하면 체계라는 것이 있다는 사실은 자각도 하지 못한 채, 각자 자신의 체계가 돌아가는 데 상대방이 익숙한 것으로 간주해버리기 때문이다. 두 번째는 일단 양쪽의 체계가 드러나면 엄청난 차이를 발견하게 된다는 것이다. 나는 당초에 내가 속한 문화의 내적인 작용에 맹목적이었다는 사실을 깨닫고 미국인의 행동 패러다임이 어떻게 작용하는지에 관해 일찍이 많은 것을 배우고자 스스로 노력해왔기 때문에 이 특이한 역설을 설명하는 과정에서 많은 도움을 받았다. 나는 또한 동남아시아 전역에 걸쳐서 사람들끼리 서로 대하는 행동은 매우 안정되고 오래 지속된 사회체계에서 이루어진 상호관계에 의해 유도된다는 사실도 알게 되었다.

문제는, 미국인이 바로 앞에서 기술한 바와 같이 자신의 세계와는 근본적으로 다른 상황에서 어떻게 자신의 입력을 계속 통제해나갈 수 있는가 하는 점이다. 미국인은 우선 일종의 자기도취를 버리고 자신의 프로그램을 조절하지 않으면 안 된다. 요컨대 사람끼리의 모든 교류를 시간으로 규정해버리는 미리 설정된 스케줄의 구속으로부터 해방되어야 한다. 그 대신에 상대방의 스케줄에 따라서 그들과의 관계를 구축하고, 무언가 하려고 나서기 전에 먼저 자신의 존재를 알리고, 시간을 두고 인간으로서의 실체를 각인시켜 믿음이 가고 예측이 가능한 인간임을 보여주어야 한다.

이것은 스케줄을 고수하는 데 자부심을 느끼는 고지식한 관료나 시간절약이라는 강박관념에 사로잡혀 있는 기업인에게는 실천하기가 쉽지 않은 일로서, 다른 사람을 참아낸다는 것이 불가능하게 여겨질 것이다. 그들은 관계를 구축하는 일을 사치스러운 사적 취미나 시간낭비로 간주하며 심하게는 '다른 편과 영합하는' 직접적인 표시로 본다(미국 외무성은 직원을 속속 전근시키므로 현지인들과 지속적인 관계를 맺을 수가 없다).

내 경험으로는 앞에서 논의한 두 체계 모두 시간이 필요한데, 문제는 어디에다 시간을 쓰느냐에 달려 있다. 사람을 아는 데는 시간이 걸리지만 나중에는 그만큼 절약된다. 친구가 되면 보다 짧은 시간에 보다 많은 일을 감당할 수 있기 때문이다. 이 두 체계는 내가 지칭했던 고맥락 문화 및 저맥락 문화를 대표한다(제6·7장).

일반적으로 개인의 상호관계에 상당한 프로그램 작성이 요구되는 고맥락 문화는 비교적 덩어리가 크며, 따라서 그 체계에 친숙한 경우, 아니 그런 경우에 한해서 예측가능성의 폭도 넓다. 다른 한편으로, 또 다른 체계가 존재한다는 사실을 모르는 관찰자에게는 낯선 고맥락 문화는 자신이 의식하지 못하거나 아니면 인정하지 않을지는 몰라도 완전히 불가해한 것일 수 있다. 그 이유는 자기가 속한 문화의 스테레오타입이 발휘하는 힘이 너무 강렬해서 자기가 보는 것을 왜곡시키고 눈앞에서 벌어지는 일에 대해 스스로를 기만하기 때문이다. 이것은 물론 매우 위험천만한 상황이지만 불행하게도 모두에게 공통된 것이다.

자신이 친숙한 스테레오타입을 기꺼이 포기하는 사람은 없다. 더욱이 고국에서는 유능하고 노련해도 타국의 규칙은 모른다는 사실을 인정해야만 하는 것은 대부분의 사람이 참을 수 없는 일이다. 나는 한 문화의 행동을 다른 문화로 전달하는 일에 내 연구생활의 상당한 부분을 할애해왔지만, 행동을 번역하는 것과 사람들을 믿도록 하는 것은 별개 문제라는 사실을 알게 되었다. 지금까지는 한 개인의 돌과 같이 완고한 통제체계를 극복하는 데 부분적으로나마 유효한 수단은 두 가지가 있다.

하나는 외국에서 오래 생활하면서 일상적인 삶에 기초하여 그 체계의 실상을 체험하는 것이다. 다른 하나는 언어뿐만 아니라 문화를 포괄하는 매우 광범위하고 고도로 정밀한 훈련을 받는 것이다. 그러한 훈련에서는 다음과 같은 사실들을 고려하지 않으면 안 된다.

1. 인간의 신경계는 부(負)되먹임의 원리에 의해 조직되어 있다. 즉 평소에는 모든 것이 아주 순조롭고 자동적으로 기능하므로 입력의 신호가 규범을 벗어나지 않는 한 통제체계가 의식화되지 않는다. 그러므로 개인이건 집단이건 대개의 경우 자신의 행동을 지배하는 양식과 지시신호를 인지하지 못한다.

2. (일반적인 생각과는 반대로) 인간은 무엇보다도 먼저 자신의 입력을 관리하는 데 일생을 보낸다.

3. 한 개인이 지닌 패러다임의 실태와 구조는, 대개 외국 문화에 직면하여 자신의 입력을 일정하게 유지하려는 시도가 실패를 거듭하고 나서야 매우 특수한 상황에서 단편적으로나마 알 수 있게 된다.

4. 잘 아는 친구나 친척의 행동을 읽을 수 있는 것은 마치 익숙한 영역을 정신의 지도 없이도 망라하는 것, 또는 기록체계란 말을 들어보지도 못했던 옛날에 말하는 것과 같다. 말하는데 쓰는 방법을 알 필요는 없다(또한 말하기를 지배하는 규칙을 기술적으로 인식할 필요도 없다). 그러나 이전에는 아무것도 존재하지 않았던 생생한 자료에서 그러한 체계를 추출하는 작업은 화학·물리학·천문학 등의 위대한 업적에 필적할 정도로 만만치 않은 것이다.

5. 최근에 이르기까지 인간은 자기 나라 안에 지내면서 대부분 사람들의 행동을 상당한 정도로 예측할 수 있었기 때문에 자기가 속한 행동체계의 구조를 인식할 필요가 없었다. 그러나 오늘날에는 인간의 연장물을 통해서 행동반경이 넓어지고 세계가 좁아졌기 때문에 인간은 끊임없이 낯선 사람들과 교류하게 되었다. 그러므로 인간은 자신의 문화를 초월할 필요가 있으며, 그것은 자신의 문화를 조정하는 규칙을 명확히 하고 나서야 비로소 가능한 일이다.

이 복잡한 과정에 개입된 문제의 일부에 관해서는 다음 장에서 다루고자 한다. 이 일과 씨름하기 위해서는 인간의 중추신경계와 뇌의 성질 외에도 사람은 어떻게 이미지를 만드는지, 행동을 결정하는 데 맥락은 어떻게 작용하는지, 시간이나 공간과 같은 일부 기초적인 문화체계는 행동을 조성하는 데 어떻게 이용되는지 하는 문제들을 고찰해야 한다.

4 숨겨진 문화

　문화의 패러독스는 그것을 기술하는 데 가장 많이 사용되는 체계인 언어가 본질적으로 그 어려운 작업에 잘 적응하지 못한다는 데 있다. 언어는 너무나 직선적이고, 충분한 포괄성이 없으며, 너무 더디고, 너무 한정적이고, 제약이 많고, 너무 부자연스럽고, 독자적으로 진화된 부분이 너무 크고, 지나치게 인공적이다. 그렇기 때문에 언어를 기술하는 사람은 끊임없이 언어가 부과한 한계성을 염두에 두지 않을 수 없다.
　그러나 한편으로 인간은 언어를 통해서만 모든 의사소통이 가능하고 모든 의사소통과 모든 문화는 언어에 의존할 수밖에 없다. 말하자면 언어는 일반적으로 생각하듯이 사고나 의미를 이 뇌에서 저 뇌로 옮기는 체계가 아니라 정보를 조직하고 다른 생명체의 사고와 반응을 풀어주는 체계이다. 이 세계에 존재하는 모든 통찰의 수단은 흔히 규범화되지 않은 초기 형태로 존재한다고 해도 그것은 본래 인간이 지니고 있는 것이다. 인간은 그러한 통찰을 다양한 방식으로 이끌어낼 수는 있지만 타인의 뇌에 심어줄 수는 없다. 대신 체험, 특히 외국에서의 체험이 그 일을 가능하도록 만든다.

내가 생각하기에 상당수의 미국인이 방문하거나 일하게 되는 나라들 가운데 일본만큼 자신의 입력을 통제하기가 힘들고 생활이 경이감으로 가득 채워지는 나라는 거의 없을 것이다. 물론 그러한 관찰은 단기체류에 적용되는 것은 아니다. 왜냐하면 세계 어느 곳에서나 관광객을 위해서는 쾌적한 환경을 마련하고 있고 관광객은 그 나라 국민들의 실제 생활로부터 차단되어 있기 때문이다. 관광객은 한 장소에 오래 머무는 일이 거의 없고 다행히 외국 문화에서 강한 충격을 받을 일이 없다. 그러나 기업인·교육자·정부관리·대사관 직원은 문제가 다르다. 그들은 살아 있는 맥락에서 문화의 과정을 이해함으로써 많은 것을 얻을 수 있는 위치에 있기 때문에 내가 염두에 두고 있는 집단이다.

드러나지 않은 문화의 실태를 이해하고 그것을 몸으로 수용하는 데는 시간과 노력이 요구된다. 그것은 읽고 이해하는 것이라기보다는 생활하는 것이다. 그러나 때로는 아주 개인적인 체험을 가지고 광범위하게 공유되는 어떤 기본적 양식을 설명할 수도 있다. 앞으로 이야기할 사건들은 일본에서 겪은 체험 또는 다른 나라에서 일본인들과 접했던 체험에서 뽑은 것으로, 단지 문화 간의 차이를 드러내기 위해서가 아니라 자연스러운 통찰을 따라 맥락을 파악하는 과정을 보여줄 수 있도록 의도한 것이다. 다른 문화에 끌려드는 데는 아무리 지적으로 준비가 잘되어 있다 해도 경이감을 갖지 않을 수 없다.

몇 년 전에 나는 일본에서 전혀 납득할 수 없는 일련의 사건을 경험하게 되었다. 그리고 얼마 지난 후에야 자신이 속한 유리한 문화적 관점에서 보면 명백히 파악되는 행동도 다른 문화의 맥락에서 바라보면 전혀 다른 의미를 지닐 수 있다는 사실을 깨닫게 되었다. 나는 도쿄 시내에서 유럽식과 일본식 객실을 모두 갖춘 한 호텔에 묵고 있었다. 유럽인도 몇

명 있었지만 대부분의 숙박객은 일본인이었다.

열흘가량 그 호텔에서 머물고 있던 어느 날 오후, 외출에서 돌아와 프런트에서 키를 받아 엘리베이터를 타고 내 방으로 들어갔다. 방에 들어서자마자 곧 무언가 이상하다는 느낌을 받았다. 아차, 다른 방으로 들어왔구나! 침대 머리와 탁자에는 다른 사람의 물건들이 여기저기 널려 있었고 욕실에도 일본 남자의 것으로 보이는 세면도구가 놓여 있었다. 이때 내 머리에 제일 먼저 떠오른 생각은, '여기 있는 게 발견되면 어떡하지? 영어도 통하지 않을지 모르는 일본 사람에게 이 일을 어떻게 설명한단 말인가?' 하는 것이었다.

우리 서양인들이 자기 영역을 침해당하는 것을 얼마나 끔찍하게 싫어하는지 알고 있는 나는 거의 공포를 느낄 지경이었다. 다시 키를 확인해보니 내 것임에 틀림없었다. 그렇다면 내 방에 다른 사람을 들인 것이 분명하다. 그런데 이제 내 방은 어디란 말인가? 그리고 내 소지품은? 어리둥절하고 기가 막혀서 엘리베이터를 타고 로비로 내려갔다. 도대체 왜 프런트에서는 내게 미리 알려주지 않아서 나를 이토록 당혹스럽게 하고 또 남의 방에서 붙들려 체면을 잃을 뻔하게 만드는 것일까? 무엇보다도 내 방은 왜 옮겨놨을까? 그 방은 널찍하고 마음에 들었는데, 이따위로 일한다면 나도 여간해서 그 방을 포기하기가 싫지. 어쨌든 나는 한 달가량 이 호텔에 머물 예정이라고 말해두지 않았던가. 그런데 왜 나를 예약도 없이 비집고 들어온 사람처럼 이리저리 옮겨다니게 한단 말인가. 도대체 이해가 안 되는군.

프런트에 가서 묻자 직원은 어쩔 줄 몰라 하면서(당혹스러워서인가?) 숨을 삼키고는 자기들이 옮겨놨다고 알려주었다. 원래 내 방은 어떤 사람이 나보다 먼저 예약을 해두었던 것이라고 했다. 새로운 객실 키를 받아서 문을 열고 들어가자 내 모든 소지품이 마치 내가 해놓은 것처럼 새 방에 배치되어 있는 것이 눈에 들어왔다. 그때 나는 자신이 딴 사람이 된 것 같은 얼떨떨하고 묘한 기분을 느꼈다. 어떻게 나 아닌 다른 사람이 저런 자질구레한 것까지 내가 한 것과 똑같이 할 수 있단 말인가?

사흘 뒤에 또다시 방을 옮기게 되었지만 이번에는 준비가 되어 있었기 때문에 전혀 놀라지 않았다. 다만 방을 옮겨서 옛날 객실번호로 연락을 취하는 친구들이 곤란을 겪겠구나 하는 데 생각이 미쳤을 뿐이다. '할 수 없지, 내가 있는 곳은 일본이라고!' 그런데 한 가지 의문이 생겼다. 전에 머물던 프랭크 로이드 라이트의 임페리얼 호텔에서는 수주일 간 지내면서도 이런 일이라곤 전혀 없었는데, 뭐가 다르지? 뭐가 달라졌나? 결국 나는 옮겨지는 데 이력이 나서 외출에서 돌아올 때마다 내 방이 아직도 그 방인지 확인하곤 했다.

그 후 친구와 하코네(箱根)에 있는 해변 휴양지에 갔을 때 일인데, 우리가 여관에 들어가기 무섭게 옷을 벗으라는 요청을 받았다. 그리고 유카타(浴衣: 일본에 가본 적이 없는 사람들을 위해 설명하자면, 유카타는 면으로 만든 기모노이다)를 건네주고는 벗은 옷을 가져가버렸다. 그것을 입은 채 과감히 거리로 나서자 알게 된 일이지만 같은 여관에 든 사람들은 모두 똑같은 유카타를 입고 있었기 때문에 서로 알아볼 수가 있었다(여관마다 고유한 문양이 있어서 금방 눈에 띈다). 또한 같은 여관에 묵은 사람들끼리는 낯선 사람인데도 서로 손을 흔들고 고개를 끄덕여주는 것이 예의라는 사실도 알게 되었다.

하코네를 떠나 이번에는 고대 일본의 수도로서 유명한 사원과 궁전이 많이 남아 있는 교토(京都)에 갔다.

운이 좋게도 우리는 도시가 한눈에 내려다보이는 언덕배기의 근사하고도 조그만 시골풍 여관에 묵게 되었다. 교토는 도쿄보다 훨씬 고풍스럽고 산업화가 덜 된 도시이다. 일주일가량 그곳에 있으면서 참신한 일본적 환경을 흠씬 누리고 있던 어느 날 밤, 우리는 나갔다 오다가 문 앞에서 정중한 태도로 뭐라고 더듬거리는 지배인과 마주쳤다. 우리 방이 옮겨졌다는 뜻임을 즉각 알아챈 나는, "방을 옮겨야겠다는 말이군요. 다 이해하니까 너무 미안해하지 말고 새 방이나 안내해주시오. 괜찮으니까" 하고 말했다. 문 밖을 나설 즈음 통역자의 말이, 우리가 옮겨가야 할 방은 이 여관이 아닌 다른 여관이라는 것이다. 이건 또 무슨 경우람! 이런 뜻밖의 일이 또…….

새 여관은 어떨지 궁금해하면서 언덕을 내려감에 따라 우리의 기분도 땅속으로 꺼지는 것 같았다. 마침내 더 이상 내려갈 수 없는 데까지 이르자 택시는 그동안 한 번도 가본 적이 없는 도시의 한구석으로 우리를 몰고 갔다. 서양인은 눈 씻고 찾아봐도 없는 곳으로! 도로는 점점 좁아져서 우리가 쑤셔 박힐 정도로 조그만 일본 택시조차 겨우 통과할 만한 옆골목으로 꼬부라졌다. 이번 여관은 한눈에도 급이 다른 것이었다. 그제야 나는 외지에서 빠져들기 쉬운 피해망상증에 젖어, "정말 우리를 이런 식으로 취급하다니, 아주 천한 신분으로 보는 게 틀림없어"라고 중얼거리는 내 모습을 보았다.

그런데 알고 보니 그 주변, 아니 구역 전체가 우리가 지금까지 보았던 것과는 전혀 다른, 훨씬 흥미롭고 일본적인 생활의 측면을 보여주는 곳이었다. 물론 외국인을 접하는 데 익숙한 사람이 없었으므로 의사소통에 약간 문제가 있었지만 대수롭지 않은 것이었다.

그렇지만 버려진 짐짝처럼 이리저리 옮겨진 이 모든 일들이 여전히 의아했다. 미국에서는 옮김을 당하는 사람은 대개 지위가 가장 낮은 사람이다. 이 원칙은 군대를 포함한 모든 조직에 적용된다. 옮김을 당할 수 있느냐 없느냐는 그 사람의 지위, 업적, 조직에서의 가치에 준하여 결정된다. 예고도 없이 옮겨지는 것은 거의 모욕 이상이다. 왜냐하면 그것은 그 사람의 감정은 고려할 가치도 없다는 뜻이기 때문이다. 그와 같은 상황에서 이동은 자아를 동요시키고 상처를 줄 수 있다. 게다가 이동 그 자체도 조직 전체가 이동하건 일부가 이동하건 심한 불안을 수반하는 경우가 많다. 불안의 요인은 대개 사람들이 이동에 수반되는 조직상의 변화를 예감하기 때문이다. 자신이 다른 사람들에게 어떻게 취급되는지 알고 싶은 것은 당연한 일이다.

나는 요직에 있는 어떤 사람이 자신과 동급인 사람의 사무실에 비해 새로 들어갈 사무실이 6인치가 작기 때문에 옮길 수 없다고 버티는 경우를 본 적이 있다. 한편으로 나는 그러한 인물은 고용하지 않겠다는 미국인 경영자들의 말도 들은 바가 있지만, 실질적으로 의사소통수단의 하나로서 공간이 지니는 의미는 매우 강력하기 때문에 제정신이라면, 일정한 보상이 없는 한, 고용주에 의한 공간적인 강등을 그대로 수용할 고용인은 아무도 없다. 물론 이미 정상에 오른 사람이나 낙오된 사람은 예외이다.

자신의 급료 수준이나 잡지 명의란에 자기 이름이 실리는 순위가 관습에 불과하다고 생각지 않는 한, 미국에서는 공간을 통한 이러한 메시지가 단순히 관습만은 아니다. 특히 미국과 같은 매우 유동적인 사회에서는 서열짓기를 가벼운 일로 여기는 사람은 거의 없다. 문화마다, 그리고 나라마다 나름대로 공간의 언어가 있으며 그것은 말하는 언어(구어)만큼이나, 흔히 그 이상으로 독특하다. 예컨대 영국에서는 국회의원 사무실이 없는 반면, 미국의 상원·하원의원 들은 자신의 사무실과 빌딩을 나날이 번성시킨다. 사무실이 없는 상황에서는 지역구민, 지지자, 동료 의원, 로비스트 들에게도 제대로 대접받지 못하므로 도저히 버틸 수가 없다.

또한 영국에서는 지위가 내재화되어 있다. 예컨대 영어의 악센트로 상류계급임을 알 수 있듯이 나름대로 지위를 드러내는 표시가 있다. 그러나 비교적 신생국가인 미국에서는 지위를 외재화한다. 미국인이 영국에 가면 어떤 사람이 그 사회체계의 어디에 속해 있는지 판단하기가 곤란한 반면, 영국인은 지위를 드러내는 단서만으로도 아주 정확하게 서로의 지위를 알아본다. 그러나 일반적으로 그들은 미국인이 공간에 부여하는 중요성을 무시하는 경향이 있다. 자신의 관점으로 사물을 바라보면서 마치 그것이 전 세계에 공통되는 것인 양 사상(事象)을 판단하기는 매우 쉽고 자연스러운 일이다.

도쿄에서 내 방이 옮겨졌을 때 나는 본능적으로 아주 거센 감정을 느꼈다는 것을 알고 있다. 내 첫 번째 반응에는 지적인 면이 전혀 없었다. 문화의 양식을 연구하는 전문가임에도 불구하고 교토에서 이 호텔 저 호텔로 옮겨지는 데 부수된 의미를 이해하지 못했다. 내가 속한 문화에서는 아기가 새로 태어나면 먼저 태어난 아이들이 방을 옮긴다는 점에서부터 조직이 새로운 장소로 이전할 때마다 복잡한 일들이 벌어진다는 점에 이르기까지 이동은 강력한 의미를 지니고 있음을 잘 알고 있다.

내가 일본에서 여러 개의 키를 손에 쥐고 엘리베이터를 오르락내리락할 때, 나는 문화의 영향을 받고 있는 뇌, 즉 오래된 포유동물의 뇌로 반응하였던 것이다. 그렇지만 나의 새로운 뇌, 즉 신피질로 지칭되는 상징적인 뇌는 다른 방식으로 반응하였다. 동물적인 뇌가 '너는 형편없는 대접을 받고 있다'고 되뇌고 있었던 반면, 신피질은 무슨 일이 일어나고 있는지를 헤아리고자 애쓰고 있었다. 물론 뇌의 어떤 부분에도 나에게 일본문화를 이해시킬 수 있는 해답이 프로그램되어 있지 않았다.

나는 일본인들도 나와 마찬가지라는 식으로 내가 겪은 일들을 해석하려는 자신과 강력히 맞서지 않으면 안 되었다. 이것은 관습적이고 매우 일반적인 반응으로 인류학자에게서조차 종종 발견되는 반응이다. "이 사람들이 내 나라 사람들과 다를 게 뭐 있겠는가? 나와 마찬가지"라는 말을 들을 때마다 무슨 뜻으로 그렇게 말하는지는 이해가 간다고 할지라도, 그와 같이 말하는 자는 한 가지 맥락(그가 속한 세계)밖에 모르고 살기 때문에 자신의 세계와 다른 세계 모두에 관해서 이야기할 자격이 없다는 점도 알아야 한다.

'이들도 내 나라 사람들과 마찬가지'라고 생각하는 증세는 전 세계적이라고는 할 수 없어도 서구 세계에 가장 집요하고 광범위하게 팽배해 있는 그릇된 관념 가운데 하나이다. 이 말은 인격의 핵심에 밀착되어 있는 견해를 표현하고 있기 때문에 외부인이 어떻게 해볼 여지가 거의 없다. '문화적 차이'에 불과하기 때문에 그것을 존중할 수밖에 없다고 말한다면 공허한 상투어가 될 뿐이다.

그리고 지적으로 생각해보는 것도 사실 처음에는 별로 도움이 안 된다. 경쟁자의 사무실보다 6인치가 작다고 옮기지 않고 버티는 사람의 논리는 문화에 의한 논리로서 뇌의 보다 낮고 원초적인 수준, 즉 종합은 되지만 언어화되지 않은 부분의 작용이다. 이러한 반응은 이미 이해하고 있지 않은 사람에게는 설명하기 어려운 총체적인 반응의 하나다. 왜냐하면 맥락을 이해하지 않고는 그 점을 제대로 해석할 수 없기 때문이다. 맥락을 이해하기 위해서는 체계 전체에 관해 설명해야만 하며, 그렇지 않고는 앞에서 예를 든 사람의 행동을 거의 이해할 수 없다. 그의 행동이 어린애처럼 보일 수도 있으나 단연코 그렇지 않은 경우가 대부분이다.

내가 일본의 호텔에서 이리저리 옮겨진 일에 대해서 여러 해 동안 그 의미를 깨닫지 못하고 있었던 이유는 나 자신의 문화적 틀에 편향되어 있었기 때문이다. 일본에서 더 많은 체험을 하고 일본 친구들과 숱한 토론을 거친 후 마침내 해답을 얻었다. 일본에서는 사람이 어딘가에 '소속되어' 있지 않으면 정체성(identity)을 지니지 못한다. 회사에 들어가면 그 자신은 기업에 통합되어 일체가 되고 그것을 서약하는 의식까지 치른다. 그리고 대개 평생 한 회사에 다니며, 회사는 미국보다 훨씬 가족적이다. 사가(社歌)가 있는가 하면, 사원 전체가 정기적으로(보통 적어도 일주일에 한 번) 모여서 한 회사에 속한 사람들로서의 정체성과 도덕성을 도모하기도 한다.[1]

단체관광을 할 적에는 (유럽인·일본인 가릴 것 없이) 그 단체의 일원이 되어 어디를 가든지 안내자를 따라 하나가 되어 다닌다. 안내양은 조그만 깃발을 모두 볼 수 있도록 높이 들고 사람들을 인도한다. 미국인은 그와 같은 양순한 행동에 놀라움을 금치 못하지만 일본인은 그렇지 않다. 독자 중에는 유럽에서도 쿡스 투어(Cook's tour)나 아메리칸 익스프레스 투어 따위에서 그러한 패턴을 볼 수 있다고 이야기하는 사람도 있겠지만 거기에는 커다란 차이가 있다.

나는 일본에서 같이 단체관광을 다녔던 젊고 상당히 매력적인 미국

---

1) Ronald Dore, *Japanese Factory*, Berkeley: University of California Press, 1973; Robert E. Cole, *Japanese Blue Collar*, Berkeley: University of California Press, 1973.

여성을 기억한다. 처음에는 사원과 유적을 구경하면서 감탄사를 연발하던 그녀가 며칠이 지나자 일본 생활의 획일성에서 마음에 들지 않는 면을 발견하게 되었다. 그녀에게 그러한 생각이 든 이유는 뿔뿔이 자유롭게 움직이는 것이 아니라 일렬병대로 행진하는 일본식 단체 행렬 따위가 못마땅했기 때문이었다. 이러한 단체관광에는 보통 서양인이 따르기 힘들 뿐만 아니라 거부감을 가질 정도로 훨씬 엄격한 규율이 수반된다.

내가 하코네 여관에서의 일을 제대로 받아들이지 못한 원인은 고맥락 문화에 속하는 것이 어떤 의미인지 충분히 이해하지 못한 탓이다. 나는 양식의 차이를 인식해서 모든 손님에게 똑같은 유카타를 입히는 것은 손님을 호텔 선전에 이용하려는 상술 이상의 의미가 있다는 점을 알았어야 했다. 일본 친구에게서 호텔의 손님이 된다는 것이 어떤 의미가 있는지 설명을 듣고 나자 의아심은 풀렸다.

프런트에서 등록을 마치자마자 손님은 더 이상 외부인이 아니라 그곳에 머무르는 동안 유동적인 대가족의 일원이 되는 것이다. 당신은 **소속된 것이다**. 내가 옮겨진 것은 가족의 일원으로 대접받았다는 실질적인 증거이다. 즉 '의식에 참여할 때와는 달리 격식 없이 편안히 지낼' 수 있는 관계를 말한다. 이것은 일본에서 매우 극진한 대우로서 공적인 장소에서 일반적으로 볼 수 있는 예절 바름과 상쇄되는 것이다. 그들은 나를 업신여긴 것이 아니라 가족의 일원으로 대접한 것이다. 물론 라이트 임페리얼 호텔같이 미국인이 드나드는 크고 호화로운 호텔은 미국인들이 고집스럽게 격식을 차리고, 미국에서와 똑같이 대접받기를 원하며, 이리저리 옮겨지는 것을 싫어하고 불안을 느낀다는 사실을 파악하고 있다. 그러므로 그곳에서 일하는 일본인은 미국인을 가족처럼 대해서는 안 된다는 점을 이미 알고 있다.

세상에는 자신에게 무슨 일이 일어나건 순수한 호기심으로 주변을 관찰하면서 흘러가는 대로 생활하는 사람도, 드물지만 간혹 있다. 그러나 대부분의 인간은 그만큼 여유롭지 못하다. 마치 거친 바다에서 흔들리는 뗏목에 몸을 맡긴 사람처럼 이따금 눈에 아른거리는 육지의 지표만을 좇을 뿐이다.

미국에서 두터운 층을 이루는 중산계급의 관심은 어떠한 조직에 속해 있든 그 조직의 윗자리에 오르는 것이다. 아마 노동시장에 발을 들여놓은 지 얼마 안 된 젊은 세대를 제외하고는 미국인은 자신의 직업에 상당히 매여 있다. 사실 남녀를 불문하고 성공한 사람일수록 그 삶은 일을 중심으로 돌아가고 가정과 개인적인 인간관계는 부차적인 것으로 간주된다. 우리가 타인의 삶과 맺고 있는 유대는 외면적인 것에 불과하다. 타인과 깊은 관계를 맺는 데는 아주 오랜 시간이 요구되며 평생 그러한 관계를 모르고 살 수도 있다.

일본에서의 삶은 일본인과 일상적으로 접촉하는 미국인이 상당히 의아해할 정도로 전혀 이야기가 다르다. 그들의 문화는 역설로 가득 차 있는 것처럼 보인다. 그들의 의사소통은 사안이 중요할수록 우회적인 경우가 많다. 그러한 모든 것은 그들이 매우 높은 수준의 맥락에서 삶에 대처하고 있음을 보여준다. 그러나 한편, 이따금 그와는 정반대의 방향으로 최저 수준의 맥락이 작용할 때가 있다. 그 경우 당연한 것이라곤 하나도 있을 수 없다. 일본 점령 시 미군들이 생각해낸, "갈색 구두에는 반드시 **갈색 구두약을 발라주세요**"라는 말이 있다. 나는 현상을 위해 필름을 일본에 보낸 적이 있었는데 그때 나는, 만약 빼먹은 것이 있게 되면 책임은 내게 있는 것이 되니까 반드시 내가 원하는 바를 **조목조목** 적어 보내야 한다는 충고를 받았다.

이만하면 컴퓨터 못지않다고 생각될 만큼 상세한 지시사항과 함께 필름을 보낸 지 수주일이 지나자 필름이 돌아왔다. 모든 작업이 부탁대로 정확했지만 내가 잊은 것이 한 가지 있었다. 우송 시 필름을 말아서 작은 캔에 넣어 보내든지 어쨌든 훼손되지 않도록 해달라는 말을 빼먹은 것이었다. 네거 필름은 우송과정에서 접히고 긁혀서 그 이상 아무 작업도 할 수 없게 되어버렸다. 나는 일본 생활의 저맥락적 측면과 충돌했던 것이다.

해외협력기구의 언어훈련방법을 거부했던 여성을 기억할 것이다. 그녀는 경어가 비민주적이라는 이유로 배우려 하지 않았다.[2] 그렇지만 경어는 상대의 입장을 인정하고 존중한다는 것을 전하는 이상의 매우 중요한 기능을 수행한다. 대부분의 직장에서는 아침나절에 경어가 사용되다가 일이 잘 풀려나가기 시작하면 서서히 줄어든다. 그러다가 일이 끝날 무렵이면 서로 더욱 친밀해진다. 저녁에도 경어가 줄어들지 않는 경우는 일이 잘 풀리지 않았다는 증거가 된다. 이것은 다른 숱한 정보와 더불어 일본 생활의 역동성을 짐작케 한다.

일본인은 상반된 두 측면을 지닌다. 첫 번째는 타인과 깊이 연관되고 친밀성이 농후한 상당히 고맥락적인 측면으로 어린 시절 가정에서 함양되어 자라면서 훨씬 넓은 영역으로 확장된다. 일본인은 친밀한 관계를 절실히 필요로 하고 친밀하지 않으면 편안하지가 않다. 두 번째는 이와는 대척점을 이룬다. 공적인 경우나 의식(만날 때 하는 인사부터 하루에도 여러 종류의 의식을 치른다)이 거행되는 동안에는 자기를 절제하고, 타인과

---

[2] 경어는 말하는 이가 듣는 이를 상관으로 인정하는 표시로서 단어 끝에 붙는 접미사이다.

의 거리를 유지하고, 감정을 드러내지 않을 것을 크게 강조한다. 감정을 드러내지 않는 일본인의 태도는 다른 대부분의 행동과 마찬가지로 오랜 전통에 깊이 뿌리내린 것이다. 무사(사무라이) 시대에는 자신의 거동을 통제하는 능력이 생사를 좌우하는 문제였다. 왜냐하면 무사는 누구든 자기에게 불쾌감을 주거나 공손하게 굴지 않는 사람을 합법적으로 처단할 수 있었기 때문이다. 여기에 준하는 의식이 사회의 모든 신분에 확산되어, 종복이라도 예의를 지켜주어야 하며, 무사의 아내는 남편이나 자식이 전사했다는 소식을 들어도 감정을 드러내서는 안 된다는 식으로 적용되었다. 최근까지도 일본에서는 공적인 장소에서 친근감을 드러내는 행동이나 신체접촉을 하지 않는다.

아직도 일본인들은 형식적인 의식의 측면에서 상대의 사회적 지위를 확인하는 것을 매우 중요하게 여긴다. 그 지위를 모르고는 상대를 어떻게 대해야 할지 알 수가 없다. 그러므로 명함에는 자기가 어떤 사람인지 알려주기 위해서 무엇보다도 먼저 자신이 근무하는 조직을 기재한 다음, 조직에서의 지위·학위·서훈(敍勳)·성씨·이름·주소순으로 적도록 되어 있다.[3]

일이 저맥락적 양상으로 돌아가게 되면 일본인들은 입을 굳게 다물고, 매우 유용한 정보를 손에 쥐고 있다 할지라도 결코 스스로 나서는 법이 없다. 몇 년 전에 도쿄에서 알고 지내던 한 젊은이가 홍콩을 경유해서 유럽으로 가기 위해 떠날 준비를 하던 중에 타고 갈 비행기가 취소되었다는 전화전갈을 받고 초죽음이 되어 있었다. 당시에는 호텔도 부

---

[3] Helmut Morsbach, "Aspects of Nonverbal Communication in Japan," *Journal of Nervous and Mental Disease*, October 1973.

족하고 비행기편도 많지 않았으므로(주 1, 2회 정도) 스케줄이 어긋나면 호텔 예약만도 큰일이 아닐 수 없었다. 나는 일본인 특유의 저맥락적 양상으로 일이 돌아가고 있다는 생각이 들어서 그 젊은이에게 즉시 항공회사에 전화해서 홍콩행의 또 다른 비행편을 물어보라고 말해주었다. 먼저 전화해주었던 바로 그 직원이 다행히 취소된 비행기보다 한 시간 늦게 떠나는 비행편이 있다고 했다. 물론 그 직원은 내 친구의 입장을 염려하고는 있었지만 다른 비행편을 알려줄 생각은 꿈에도 하지 못했을 것이다.

이러한 모든 체험을 통해서 마침내 나는 모든 일을 연관 짓는 공통된 끈을 찾아내어 일본인의 행동에 맥락을 부여할 수 있게 되었다. 중요한 것은 양식을 이해하는 것이다. 일본인은 누구든 두 측면이 있다. 하나는 의식에 준하지 않는 온화하고, 친밀하며, 우호적이고, 서로 깊이 연관된 고맥락적 측면이고, 다른 하나는 공적이고, 사무적이며, 지위를 의식하는 의식(儀式)적 측면으로 대개 외국인이 보게 되는 면이다.

내가 일본문화를 이해한 바로는 대부분의 일본인은 의식적이고 저맥락성의 제도화된 생활 측면을 내심으로는 매우 불편하게 느낀다. 그들은 본능적으로 '의식을 준수하는' 측면으로부터 가정적이고, 편안하고, 온화하고, 친밀하며, 우호적인 측면으로 나아가기를 원한다. 이 점은 회사나 연구소에서조차 하루의 시간이 경과함에 따라 경어가 줄어드는 것을 보고도 알 수 있다. 그렇다고 해서 일본인이 철저한 비즈니스맨이 되지 못한다거나 조직이 신통치 않다거나 하는 뜻은 결코 아니다. 일본인과 일을 해본 사람이라면 누구든지 그들의 일처리 능력에 감탄해 마지않는다.

내가 말하고자 하는 요점은, 타인과 친밀해지고 잘 알고자 하는 일본인의 욕망이 너무 강해서 때로는 개인적인 유럽인들이 익숙해지거나 그냥 보아 넘기기 힘들 정도라는 것이다. 예컨대 남녀가 함께 좁은 방에서 나란히 누워 잔다거나 다정하게 공중 목욕탕을 이용한다거나 하는 점만 보아도 분명히 알 수 있다.

미국인은 이와는 참으로 대조적이다. 그들의 관심은 친밀한 인간관계를 발전시키기보다는 소정의 목표를 달성하는 쪽으로 향한다. 그러므로 미국인이 일본인과 거래를 하게 되면 일단 '팔고 난 뒤'부터 시작이라는 점을 이해하고 실천하기가 쉽지 않다. 그들과 끊임없이 '접촉'을 갖지 않으면 거래처를 다른 데로 옮겨버리고 만다. 물론 일본인에게는 개인보다는 집단을 중심으로 생각하는 성향이나 전통에 상당히 의존하는 경향 등 다른 측면도 많다.

이 장에서 전달하고자 한 요점은 일견 단순해 보이지만 어느 정도는 이미 문화 간의 의사소통에서 맥락을 파악하고 있는 독자를 대상으로 이야기한 것이다. 여기에 이해를 가로막는 두 가지 점을 들 수 있는데, 언어의 선형성 그리고 모든 문화에서 볼 수 있는 뿌리 깊은 편견과 고질적인 맹목성이 그것이다. 이 두 가지 모두를 초월하기는 만만치 않다. 더구나 문화가 의지하고 있는 광범위한 기반은 인간이 이 지구상에 등장하기 수백만 년 전에 이루어진 것으로 좋으나 나쁘나 인간과 사건을 영원히 결속시키고 있다.

이러한 기반은 인간 뇌의 오랜 포유동물적인 부분—사물을 전체로서 파악하는 부분—에 뿌리를 두고 있어서 과거에 일어났던 모든 일을 기초로 하여 끊임없이 종합하고 해결책을 모색한다. 자신의 문화를 언어 이전의 차원으로 이해하고 통합할 수 있는 이 오래된 뇌가 흔히 새로운 문화적 체험을 이해하고 통합하는 데 방해가 된다는 사실은 참으로 역설이 아닐 수 없다.

  이것이 의미하는 바는, 내가 말하고 있는 기본적인 차원에서 인간의 행동을 **진정으로** 이해하고자 한다면 한 인간의 내력을 철저히 알고 있지 않으면 안 된다는 사실이다. 그러나 다른 인간을 완벽하게 이해한다는 것은 결코 가능한 일이 아니다. 인간은 너무나 복잡하기 때문에 자기 자신마저도 진정으로 이해할 수 없다. 인간에게는 끊임없이 분석하고 관찰할 만한 여유가 없는 것이다. 이 점이 인간관계를 이해하기 위한 단서가 된다. 그러나 자신을 이해하는 과정과 남을 이해하는 과정은 서로 밀접하게 연관되어 있다. 즉 자신을 이해하기 위해서는 먼저 타인을 이해하지 않을 수 없고, 그 역도 마찬가지이다.

5 리듬과 몸의 동작

"절대적인 지식은 없다. 과학자와 독단론자를 막론하고
그것을 주장하는 자는 비극으로 향하는 문을 여는 것이다."
• J. 브로노프스키[1]

몸은 우리에게 무엇을 말해줄 수 있을까? 동시성(synchrony)을 지닌 동작이든 아니든, 어떤 리듬에 따른 움직임이나 사람들이 교제할 때 흔히 볼 수 있는 눈에 띄지 않는 사소한 거동 등, 사람들이 실제 움직이는 모습을 관찰하게 되면 몸은 우리에게 상당히 많은 이야기를 하고 있음을 알 수 있다. 1952년에 간행된 버드휘스텔(Birdwhistell)의 『동작학 입문』(Introduction to Kinesics)은 몸의 동작에 관한 최초의 전문적인 연구서로 알려져 있다. 그 후 많은 사람들이 버드휘스텔의 책에서 자극과 영향을 받아왔다. 거기에서 파생된 여러 종류의 연구 가운데 우리 모두에게 해당되는 동시동작(동시에 진행되는 동작)에 관한 매우 의미심장한 자료를 밝혀놓은 것이 있다.

동시에 진행됨, 또는 '동시성을 지닌 상태'(being in sync)라는 개념이 낯선 독자도 있겠지만, 익히 잘 알고 있는 사람도 있을 것이다.[2] 사람들

---

1) J. Bronowski, *The Ascent of Man*, Boston: Little, Brown & Company, 1974.

이 교제를 나눌 때(온몸으로 나누건 부분적으로 나누건 간에) 같은 몸짓을 하는 경우도 있고 그렇지 않은 경우도 있지만 후자의 경우에는 주변 사람들을 혼란스럽게 만든다. 기본적으로 교제 중에 있는 인간들은 일종의 춤을 추듯이 함께 움직이고 있지만 자신들은 그 동시동작을 의식하지 못한다. 사람들은 음악도 반주도 없이 동시에 움직이는 것이다.

'동시성을 지니고 있다'는 그 자체가 의사소통의 한 형태가 된다. 몸이 전달하는 메시지(의식적이건 무의식적이건 간에)는 전문적으로 판독하거나 그냥 느끼거나 간에 거짓이 거의 없으며 사람의 참된 감정이나 때로는 무의식적인 감정을 말보다 훨씬 분명하게 전달한다. 많은 과학자가 동작학과 동시성, 그리고 그 중요성에 관해 연구해온 이래로 나날이 범위가 확장되고 복잡해졌지만 여기에서는 한 과학자의 연구성과를 논의해보기로 하자.

1960년대 초에 서부 펜실베이니아 주립 정신의학연구소에서 일하고 있던 콘던(Condon)[3]은 사람들이 대화를 나누는 장면을 16밀리미터 필름

---

[2] 'syncing'이라는 용어는 20세기 후반에 생겨난 새로운 말이다. 어원을 따지자면 'synchrony'에서 유래했지만, 영화제작상의 전문적이고 보다 기술적인 의미로 사용되었다. *Film Editing Handbook*(Churchill, 1972)에는 이러한 형태로 잘 쓰이는 철자로서 sync, sync'd, syncing 등이 나온다. "to be in or out of sync"라고 말하기도 한다.

[3] W.S. Condon, "Synchrony Demonstrated Between Movements of the Neonate and Adult Speech," *Child Development*, In press, submitted July 1973; and W.D. Ogston, "A Segmentation of Behavior," *Journal of Psychiatric Research*, Vol.5, pp.221~235, 1967; and L.W. Sander, "Neonate Movement Is Synchronized with Adult Speech: Interactional Participation and Language Acquisition," *Science*, Vol.183, No.4120, January 11, 1974.

으로 촬영하여 한 프레임(frame : 필름의 한 토막-옮긴이)씩 분석하는 일을 시작했다. 커다란 용지에 시간축을 그려 넣고 아무리 사소한 동작이라도 모두 기록함으로써 한순간에 일어나는 모든 동작을 확인할 수 있도록 했다. 이러한 연구를 통해서 우리는 인간의 모든 동작이 '몸의 싱크로나이저'(synchronizer, 동조장치)에 의해 통제되고 있다는 사실을 알게 되었다.[4]

영화는 보통 1초에 18, 24, 64프레임으로 촬영되었으므로 18분의 1초, 24분의 1초, 64분의 1초 간격으로 동작을 측정할 수 있었다. 콘던은 64분의 1초 이하의 간격으로는 몸의 동시동작을 추적하기가 불가능하다는 사실을 알았다. 그러나 그토록 짧은 시간에도 사람들의 상호작용에서 나타나는 현저한 특징을 가늠할 수 있었다. 다양한 소품과 무대장치를 동원하여 콘던[5]과 버드휘스텔[6], 그리고 내가 함께 제작한 영화를 보면 대화를 나누고 있는 두 사람의 동작이 동시성을 지니고 있다는 사실이 여실히 드러난다.

때로는 이러한 현상이 거의 감지할 수 없을 정도로 일어난다. 예컨대 언어 코드의 각 부분(단어의 억양이나 강세)이 풀려나가는 것과 동시에 손가락, 눈꺼풀, 머리 등의 동작이 따라 일어나는 것이다. 어떤 경우에는 대화를 나누는 두 사람의 몸 전체가 마치 안무가의 지시에 따르는 것처럼 동시에 움직인다. 핼프린(Lawrence Halprin)은 이를 '열린 악보'(open score)라고 일컬은 바 있다.[7] 필름을 아주 느린 동작으로 조정해서 동시

---

[4] 중추신경계에서 몸의 동시동작체제는 생리 영역과는 구별되며 내재적으로 통제되는지 외재적으로 통제되는지도 모른다. 그것은 "……말하기의 명료한 구조와 기원은 다르지만 동형이다." Condon과 Sander, 같은 책.
[5] 각주 3과 같음.
[6] Ray L. Birdwhistell, *Kinesics and Context*, Philadelphia: University of Pennsylvania Press, 1970.

동작을 살펴보면, 이른바 춤이란 것은 인간의 상호작용에서 나타나는 모든 동작을 느린 속도로 양식화한 것에 지나지 않음을 깨닫게 된다.

동작의 동시성은 범인류적인 현상이다. 그것은 태어난 지 이틀 후면 확립되고 빠르면 한 시간 후에도 나타날 수 있는 생득적인 현상으로 보인다. 콘던과 그의 연구진이[8] 신생아를 촬영한 필름을 멈춤 동작과 느린 동작으로 연구해보면 신생아는 태어난 직후부터 어떤 언어든 말소리에 몸동작을 일치시키고 있음을 알 수 있다. 예컨대 미국 아기들은 중국어에도 영어를 들려줄 때와 똑같은 동작으로 반응한다. 이 점으로 보건대 동시동작은 말하기의 가장 기본적인 요소로서, 그에 뒤따르는 일련의 언어행위는 모두 그것을 기반으로 하여 이루어지는 것일지도 모른다.

음절에 따라 눈을 깜박이는 동작에 이르기까지 사람들의 일거수일투족이 단어와 '동시성을 지닌다'는 사실에 충격을 받은 콘던은[9] 언어와 동작 사이에 의미론적 연관성이 있을지도 모른다고 생각했다. 그 가능성을 시험하기 위해서 피실험자들에게 무의미한 음절을 읽혀보았는데 결과는 마찬가지였다. 즉 동작의 동시성은 의미와는 무관한 것이었다. 그 동시성이 깨진 유일한 경우는 제3자가 말을 걸어 대화가 중단되었을 때이다. 그리고 새로운 대화자와는 새로운 동시성을 지니게 된다.

언어와 동작이 어떻게 동시성을 이루는가를 관찰하기 위해 콘던은 여

---

7) 닫힌 악보는 달에 인간을 보내듯이 보표대로 정확히 연주되지만 열린 악보는 연주가 훌륭한 재즈처럼 전개된다. Lawrence Halprin, *The RSVP Cycles*, New York: George Braziller, Inc., 1969.
8) Condon과 Sander, 앞의 책.
9) 같은 책.

러 실험을 고안했다. 시간과 동작을 분석하는 장치(속도와 프레임을 자유자재로 조정할 수 있는 프로젝터)로 10년 이상 연구를 계속한 결과, 콘던은 동시동작의 과정이 두 사람의 신경계가 서로를 '자극하는' 차원에 따라 다양하게 작용하고 있다고 생각했다. 그리하여 대화를 나누고 있는 두 사람의 뇌에 뇌파기록장치를 연결하여 비교해보는 놀라운 실험을 시도했다.[10]

두 대의 카메라를 설치해서 한 대는 화자들에게, 다른 한 대는 뇌파기록장치에 초점을 맞췄다. 두 사람이 이야기하고 있는 동안 두 기록계는 마치 한 사람의 뇌파에 따른 듯이 똑같이 움직이고 있었다. 그러다가 그중 한 사람에게 제3자가 말을 걸자 기록계의 움직임은 더 이상 같지 않았다. 놀랍기는 하지만 논쟁의 여지 또한 있을 수 없는 데이터이다.

그러나 여태껏 알려진 바는 서장에 불과하다. 내가 이렇게 말하는 이유는 평균적인 백인을 실험대상으로 했던 콘던이 내가 이 책을 쓰고 있는 무렵에는 흑인을 대상으로 유사한 영화들을 만들었기 때문이다. 콘던은 그러한 영화들을 통해서 완전히 새로운 언어를 표현하기 위한 전혀 다른 양식을 보여주고 있다. 이 영화들을 보면 유아가 언어를 불문하고 인간의 목소리에 동작을 일치시키다가 성장함에 따라 자기가 속한 언어와 문화의 리듬에 길들어가는 과정을 알 수 있다.

수년에 걸쳐 필름을 세밀히 분석한 결과, 콘던은 인간을 서로 "······제각각인 메시지를 보내는 고립된 존재"로 보는 견해는 더 이상 타당하지 않다고 확신하게 되었다. 오히려 인간 사이의 '유대'를 공통으로 속해 있는 조직적 형태 내부에서의 참여의 결과로 보는 쪽이 더욱 유익할 것

---

10) 같은 책.

이다. 말하자면 인간은 자기 문화에 고유한 리듬, 언어와 몸동작을 통해 표현되는 리듬체계에 의해 서로 결합되어 있다는 뜻이다.

내 연구결과도 콘던의 결론을 뒷받침한다. 몇 년 전 나는 학생들과 함께 특정한 조건하에서 흑인을 대상으로 연구하다가 노동계급의 흑인과 전반적인 백인(노동계급에서 중상층계급에 이르기까지) 사이에는 동작학(kinesics : 전달수단으로서의 몸짓이나 표정 따위의 연구-옮긴이), 프록세믹스(proxemics),[11] 언어와 그 밖의 행동양식에 커다란 차이가 있음을 발견하였다. 그와 같은 무의식적 차이야말로 백인 사회를 대할 때 흑인에게 근본적으로 느껴지는 인종차별의 원천 가운데 하나일 수도 있다.

무의식적인 행동의 차원에서 인종차별 문제를 다루게 되면 복잡미묘해지거나 지나치게 단순화되기 십상이고 또한 제대로 연구할 수 없는 경우가 많다. 예컨대, 우리 동네 문화(subculture)에서는 공공연한 장소에서 12 내지 14피트 이내의 거리로 낯선 사람과 마주할 때에는 직접적인 눈길을 피하는 것이 관행이다. 그런데 우리와는 달리 그 정도 가까운 거리라면 낯선 사람끼리라도 눈길을 주고받는 것이 관행인 동네에서 온 사람은 당연히 내 행동을 오해할 것이다. 이런 종류의 오해에다가 의식적인 차원의 거부감·편견·차별의식이 더해진다면 주체할 수 없는 결과가 초래될 수도 있다. 왜냐하면 의식적이고 의도적인 인종차별과, 문화체계 간의 구조적 차이를 분별하지 않고 모든 행동을 싸잡아서 단정해버리는 것이 인간의 본성이기 때문이다.

모든 행동을 인종 편견으로 일괄해버리면, 모든 백인이 의식적으로

---

11) 프록세믹스란 인간이 자기 문화의 한 측면으로서 공간을 이용하는 방법을 말한다. 예를 들면 대화거리, 도시계획, 실내공간의 이용법, 토지구획 따위이다. 나의 책 『숨겨진 차원』 참조.

또는 무의식적으로라도 인종 편견을 가지고 있는 것은 아니며 자기가 느끼는 바와는 무관하게 단지 다른 방식을 알지 못한다는 이유만으로 백인 고유의 의사소통 형식(언어 또는 비언어적 형식)을 사용했을 뿐이라는 주요한 사실을 비켜가게 된다. 백인에게 흑인 고유의 비언어적 형식을 가르쳐줄 수는 있지만 어떠한 집단이든 자신의 비언어적 의사소통 양식을 마치 보편적인 것처럼 해석해버리는 고착된 경향을 지니고 있기 때문에 그와 같은 일을 하기는 매우 힘들다.

백인은 푸에르토리코인, 멕시코인, 푸에블로 인디언, 나바호 인디언, 중국인, 일본인 등과 다르게 행동하는 것과 마찬가지로 흑인 노동계급의 방식대로 행동하지도 않는다. 이동하고, 앉고 서고 기대고 하는 방식이나 몸짓은 문화마다 특이하다. 이 점을 알고 싶다면 8밀리짜리 소형 카메라를 들고 밖으로 나가 각각 다른 민족임을 분명히 알 수 있는 두 사람을 카메라에 담아서 그것을 느린 속도로 반복해보기만 하면 된다. 영상이 반복되는 동안 모든 차이가 확연히 드러날 것이다. 내 학생 가운데 젊은 흑인 여성은 이와 같이 아주 간단한 방법으로 백인과 푸에블로 인디언의 걸음걸이에서 무려 15가지 차이점을 확인할 수 있었다.[12]

동시동작·템포·리듬은 모두 연관되어 있지만 사람들은 대부분 의식하지 못한다. 만약 의식하게 된다면 다른 일에는 전혀 집중할 수 없게

---

12) 아직 발표되지는 않았지만 보행에 관한 최근 연구에서 앵글로계 미국인과 에스파냐계 미국인의 걸음걸이 사이에 뚜렷한 차이가 있음이 밝혀졌다. 에스파냐계에게 앵글로계의 걸음걸이는 일부러 느릿느릿 걸을 때를 제외하고는 경직되고 권위주의적으로 보이는 반면, 앵글로계에게는 에스파냐계 남성의 걸음걸이가 목적 없이 으쓱하며 활보하는 것처럼 보인다.

될 뿐만 아니라 대개 무의식적인 행동 그 자체도 부자연스러워진다.

버드휘스텔은 동작(kinesics : 동작학)을 사람들이 자신의 몸을 움직이고 다루는 방식으로 정의했다. 모든 의사소통의 양태 가운데 가장 기본적인 것으로 볼 수 있는 동작은 포유류가 지상에 등장하기 이전에 확립되었다. 도마뱀·새·포유동물은 모두 동작을 통해 자기들끼리 의사소통을 하며, 다른 종의 동물들끼리도 이 방법이 통하는 경우가 있다.

사람들은 먼 거리에서도 태도와 동작을 알아본다. 다른 포유류와는 달리 인간은 몸으로 말하는 언어를 세분화시켜왔기 때문에 동작은 인간의 모든 행동을 통합시키고 조화롭게 한다. 그러므로 동작은 문화에 따라 달라질 수밖에 없으며 문화적인 배경을 배제시키고는 그 의미가 파악되지 않는다. 즉 태도나 행동의 의미는 문화가 달라지게 되면 부분적으로밖에 해석되지 않는다. 새로운 미지의 상황에 처하면 인간은 언어 이외의 단서(nonverbal cue)에 크게 의지하게 되고, 그것을 제대로 해석할 가능성은 자기 문화와 이질적일수록 적어진다.

미국인과 영국인만큼 밀접한 관계에 있는 민족 간에도 서로의 동작을 해석하는 데 곤란을 겪는다. 나는 에크먼(Ekman)과 프리젠(Friesen),[13] 아이베스펠트(Eibl-Eibesfeldt)[14]의 주장처럼 미소와 같은 본능적인 반응마저 그러하다고 강조할 생각은 없지만 미소조차도 맥락을 염두에 두면서 해석하지 않으면 안 된다. 중고차 세일즈맨이 문제가 있는 차를

---

13) Paul Ekman, and W.V. Friesen, "Nonverbal Leakage and Clues to Deception," *Psychiatry*, Vol. 32, No.1, pp.88~106, 1969.
14) I. Eibl-Eibesfeldt, "Similarities and Differences Between Cultures in Expressive Movements," In R.A. Hinde(ed.), *Non-Verbal Communication*, London: Cambridge University Press, 1972.

팔아먹고자 자아내는 미소는 의도적인 속임수이다. 그러나 에크먼과 프리젠이 밝혀놓았듯이, 그러한 미소에서도 정체는 노출되게 마련이다. 즉 누설되는 바가 있는 것이다.[15] 그렇지만 누설의 양태는 보편적인 것이 아니라 문화에 따라 특이하기 때문에 문화적인 배경을 모르고서는 파악할 수 없다.

동작과 태도는 파악하기 쉽지만 동시성을 지닌 동작은 보다 깊은 또 다른 차원에서 일어난다. 또한 실제로 나타나는 리듬은 다양할지 몰라도 어느 집단이나 리듬을 표현하고 있다. 내 학생 하나가 세미나에서 그와 같은 집단의 동시동작을 시사하기 위해 놀라운 장면을 필름에 담았다. 그는 점심시간에 학교 운동장에서 춤추고 뛰노는 아이들을 폐차에 몸을 숨기고 몰래 촬영했다. 처음에는 수많은 아이들이 제각기 움직이고 있는 듯이 보인다. 잠시 후 한 조그만 소녀가 다른 아이들보다 많이 움직이고 있다는 것이 눈에 들어온다. 찬찬히 보면 그 소녀가 운동장 전체를 망라하고 있다.

내 학생이 조작해주는 대로 필름을 다양한 속도로 반복해서 보게 되면 이 젊은 친구는 집단 전체가 어떤 일정한 리듬에 맞춰 동시성을 지니고 움직이고 있음을 점차 인지하기 시작한 것으로 보인다. 가장 활달한 아이, 즉 가장 많이 이동하는 아이가 운동장의 리듬을 지휘하고 편곡하고 있지 않은가! 거기에는 리듬과 비트가 있었고 게다가 그 비트도 익숙하게 느껴졌다. 록 음악에 조예가 깊은 친구에게 도움을 청해서 함께 그 필름을 여러 번 본 다음 우리는 그 리듬에 어울리는 곡조를 찾아냈다. 그리고 그 곡조를 아이들의 놀이와 동시에 진행시켰다. 일단 동조가 되

---

15) Ekman과 Friesen, 앞의 책.

자 4분 30초 동안 한 필름이 끝날 때까지 상태가 지속되었다.

그러나 실제 그 필름을 보여주고 실험 내용을 설명해주었는데도 동시성을 지닌 동작의 무의식적인 저류가 집단을 결합시키고 있다는 사실을 잘 이해하지 못하는 사람도 있었다. 그러므로 그들은 나름대로 설명을 생각해내지 않을 수 없었다. 한 교장 선생님은 설명을 듣고 곡조를 집어넣은 필름을 보고 난 뒤 아이들이 "음악에 맞춰서 춤을 추고 있다"고 말했다. 어떤 사람은 아이들이 모두 "곡을 읊조리고 있는지" 물어보았다. 모두 틀렸다. 아이들은 어느 운동장에서나 볼 수 있듯이 소리치고 웃고 떠들고 있었다. 그러나 아이들은 무의식중에 자신들이 발산해내고 있는 비트에 따라 한결같이 움직이고 있었다. 그렇다고 동시에 똑같이 움직였다는 말은 아니다. 그것은 마치 오케스트라의 모든 악기가 항상 동시에 울려대지는 않는 것과 같다. 그리고 아이들 중에는 그 비트를 지속시키는 지휘자도 있다.

이 과정을 이해하기는 쉽지 않다. 대부분의 사람들은 언어나 기록 따위의 2차, 3차, 또는 4차적 의사소통체계에 너무도 익숙해져버렸기 때문이다. 내 학생들은 사람들이 작곡하고 연주하는 기록된 음악의 근원을 확인해냈다. 그것을 보고 내가 지금 이야기하고 있는 바를 즉각 알아차리는 작곡가도 있겠지만 틀림없이 그렇지 못한 사람도 있을 것이다. 왜냐하면 음악을 음악가로부터 배우는 것으로만 알고 있는 작곡가는 일상생활에 잠재해 있는 거대한 리듬의 바다를 소홀히 하기 때문이다. 그런데 사람들은 제각기 다른 리듬의 바다에서 헤엄치고 있다. 북유럽적 전통에서 성장한 우리들은 리듬에 관한 한 미발달 상태이다. 우리는 한 가지 비트에 따라 춤을 추지만 나이지리아의 티브(Tiv)족은 4개의 드럼에 맞춘다. 4개의 드럼은 사지에 해당하며 제각기 다른 리듬으로 울린다.

재능 있는 춤꾼은 동시에 네 가닥의 리듬에 맞춰서 움직인다.[16]

이러한 종류의 발견은 함축하고 있는 폭이 넓다. 예컨대 음악과 춤을 새로운 관점으로 바라볼 수 있도록 해준다. 자세한 설명은 전문가에게 맡기고 여기서는 인간의 리듬이 지닌 일반적인 의미를 개략해보는 것이 좋겠다. 예전에 나는 미코노스 섬의 한 노천 카페에서 포터블 라디오로 록 음악을 들으며 앉아 있는 젊은이들을 보고 옆 테이블에 앉아서 관찰한 적이 있었다. 그들은 음악을 의식하면서 듣고 있지는 않았어도 집단의 유대를 고양하고 강화하기 위해 자기들끼리 동작을 일치시키는 일종의 주파로 음악을 이용하고 있었다.

말(구어)도 동작의 동시성을 위해 이용될 수 있다. 몇 년 전에 우리집에다 사무실을 증축하느라고 이웃에 사는 에스파냐계 미국인 몇 명을 고용하여 일을 맡겼는데 여러 사정이 생겨서 그들과 하루 종일 같이 지낸 적이 있었다. 얼마 지나지 않아서 나는 그들이 끊임없이 말을 주고받는다는 사실을 알 수 있었다. 그런데 그 대화는 별 내용이 없는 것으로 단지 말을 위한 말에 지나지 않았다. 대화가 뜸해지면 일도 지체되었다. 두세 사람이 아주 협소한 공간에서 서로 걸리적거리는 일 없이 작업을 하면서도 손발이 상당히 잘 맞는 것처럼 보였다. 벽돌을 올리고, 벽에다 회반죽을 바르고, 시멘트로 문지르고 하는 전 과정이 마치 발레와 같았고 대화의 리듬은 자기들끼리의 유대를 강화하면서 서로 방해가 되지 않도록 해주는 무의식의 총보(score) 역할을 수행했다.

이와는 전혀 다른 차원에서 미국인 대부분이 익히 알고 있는 흑인의 노동가는 육체노동에 동시성을 부여하기 위해 이용된 것이다(오늘날에도

---

16) 보해넌(Paul Bohannan) 교수와의 개인적인 대담.

마찬가지일 것이다). 그 사실이 너무나 명백하게 드러나기 때문에 사람들은 대부분 그 가요들을 흑인들이 노동의 부담을 경감시키기 위해 부른 것으로 알고 있다고 생각한다. 그러나 그렇게 알고 있는 사람들도 그보다는 훨씬 미약하나마 동일한 경험이 있다는 사실을 자각하는 사람은 극히 드물다.

내가 세계 각 지역의 다양한 문화를 연구하면서 가장 먼저 주목한 바는 사람들의 동작이었다. 만약 어떤 지역에서 눈에 띄지 않게 동화되어 살고자 하는 사람이 있다면 우선 동작부터 그 지역의 리듬과 비트에 따르는 것이 유익하리라. 모든 생물체는 식색(食色)의 리듬은 말할 것도 없고 호흡, 심장박동, 다양한 뇌파와 같이 비교적 짧은 주기의 리듬뿐만 아니라 밤낮·달·계절·1년 등의 숱한 리듬에 반응하고 그것을 내재화시킨다. 기숙사나 여성단체에서 집단으로 생활하는 여성들의 월경주기나 오랜 기간 같은 병실에서 지내는 환자들의 신진대사가 일치되는 경향을 보여주는 연구는 많지만, 인간의 모든 행위는 일치를 지향하며 그렇지 못할 경우는 무언가 상태가 아주 나쁘다는 징조일지도 모른다는 사실에 관해서는 별로 들은 바가 없다.

고맥락 문화에서는 동작의 동시성이 매우 두드러진다. 그것은 높은 수준의 인지 기능이며 의식적으로 평가를 받는다. 동작의 동시성과 맥락성의 정도가 높은 문화에 속하는 사람이 그것이 낮은 문화와 접하여 느끼게 되는 소외감은, 동작을 일치시키지 않는 사람들을 어떻게 대해야 할지 모른다는 데 원인이 있다. 그러한 사실로부터 다음과 같은 점들을 알 수 있다.

1. 동작의 동시성에 대한 사람들의 태도는 생물학에 근거하고 있는

동시에 문화에 의해 변용된다.

2. 동작의 동시성을 보면 일이 돌아가는 상황을 가늠할 수 있다. 그 정도가 낮거나, 결여되거나 또는 무언가 잘못된 경우에는 큰 갈등의 무의식적 원인이 될 수 있다.

3. 실질적인 차원에서 동작의 동시성이 결여되거나 혼란스러울 때에는 스포츠나 생산 라인 따위의 작업 및 집단활동에 지장을 초래할 수 있다. 만약 생산 라인에 잘못이 생겼다면 그 원인 가운데 하나는 노동자들과 동작의 동시성을 이룰 수 없는 데 있을지도 모른다.

4. 연장의 전이(extension transference)에 의해 음악과 춤은 청중과 유리된 예술가만의 작품활동으로 간주된다. 그러나 동작의 동시성에 관한 연구자료를 보면 그렇지 않다는 사실을 확연히 알 수 있다. 청중과 예술가 모두 동일한 과정의 일부이다.

예술작품과 그 양식을 대할 때 불쾌한 느낌이 드는 경우가 있다면 다음과 같은 네 가지 이유로 설명할 수 있다. 예술가가 사람들의 지각작용이나 리듬을 잘못 파악하고 있는 경우, 사람들에게 익숙지 않은 행동이나 지각의 양상을 재현하는 경우(예컨대 대뇌피질의 시각부문을 재현한 몬드리안의 그림들)[17]나 예술가가 눈에 익지 않은 양식을 취하는 경우, 모든 사람에게 불쾌감을 주는 행동의 부조리한 양상을 표현하는 경우, 예술가가 외국인인 경우나 사람들이 '공명'할 수 없는 낯선 양식을 제시하는 경우이다. 물론 그 밖에도 미숙한 기교, 불완전한 내용이나 메시지, 수준의 불일치 등의 이유가 있을 수 있다. 잘못될 가능성을 이렇게 많이

---

17) 『숨겨진 차원』 제7장 '지각의 단서로서의 예술' 참조.

열거할 수 있음에도 불구하고 예술가가 성공을 거두는 것은 놀라운 일이다.

어떤 의미로는 인간의 동시동작에 관한 새로운 조명을 통해 사람들과 모든 형태의 예술이 일반적으로 생각하는 것보다 훨씬 밀접한 연관성을 지니고 있다는 사실이 드러난다. 인간과 예술은 결코 분리될 수 없다. 양자를 분리시켜 생각하는 일체의 사고는 연장의 전이를 드러내는 또 다른 사례이다(서구 문화의 비정상적인 양상 가운데 하나라고 할 수 있다).

인간의 모든 속성과 행위에는 의미가 있음에도 불구하고 서양에서는 지금까지 내가 이야기한 리듬과 동작의 동시성에 별로 의미를 부여하지 않았다. 그러나 그것은 단지 서양 문화가 비교적 맥락성이 낮은 문화이기 때문일 수도 있다. 사람들 간의 관계가 밀접한 고맥락 문화에서는 그렇지가 않다.

최근 들어 비언어적 의사소통에 관한 책이 쏟아져나왔다. 유행을 타고 누구나 그러한 주제를 다루고 있는 것이다. 기회주의적 작가들이 전문가의 연구로부터 샘플과 사례들을 수집하여 시의적절한 주제를 이용하면서 문제를 부분적으로만 다루거나 왜곡시키는 일마저 있다. 이 분야에 관한 새로운 관심은 지금까지 비언어적 과정을 더욱 깊이 이해하고자 노력해온 사람들에게는 고마운 일이지만 다른 한편으로는 그와 같은 인기가 이 분야에 커다란 역기능을 미치고 있다.

어떤 사람들은 자신의 동작에 의해 자기도 모르는 바람직하지 않은 측면이 드러날까 두려워 더욱 긴장하기조차 한다. 비언어적 과정 전체가 무의식적이었을 때에는 아무도 남의 약점으로 유리한 고지를 점하지 못했을 것이다. 이러한 연구에 두려움을 느끼는 사람들은 자신의 행동이 자기에게 불리하게 이용되거나, 자기를 조종하려는 사람들이 비언어적 의사소통체계에 의한 통찰을 도구로 사용할지도 모른다고 생각한다.

다른 모든 지식과 마찬가지로 비언어적 의사소통체계에 관한 지식도 오용될 수 있다. 그 위험성은 사람들이 무의식의 비언어적 체계에 부분적으로 특별한 의미를 부여하는 경우에 따른다. 예컨대 '다리를 꼬고 앉아 있는 것은 경직되어 있다는 증거'라거나 '팔짱을 끼는 것은 사람들을 거부하고 있는 증거'라거나 '코를 만지작거리는 것은 상대방에 대해 또는 상대가 하는 말에 비위가 뒤틀린다는 증거'라는 말 따위다. '다른 사람의 마음을 책을 읽듯이 읽어내는 방법'[18] 따위의 제목을 단 책들은 철저히 오해될 소지가 있다. 그러한 책들은 결코 단순하게 답할 수 없는 복잡한 문제들에 관해 매우 구체적인 해답을 제공함으로써 대중의 욕구를 만족시켜주도록 고안되었기 때문에 더욱 그러하다.

타인의 마음을 한눈에 책 읽듯이 읽어낼 수 있는 사람은 없다. 대화 중에 상대방이 코끝을 만지작거리는 것을 보고 그 행위를 유발시키는 원인을 집어낼 수는 없다. 그러한 행위는 그때그때 지각작용에 의해 풀려나오는 연상들, 예컨대 갑자기 상대방의 넥타이에 눈길이 미친다거나 어조나 태도가 자신의 아버지를 상기시킨다거나 하는 식으로 실상 갖가지 원인이 있을 수 있다. 비언어적 의사소통체계는 항상 **맥락 속에서 읽혀야** 한다. 사실 비언어적 의사소통체계는 언어적 메시지가 지니는 맥락 속에서 주요한 역할을 수행하는 경우가 많다. 맥락 그 자체로는 특별한 의미가 없지만 의사소통체계의 의미는 언제나 맥락에 의존하고 있다.

행동에 의한 언어는 매우 미묘하다. 대부분의 사람들은 다행히도 성

---

18) G.I. Nierenberg, and H.H. Calero, *How to Read a Person Like a Book*, New York: Pocket Books, 1973.

(性), 계급, 세대, 그리고 살고 있는 지역 등을 반영하는 부차문화(subcultural)체계를 잘 다루고 있다. 비언어적 의사소통체계는 매우 복잡하기 때문에 그것을 '단편'(斷片)으로 분리시켜놓고 그대로 일반화하려는 노력은 도로에 그치게 마련이다. 칵테일 파티에 모인 사람들의 행동을 관찰하는 것만으로 즉석에서 전문가가 될 수 있다는 듯이 이야기하는 '보디랭귀지'(body language)에 관한 책자들은 하나같이 독자를 호도하고 있다.

최근에 유행하고 있는 보디랭귀지의 가장 중요한 결함은, 보디랭귀지가 마치 입고 벗을 수 있는 양복 저고리나 취사선택할 수 있는 어휘와 같이 그것을 구사하는 본인과는 별개로 부착되어 있는 것인 양 말하는 것이다. 비언어적 의사소통체계는 의식적으로 조작이 가능한 표면적인 형태의 의사소통체계와는 달리 인격 및 사회 그 자체와 함께 짜여 있으며, 더욱이 남자로서 또는 여자로서 경험하는 바에 근거하고 있다. 일상생활에서 경험하게 되는 엄청난 다양성에 대처해나가는 데 글로 표현되지 않는 이와 같이 미묘한 체계가 존재하지 않는다면 인간은 기계와 다를 바가 없을 것이다.

비언어적 체계는 민족성과 밀접하게 결부되어 있다. 사실 그것은 민족성의 본질 그 자체이다. 미국인이 문제에 봉착하게 되는 이유가 바로 이 점이다. 무엇보다도 미국인은 자신과 다른 점들에 대해 관대하지 못하며 자신과 다른 점을 열등한 점으로 단정해버리기 때문에 다양한 민족성을 수용하는 데 시간이 지체되는 것이다.

이 점은 흑인과 백인의 관계에서 가장 명백하게 드러난다. 실제로는 매우 풍부한 문화[19)]와 행동을 다스리는 고유한 비언어적 규범을 갖추고 있음에도 불구하고 오랜 세월 흑인은 덜떨어진 백인으로 간주되었다.

흑인 문화에 관한 인식이 중요하지 않은 적은 없었지만 지금이야말로 시급한 문제이다.

모든 만남에서는 특히 그것이 서로 다른 문화나 민족에 속한 사람들 간의 만남일 경우에는 상대방의 언어적·비언어적 행동을 정확하게 읽어내는 것이 교제의 차원을 불문하고 기본이 된다. 사실 모든 감각적 입력을 정확히 해독하고 통합해서 일관성을 부여하는 것은 인간이 하는 일 가운데 가장 중요한 부분이다. 그러나 때때로 그 일이 순조롭지 않은 이유는 행동체계가 자기 이미지 체계에 밀착되어 있기 때문이다. 그러므로 사람들은 대부분 자기와 다른 체계의 실상을 수용하기가 힘들다. 다른 체계란 자기와 다른 이미지를 의미하므로 자기 것을 바꿔야 할지도 모르기 때문이다.

그렇지만 사람들이 서로 배우려는 의욕을 개발할 수 있다면(그것은 자신을 아는 주요한 방법 가운데 하나이다) 민족적 다양성은 커다란 힘의 원천도, 더할 나위 없이 귀중한 자산도 될 수 있다. 다른 문화 및 민족과의 만남은 자기 행동의 숨겨진 구조를 일상생활에서 긴급한 상황으로 인해 드러나는 것보다 몇 배나 빠른 속도로 조명하는 데 이용될 수 있다.

사람들은 자기 나라에서도 실수를 하고 규범을 어기지만 해외에서처럼 빈번히 심각한 실수를 저지르지는 않는다. 만약 내가 해외에서 미국인들이 마냥 기다리거나, 아침식사 한 시간 전에 들이닥친다거나(예의에

---

19) 북미의 흑인 문화를 다룬 문학은 광범위하고 다양하다. Malcolm X와 Haley(1965)와 Brown(1965)같이 많은 정보를 수록하고 있는 뛰어난 감각의 전기가 있는가 하면, 보다 사회학적 연구로는 Liebow(1967)와 Herskovits(1936), Herskovits의 고전적인 인류학 연구서(1947)가 대표적이며, 상세한 언어학적 연구로는 Labov(1966), Labov 외(1968), Mitchell-Kernan(1972), Stewart(1965, 1967) 등 너무 많아서 다 열거할 수 없다.

어긋난다), '안경에 입김이 서릴 정도로' 가까이 마주 선다거나 하는 현지인들의 행동에 적응하고자 애쓰는 모습을 관찰할 기회가 없었다면 『침묵의 언어』와 『숨겨진 차원』에서 다룬 바 있는 미국인의 시간적·공간적 행동에 관한 특징을 확인할 길이 없었을 것이다. 다음의 사례를 통해 문화적인 간섭의 양식이 어떻게 작용하는지 알 수 있다.

예전에 나는 나바호 인디언 보호구역에서 흥미로운 연구조사를 하고 있는 동료를 방문한 적이 있다. 이 연구는, 영화 만드는 법을 배운 적이 없는 인디언들에게 그들이 관심을 가지고 있는 여러 사건을 주제로 영화를 만들게 함으로써 말로 표현되지 않은 나바호 인디언의 세계를 일부 드러내고 있다('말해지지 않은' 또는 '숨겨진'이라는 말을 '비밀스러운'으로 해석해서는 안 된다. 왜냐하면 비밀을 캐는 데 관심을 두거나 거기에 개입하고자 하는 사람은 아무도 없었기 때문이다). 이 연구의 의도는 나바호족의 시각적 세계에 관하여 언어화되지 않은 내재적인 문법구조를 배우려는 것이었다. 그러나 정작 나바호족이 영화를 만드는 과정을 직접 지켜본 연구자들은 나바호족에 관해서보다도 그들 자신의 촬영기술이나 편집기술에서 구체적으로 명문화되지 않은 구조에 관해 더욱 많은 것을 알게 되었다.

나도 인디언들이 하지 않는 행동에 관한 명기사항을 검토해달라는 친구의 부탁을 받고 그 연구에서 조그만 역할을 담당했다. 거기에 대해 나는 다음과 같은 주석을 달았다.

"여기에는 일종의 체계가 있는 것 같군. 나바호족이 그 체계를 어길 때마다 당신은 그들이 무엇을 하지 않는가를 주목하게 되지. 이제 그 경험을 가지고 당신 자신의 체계를 명확히 해보는 것이 어떤가?"

그 결과는 서구세계에서 행해지는 영화제작상의 일부 관습에 관한 가치 있고 매우 독창적인 한 권의 책[20]으로 나타났다.

이 연구에서 우리가 배운 바는, 나바호족이 만든 영화를 진실로 이해하는 것은 전통적인 나바호족의 생활방식으로 자란 나바호 인디언이 아니고는 불가능하다는 사실이다. 시각적 인지작용에 대한 백인과 나바호족의 차이는 영화를 만드는 동안 거의 전 과정에서 나타났다. 예컨대 백인의 영화제작에서는 편집이 매우 중요하다. 백인은 단편적으로 사고하여 다시 그 단편을 일관성을 지닌 전체로 조립한다. 그렇기 때문에 필름을 편집하는 일은 영화를 배우는 데 중요한 부분이 된다. 그러나 나바호족은 다르다. 그들은 촬영을 시작하기 전에 영화의 전체적인 흐름을 이미 머릿속에 담아두고 있다. 그리고 촬영을 진행시키면서 머릿속으로는 편집을 하는 것이다!

움직이는 모습만 봐도 나바호족의 리듬은 백인의 리듬에 비해 훨씬 통합적이며 그 점이야말로 그들이 보다 통합적이고 전일적인 태도로 일상생활(영화제작마저도)을 영위할 수 있는 까닭이 된다. 그와는 대조적으로 백인은 모든 것을 자디잔 단편으로 분해한다. 단편화된 세계에서 살아가기란 고된 일일지도 모른다.

---

20) Sol Worth, and John Adair, *Through Navajo Eyes: An Exploration in Film Communication and Anthropology*, Bloomington: Indiana University Press, 1972.

6 맥락과 의미

문화의 기능 가운데 하나는 인간과 외부세계 사이에 고도로 선택적인 스크린(차단막)을 제공하는 것이다. 그러므로 문화는 수많은 형태로 우리가 주목해야 할 것과 무시해야 할 것을 지적해준다.[1] 이 스크린 기능은 세계에 구조를 부여하고 '정보과잉'(information overload)으로부터 인간의 신경계를 보호해준다.[2] 정보과잉이란 정보처리 시스템에 사용되는 전문 용어로서 시스템이 적절하게 다룰 수 없을 만큼 과다한 정보가 들어오게 되면 시스템 자체가 파괴되는 상황을 설명하는 말이다.

어린아이들의 요구를 일일이 들어주고, 가사를 돌보고, 부부생활을 즐기고, 적당한 사회생활까지 신경 써야 하는 어머니라면 누구나 모든 일이 한꺼번에 밀어닥쳐서 세상이 막막하게 느껴질 때가 있음을 알고 있으리라. 그때 어머니는 기업경영자, 행정관, 의사, 변호사, 비행장의

---

1) 『숨겨진 차원』에서는 문화의 이러한 특질을 더욱 상세하게 다루었다.
2) Richard Meier, "Information Input Overload: Features of Growth in Communications-Oriented Institutions," *Libri* (Copenha-gen), Vol.13, No.1, pp.1~44, 1963.

관제사 등이 겪는 것과 똑같은 정보과잉을 겪게 된다. 주식거래소, 도서관, 전화 시스템 등과 같은 기관에서도 시스템에 대한 요구(입력)가 허용량을 초과하는 사태를 겪는다. 그런 경우 사람들은 대리인을 쓰거나 우선순위를 정하는 식으로 사태를 수습한다.

그러나 조직의 경우 해결책은 다소 애매하지만 여전히 고맥락적 규칙이 적용되는 것 같다. 말하자면 시스템을 갈수록 거대하고 복잡하게 만들지 않으면서 정보처리능력을 증대하는 유일한 방법은 시스템을 작동시키는 데 필요한 정보량을 최소화할 수 있도록 시스템의 기억장치(memory)를 프로그램시키는 것이다. 마치 35년간을 함께 산 부부처럼 말이다. 갈수록 복잡해지고 시스템에 대한 요구가 커지는 사태에 대처할 수 있는 해결책은 개인 또는 조직의 예비 프로그램 작성(pre-programming)에 달려 있는 것으로 보인다. 그리고 그것은 제1장에서 개념을 설명한 바 있는 '맥락짓기'(contexting) 과정을 통해서 이루어질 수 있다.

맥락의 중요성은 커뮤니케이션(의사소통체계) 분야에서는 광범위하게 인정되고 있지만 그 과정이 적절하게 설명되어 있는 경우가 거의 드물며, 설사 설명되어 있다 하더라도 그로부터 얻은 통찰이 실행되지 못하고 있다. 정보과잉을 처리하는 수단의 하나로서 맥락을 다루기에 앞서 최신 기능인 맥락화 과정에 관한 내 생각을 말해두고자 한다. 자신과 외부세계 사이에 놓인 선택적인 스크린에 대한 인식의 정도는 맥락의 척도와 밀접하게 연관되어 있다.[3] 저맥락에서 고맥락으로 갈수록 선택과

---

3) 인간은 또한 정신의 의식적인 부분과 무의식적인 부분 사이에 선택적인 스크린을 부과한다. Harry Stack Sullivan, *Conceptions of Modern Psychiatry*, New

정에 대한 인식도 높아진다. 그러므로 관심을 갖는 바와 맥락과 정보과잉은 모두 기능적으로 연관되어 있다.

1950년대에 미국정부는 러시아어를 비롯한 외국어의 번역기계 시스템 개발에 수백만 달러를 지출했다. 가장 뛰어난 언어학자들을 국내에 초빙하여 수년간 애쓴 결과 유일하게 믿을 수 있고 궁극적으로 가장 신속한 번역가는 그 언어와 내용에 정통한 인간이라는 결론에 도달하였다. 컴퓨터는 프린트를 계속 뽑아내긴 했지만 거의 의미가 없는 것들이었다. 단어와 어느 정도 문법이 갖추어지긴 했지만 의미가 통하지 않았다. 이 프로젝트가 실패한 이유는 응용이 불충분해서도 아니며 시간과 돈 또는 인재가 부족해서도 아니다. 거기에는 다른 이유가 있는데, 그것이 바로 이 장의 중심 주제이다.

문제는 언어 코드에 있는 것이 아니라 다양한 비중으로 의미를 좌우하는 맥락에 있다. 코드는 맥락이 없이는 메시지를 부분적으로밖에 전달하지 못하므로 불완전하다. 이 점은 말로 하는 언어(구어)가 과거에 일어났거나, 일어났을지도 모르거나, 앞으로 일어날 사건을 추상화한 것임을 상기한다면 명백해질 것이다. 작가라면 누구나 알고 있듯이 대개 사건이란 그것을 묘사하는 데 사용된 언어보다 훨씬 복잡하고 풍부한 내용을 무궁무진하게 담고 있다. 게다가 쓰기 체계는 말하기 체계를 추상화한 것으로 요컨대 누군가 말했던 것 또는 말했을지도 모르는 것을 상기시켜주는 체계이다. 무엇을 측정하는 과정과는 달리 사람들은 추상화 과정에서 어떤 것은 받아들이고 어떤 것은 무의식적으로 무시한다.

York: William Alanson White Psychiatric Foundation, 1947; Sigmund Freud, *New Introductory Lectures on Psychoanalysis*, New York: W.W. Norton & Campany, Inc., 1933.

그러한 기능, 즉 주의를 기울여야 할 곳에 제대로 주의를 기울이는 것을 이른바 지성(intelligence)이라고 한다. 그러나 언어의 직선적 성질로 말미암아 어떤 것을 강조하기 위해서는 다른 것을 희생할 수밖에 없다.

두 언어를 비교해보면 흥미로운 대조를 보인다. 영어로 "어젯밤에 비가 왔다"고 말할 경우, 말하는 사람이 어떻게 그러한 결론을 얻게 되었는지, 그가 진실을 말하고 있는지조차 알 길이 없다. 반면에 호피족 언어로는 말하는 사람과 그 사건이 어떻게 연결되어 있는지, 즉 직접 경험한 것인지, 추측인지, 건네 들은 것인지를 명기하지 않고는 비가 왔다는 사실을 결코 말할 수 없다. 이것은 언어학자인 워프[4]가 30년 전에 지적했던 점이다. 그러나 선택적인 주목과 강조는 언어에 국한된 것이 아니라 문화 전반의 특성이기도 하다.

일상생활에서 무엇을 인지하고 무엇을 무시하는가를 지배하는 규칙은 단순하지 않다. 거기에는 적어도 다섯 가지로 전혀 다르게 구별되는 범주의 사건들이 고려되어야 한다. 다섯 범주란 대상물 또는 활동, 정황, 사회체계에서의 지위, 과거의 경험, 그리고 문화이다. 이 다섯 차원의 조작방식을 지배하는 양식은 어린 시절에 습득되어 거의 당연시된다.

자신이 관계하고 있는 '대상물'(subject) 또는 안건(topic)은 그 사람의 관심에 따라 크게 달라진다. 화학이나 물리학처럼 물질계를 다루는 '자연과학'(hard science)의 연구자들은 생물계를 다루는 과학자들에 비해 상당히 높은 비율로 제대로 관찰대상을 주목하고 통합할 수 있다. 자연과학자들이 다루는 대상은 변하기 쉬운 것이 거의 없기 때문에 그 추상

---

[4] Benjamin Lee Whorf, *Language, Thought, and Reality*, New York: The Technology Press of M.I.T. and John Wiley & Sons, Inc., 1956.

물은 실제 사건과 비교적 근사하며 맥락의 중요성은 그만큼 덜하다. 물론 이러한 단정은 지나치게 그 성격을 단순화시킨 감이 있지만 다음과 같은 사실을 상기할 필요가 있다. 즉 물질계를 지배하는 법칙은 인간의 행동을 지배하는 법칙에 비해 상대적으로 단순한 것임에도 불구하고 보통사람들에게 복잡하게 보일 수도 있는 한편, 자연과학자는 보통사람들과 마찬가지로 평생 언어를 사용하기 때문에 그 복잡성을 단순하게 생각한다는 점이다.

이러한 견지에서 사람들이 언어와 같은 어떤 특정한 행동체계를 마음대로 구사할 수 있게 되면 그것을 마치 그 체계를 움직이는 드러나지 않은 규칙을 알고 있는 것으로 착각하기 십상이다. 내가 지금 사용하고 있는 개념적 모델은 사람들이 무엇을 주목하고 무시하는가 하는 점뿐만 아니라 설사 어떤 체계를 마스터했다고 하더라도 그 체계에 관해 모르고 있는 점이 있다는 사실을 고려한 것이다. 이 두 가지는 결코 같지 않다. 폴라니(Michael Polanyi)[5]는 이 원칙을 다음과 같은 말로 매우 단정하게 표현했다.

"기계의 구조는 기계를 움직이는 법칙에 입각해서 정의될 수 없다."

인간이 주목할 바를 선택한다는 것은 의식적이든 무의식적이든 자신의 세계에 구조와 의미를 부여하는 것이다. 나아가 지각한다는 것은 '무언가 하려고 의도하는 것'이다. 정황, 지위, 과거의 경험, 문화라는 네 차원을 접어두더라도 이론적으로 인간의 모든 행동을 가늠해볼 수 있는 척도가 있다. 그 척도란 결과를 좌우하는 사건이 얼마만큼 의식적

---

[5] M. Polanyi, "Life's Irreducible Structure," *Science*, Vol.160, pp.1308~12, June 21, 1968.

으로 고려되었는가를 나타내는 것이다. 미국에서는 인간관계가 그 척도의 말단에 놓이는 경우가 많다. 좋은 인상을 주고자 했는데 나중에야 그러지 못했다는 사실을 깨닫게 되는 일은 누구나 경험하는 것이다. 그런 경우 우리는 잘못된 대상에 주목하고 있든가 주목해야 마땅한 행동을 무시하고 있는 것이다. 선생이나 교수에게 공통적인 잘못은 학생보다 강의 주제에 더 많은 주의를 기울이는 것인 데 반해, 학생은 지나치게 교수에게 집중하면서 강의 주제는 소홀히 한다.

'정황'(situation) 역시 인간이 의식적으로 받아들이는 것과 떨쳐버리는 것을 결정한다. 미국 법정의 변호사·판사·배심원은 관습과 법률적 관행에 따라 재판기록에서 법률적으로 타당한 부분에만 주의를 기울인다. 그러므로 재판 자체가 맥락에 비중을 거의 두지 않도록 되어 있다. 이와는 대조적인 정황으로 직장에서 사장의 행동을 읽어내려고 애쓰는 사원이 사장의 기분이 좋은지 나쁜지, 월급을 올려주려는지 아닌지를 알고자 할 때, 과거의 행동에 관한 지식과 마찬가지로 아무리 사소한 단서도 이야깃거리가 된다.

사회체계에서의 지위에 따라서도 주목해야 할 바가 달라진다. 체계의 상층에 위치한 사람들이 주목하는 바는 중하층에 위치한 사람들과는 다르다. 규모를 막론하고 한 조직이 존속하기 위해서는 그 지도자를 바꾸는 기술뿐만 아니라 새 지도자의 머리를 바꾸는 기술을 개발하지 않으면 안 된다. 즉 지위가 낮았을 때에는 조직 내부로 향해 있던 관심을 조직의 방침을 계획할 수 있을 정도의 원대한(global) 전망으로 열어놓아야 한다.

주목하는 바에 따라 얼마나 다른 결과가 초래되는가는 고대 그리스의 철학자들에게까지 거슬러 올라가는 서구적 사고의 특징적인 결함에 의해 설명될 수 있다. 서양인의 사고방식은 매우 자의적이어서 실제 사건보다도 관념을 중시하도록 만드는 상당히 심각한 결점을 지니고 있다. 또한 사고의 선형성(線形性)은 상호이해를 방해하고 사람들의 관심을 불필요하게 탈선시킬 수 있다. 지금 이야기하고 있는 과정은 특히 사회과학 분야에서 일반적이다. 그러나 이 분야의 젊은 학자들은 어떤 사건들을 한 차원에 입각하여 이야기한다고 해서 다른 차원에서 발생하는 그 밖의 숱한 사건들을 고려하지 못하는 것은 아니라는 사실을 점차 인정하기 시작했다. 인간이 한 번에 사물의 한 측면밖에 이야기할 수 없는 것은 다름 아닌 언어의 선형적 특성 때문이다.

단일 차원의 체계를 사용하면서도 다양한 차원을 고려하지 않으면 안 된다고 하는 증후로 인한 결과는 현대 정신의학계에서 가장 재능 있는 사람 가운데 하나면서도 제대로 평가받지 못하고 있는 사상가 설리번(Sullivan)[6]의 지적에 반영되어 있다. 그가 논문이나 강연과 책의 원고를 작성할 때 대상으로 삼은 사람(그의 머릿속에서 구상해낸 인물)은 정신박약자와 지독하게 편집광적인 비평가의 잡종이었다. 얼마나 소모적인 작업인가! 그리고 그 인물이 참으로 말하고자 하는 바를 알고 싶어하는 독자들을 크게 혼동시켰다.

지금처럼 사회가 복잡하지 않고 빨리 변하지 않던 시대에는 대부분의 교제가 서로 잘 알고 있거나 비슷한 배경을 지닌 사람들끼리 이루어졌기 때문에 상호이해의 문제에 별다른 어려움이 없었다. 어떤 정황에서도―담화의 내용(사랑·사업·과학)을 막론하고―대화를 나누는 사람들끼리는 상대방이 고려하는 바와 고려하지 않는 바를 충분히 알 수 있

---

[6] Sullivan, 앞의 책.

을 정도로 서로 잘 아는 것이 중요하다. 그러나 생활이 급속하게 돌아가는 오늘날에는 진정으로 서로 잘 알고자 노력하는 사람이 거의 없다. 이 점으로 현대 세계의 소외 현상을 일부 설명할 수 있을지도 모르겠다.

지금 내가 언급하고 있는 종류의 프로그램은 인간의 일반적인 모든 교제에서는 물론 고등 포유동물의 교제에서도 많이 나타나고 있다. 이 프로그램은 의사소통에서 측정할 수 없을 정도로 큰 역할을 맡고 있다. 이러한 사실로 인해 맥락을 의미와 연관시켜 논할 수 있는 것이다. 주의를 기울이느냐 기울이지 않느냐 하는 선택은 대부분 맥락에 따른 문제이기 때문이다. 기억해두어야 할 점은, 맥락화는 또한 시스템이 과잉정보에 의해 마비되는 일이 없도록 너무나 복잡한 인간의 교제를 처리하는 중요한 방법이라는 것이다.

내 동료들과 마찬가지로 나 역시 의미와 맥락이 떼려야 뗄 수 없는 관계임을 관찰하였다. 맥락과는 별도로 다른 차원에서 언어 코드를 분석할 수는 있지만(번역기계 연구개발이 의도했던 바), **실생활에서는 코드와 맥락과 의미가** 단일 사건의 다른 측면으로밖에 파악될 수 없다. 이 세 가지를 하나씩 따로 평가한다는 것은 실제로 불가능한 일이다.[7]

앞서 나는 맥락도가 높은(고맥락) 메시지와 낮은 메시지를 양극으로 하는 척도에 관해 언급했다. 맥락도가 높은 커뮤니케이션 또는 메시지에서는 대부분의 정보가 신체적인 맥락에 있거나 개인에 내재되어 있는

---

7) 언어학자인 촘스키와 그의 후학들은 언어에서 맥락을 제거하고 이른바 '심층구조'에 다다름으로써 언어의 맥락적 특징을 다루고자 하였다. 그 결과는 흥미롭지만 커뮤니케이션의 주된 문제들을 벗어나버리고 개념을 너무 강조한 나머지 실제로 일어나고 있는 일이 무시되고 있다. Noam Chomsky, *Language and Mind*, New York: Harcourt, Brace & World, Inc., 1968.

반면, 메시지가 코드화되고 외재적이고 전달된 부분에는 정보가 극히 적다. 맥락도가 낮은 커뮤니케이션은 그와는 정반대로 정보의 태반이 명백한(외재화된) 코드에 실려 있다. 함께 자란 쌍둥이(고맥락) 쪽이 재판 중에 한 법정에 있는 두 법관(저맥락), 컴퓨터 프로그램을 작성 중인 수학자, 법안을 기초 중인 두 정치가, 조례를 작성 중인 두 행정관, 또는 엄마에게 싸움하게 된 이유를 납득시키려는 아이 쪽보다 훨씬 경제적으로 의사소통을 할 수 있고 또한 사실이 그렇다.

이 척도에 비추어 볼 때 어느 한쪽으로만 극단적으로 치우치는 문화는 존재하지 않는다. 한 문화 내에도 맥락도가 높은 부분이 있는가 하면 낮은 부분도 있다. 미국문화는 그 척도의 밑바닥에 있지는 않지만 비교적 낮은 쪽에 위치한다. 일상생활에서 요구되는 맥락의 정도로 말하자면 그래도 미국인은 독일계 스위스인·독일인·스칸디나비아인보다는 꽤 높은 편이다. 복잡하고 다중적으로 제도화된 문화(기술적으로 진보된 문화)는 맥락도가 낮을 수밖에 없다고 생각될지 모르지만 반드시 그렇지만도 않다. 중국은 거대하고 복잡한 문화를 갖고 있지만 맥락도는 최고 수준이다.

이 점은 특히 3,500년이나 되었고 지난 3,000년간 거의 변하지 않은 중국의 문어(한자)에 잘 나타나 있다. 5억의 중국인, 한국인, 일본인, 중국어를 사용하는 일부 베트남인은 이 공통의 문어에 의해 결합된 힘을 가질 수 있다. 중국어 사전으로 단어를 찾을 때에도 맥락의 필요성을 느끼게 된다. 중국어 사전을 사용하려면 214개의 한자 부수(部首)를 알아야 한다(인도-유럽계 언어에는 부수에 해당하는 것이 없다). 예컨대 별 성(星)자를 찾으려면 날 일(日)자 부수에 나온다는 것을 알아야 한다. 중국어를 읽기 위해서는 중국 역사에 정통하지 않으면 안 된다. 게다가 중국어 발음에는 네 성조(聲調)가 있고 성조에 따라 의미도 달라지기 때문에 발음체계도 알고 있어야 한다. 이에 반해 영어·프랑스어·독일어·에스파냐어·이탈리아어 등을 읽기 위해서는 반드시 그 발음을 알아야 할 필요가 없다.

한자의 정서법(正書法)에 관한 또 하나의 흥미로운 측면은 그것이 하나의 예술형식이기도 하다는 점이다.[8] 내가 알기로는 저맥락의 의사소통체계가 예술형식이 된 적은 없다. 훌륭한 예술은 언제나 맥락도가 높고 형편없는 예술은 맥락도가 낮다. 좋은 예술작품이 오래가는 반면 단번에 모든 메시지를 전달해버리는 작품은 생명이 짧은 이유가 여기에 있다.

맥락도는 의사소통의 성격에 관한 모든 것을 결정하고 그에 따른 모든 행위(상징적인 행위를 포함하여)의 기초가 된다. 최근 사회언어학의 연구결과들은 언어 코드가 실제 어느 정도로 맥락에 의존하고 있는지를 밝혀준다. 이에 관한 훌륭한 사례로서 언어학자 번스타인(Bernstein)[9]의 연구가 있다. 그는 언어 코드를 두 가지로 분류하여 '제한된'(고맥락) 코드와 '정교한'(저맥락) 코드로 지칭하는데 어느 쪽에 속하느냐에 따라 어휘·구문·음성 모두가 달라진다. 가정에서 친근한 사람끼리 사용하는 제한된 코드를 보면 단어와 문장이 붕괴되고 단축되며 언어의 음소적 구조마저도 파괴되어 어휘뿐만 아니라 개개의 음절도 점차 하나로

---

[8] 중국인에 관한 자세한 정보는 William Wang, "The Chinese Language," *Scientific American*, Vol.228, No.2, February 1973 참조.

[9] Basil Bernstein, "Elaborated and Restricted Codes: Their Social Origins and Some Consequences," In John J. Gumperz, and Dell Hymes(eds.), The Ethnography of Communication, *American Anthropologist*, Vol.66, No.6, Part II, pp.55~69, 1964.

녹아든다.

  그에 반해 교실, 법정, 외교의 장에서는 아주 명확하고 구체적인 정교한 코드가 사용되어 모든 차원에서 보다 정확한 구별을 가한다. 더욱이 사용하는 코드는 신호가 되며 상황에 일관성을 부여한다. 코드의 변경은 그에 따른 나머지 모든 일의 변경을 알리는 것이다. 누구를 '말로 이긴다'는 것은 상대가 알아야 할 필요 이상으로 이야기하면서 상대를 저맥락화시키는 것이다. 이것은 단지 담화를 제한된 코드로부터 정교한 코드로 변경시킴으로써 매우 교묘하게 행할 수 있다.

  의사소통의 전략이라는 실제적인 견지에서 볼 때 상대를 맥락화시키는 데 어느 정도의 시간을 투자할 것인가를 결정하지 않으면 안 된다. 메시지의 명확한 부분을 구성하는 정보가 과부족이 없도록 하기 위해서는 항상 어느 정도의 맥락화가 요구된다. 대개 공무원이 애를 먹는 이유 가운데 하나는 자기들끼리만 통하는 문장을 사용하고 대중이 필요로 하는 맥락에 대해서는 무신경하기 때문이다. 문장화된 규칙은 대개 고도로 전문적인 반면 제공하는 정보는 거의 없다. 말하자면 그것들은 여러 코드가 혼합된 것이지만 그 코드와 정작 그것을 읽어내야 하는 사람들 사이에는 불일치가 존재한다.

  현대의 경영방법이 생각보다 성공적이지 못한 데에는 주로 경영 컨설턴트(고문)에게 책임이 있다. 그것은 그들이 모든 것을 명백히 하고자 한 나머지(이것 또한 저맥락화이다) 사람들이 이미 알고 있는 것을 고려하지 않고 조언을 하는 경우가 많기 때문이다. 이 점은 대부분의 컨설턴트가 기업의 여러 복잡한 측면의 맥락을 완전히 파악할 만큼 충분한 시간(또한 그에 상당하는 보수)을 갖지 못하기 때문에 일반적으로 볼 수 있는 결함이다.

1960년대의 전 세계적인 행동주의(과격한 투쟁)는 문화의 맥락도와 관계가 있다. 즉 행동주의에 대해 취약한 문화와 그렇지 않은 문화가 있다. 맥락도가 높은 행동들은 그 정의(定義) 자체가 역사에 뿌리를 두고 있으며 서서히 변화하고 매우 안정되어 있다. 반행동주의적 입장을 견지하는 인류학자 아이슬리(Loren Eiseley)[10]는 안정을 이루는 데 역사가 미칠 수 있는 영향력을 언급하면서 미국문화의 취약성을 다음과 같이 지적한다.

행동주의자의 세계는 과거(역사)에 대한 신념이 부족하여 인간을 계획적인 동물로 볼 수 있는 모든 요소를 저버릴 수밖에 없으므로 갈수록 폭력적이 되고 예측불가능한 최초 인간의 세계가 된다. 본질적으로 인류의 역사[11]를 간단히 말하자면, 본능을 버리고 그 대신 문화적 전통과 어렵게 획득한 정관적인 사고를 증대시킨 생물의 역사다. 과거의 교훈은 미지의 미래를 구축하는 과정에서 상당히 확고한 기반이 되어왔다.[12]

---

10) L. Eiseley, "Activism and the Rejection of History," *Science*, Vol.165, p.129, July 11, 1969.
11) 나는 인류의 모든 것을 일반화시키는 아이슬리의 방식에 동의하지 않는다. 왜냐하면 행동주의 역시 다른 모든 것과 마찬가지로 맥락 속에서 다루어져야 하기 때문이다. 앞으로 살펴보겠지만 저맥락의 문화는 폭력적인 혼란에 대해서 고맥락의 문화보다 취약한 것으로 나타난다.
12) 변화의 시대에 문학의 역할에 관한 솔 벨로의 논문도 이 논의와 유관하다. Saul Bellow, "Machines and Story Books," *Harper's Magazine*, Vol.249, pp.48~54, August 1974. 그는 서방의 전위파 지식인들이 과거를 말소하려고 의식적으로 노력했던 시기가 있었다고 지적하면서 이렇게 말한다. "마르크스

실제로 격렬한 행동은 문화의 맥락도에 상관없이 일어날 수 있지만, 맥락도가 낮은 체계일수록 행동의 방향성이나 초점이 불분명하고 예측할 수 없게 되며 그 제도를 위협하는 정도가 심각해진다. 그에 반해 대개 맥락도가 높은 체계는 그 기반이 동요되는 일 없이 행동을 흡수할 수 있다.

맥락도가 낮은 체계에서는 시위는 점점 격앙되어가는 일련의 사건에서 최후의 가장 필사적인 행동으로 간주된다. 미국에서의 폭동과 시위는 특히 흑인이 관계된 경우,[13] 보다 큰 사회를 향해 **무언가 하도록** 요구하는 메시지이자 탄원이고 고통과 분노의 외침이다.

한편 중국(고맥락 문화)에서 홍위병 폭동이 갖는 의미는 분명히 미국과는 전혀 다르다. 그것은 사회질서의 저변으로부터가 아닌 최상위로부터 시행된 것이고 위에서 아래로 향한 커뮤니케이션이었다. 즉 무엇보다도 우선 마오쩌둥의 권력을 과시한 다음, 반대세력을 일단 꺾어놓고 중간 계층을 일깨우는 일종의 사회를 동원시키는 방식이지 파괴하자는 것이

는 역사를 연구하면서 모든 죽은 세대의 전통이 산 자들의 뇌를 악몽처럼 짓누른다고 느꼈다. 니체는 과거('it was')에 관해 격한 감정으로 이야기했고, 제임스 조이스도 스티븐 디덜러스의 입을 통해 과거를 '우리가 깨어나려고 애쓰는 악몽'으로 정의했다." 그러나 솔 벨로는 우리가 역사를 버린다는 것은 역사적인 과정에서 자신의 고유한 부분을 파괴하는 것이라는 모순에 직면할 수밖에 없다고 지적한다. 그렇지만 그들이 과거에 대해 이야기하자 한 것은 인간의 행동에 드리우는 과거의 영향력을 감소시키기 위하여 그 맥락을 재정의한 것으로 보는 편이 타당하다. 앞으로 살펴보게 되듯이 단순히 과거를 버리게 되면 매우 불안정한 사회가 도래할 것이다.

13) 흑인 문화는 백인 문화보다 맥락도가 훨씬 높다. 그리고 우리의 모델을 통해서 흑인의 폭동은 백인 사회(흑인도 포함된)의 그것과는 의미가 다르다는 점을 알게 될 것이다.

아니었다. 홍위병 폭동에 관하여 나와 이야기를 나눈 중국인 친구들은 그 문제를 나만큼 심각하게 받아들이지 않았다. 그와 같은 폭동이 사회 전반에 엄청난 폐해를 미칠 수 있는 저맥락 문화에서 자란 나로서는 그 시각으로 사태를 바라보는 것이 당연한 일이다.

맥락의 미묘한 작용이 미치는 영향력은 어떤 분야에서나 찾아볼 수 있다. 정치적 체계에서 맥락도의 고저에 따른 폭력의 영향력에 관해 방금 이야기했는데, 이제 일상적인 지각의 문제를 생각해보자. 색채의 지각이라는 생리학적 차원에서 관찰하면 모든 색을 맥락(배색관계)에 따라 지각하고 조절하는 뇌의 능력을 알 수 있다. 인테리어 디자이너라면 누구나 알고 있듯이 강렬한 색상의 그림 · 판화 · 벽걸이 등에 의해 그 주변에 비치된 가구의 색이 다르게 지각될 수 있다. 색채심리학자 비렌(Birren)[14]은 다양한 색채 견본에 체계적으로 배경색을 변화시킴으로써 색채의 지각이 주변의 색채 맥락에 좌우된다는 사실을 실험으로 입증했다.

누락된 정보를 메우는 뇌의 능력——맥락짓기 기능——을 가장 인상적으로 시사하는 것 가운데 '랜드 카메라'를 발명한 랜드(Edwin Land)의 실험이 있다. 그는 단 한 장의 붉은색 필터를 사용하여 컬러 사진을 현상하는 방법을 개발했는데, 그 과정은 단순하지만 설명하기는 쉽지 않다. 랜드가 이 실험을 하기 이전에는 컬러 현상이 빨강 · 파랑 · 노랑의 삼원색으로 각각 찍은 세 장의 투명 양화(陽畵, image)를 중첩시키는 방식으로만 가능한 것으로 생각되었다. 그런데 랜드는 두 장의 양화, 즉

---

14) Faber Birren, *Color, Form and Space*, New York: Reinhold Publishing Co., 1961.

명암을 주는 흑백 양화 한 장과 색채를 내기 위한 단 한 장의 **붉은색** 필터만으로 컬러 사진을 만들어냈다. 이 두 장의 양화를 스크린에 중첩시켜 투사하면, 붉은색만 사용해도 삼원색을 사용한 사진과 동일한 명암과 바림(gradation)이 있는 총천연색으로 지각된다![15)

더욱 주목할 만한 사실은, 여기에 사용된 피사체는 의도적으로 무슨 색인지 전혀 알 수 없는 것으로 선택되었다는 점이다. 그의 사진을 보는 사람들이 무의식적으로 색을 투영하지 않도록 하기 위해 랜드는 원래 피사체의 색을 짐작할 수 없는 플라스틱 필름 감개나 양모(羊毛), 기하학적 모양 등을 대상으로 작업했다. 눈과 뇌기능의 시각중추가 어떻게 이와 같이 놀라운 체내의 맥락짓기 솜씨를 발휘할 수 있는지는 아직 부분적으로밖에 밝혀지지 않고 있다. 그러나 실제적인 자극물의 역할은 부분에 지나지 않는다.

맥락짓기는 적어도 전혀 상이하지만 상관된 두 과정, 즉 기관 내부의 과정과 기관 외부의 과정으로 이루어지는 것으로 보인다. 내부의 과정은 뇌에서 일어나며 과거의 경험(프로그램화되고 내재화된 맥락짓기)이나 신경계의 구조(생득적인 맥락짓기), 또는 양자가 동시에 기능하는 것이다. 외재적인 맥락짓기는 사건이 발생하는 정황이나 배경, 또는 양자 모두와 관계한다(정황적 그리고/또는 환경적 맥락짓기).[16)

외재적 맥락과 행동의 상관성에 관해 관심이 고조되고 있는 것을 볼

---

15) 이 매혹적인 실험장치에 관한 상세한 설명은 Edwin H. Land, "Experiments in Color Vision," *Scientific American*, Vol.200, No.5, May 1959 참조.
16) 이 구별은 필자나 독자의 편의상 완전히 자의적인 것이다. 자연계에서는 이러한 구별이 반드시 행해지는 것은 아니다. 이 내재적–외재적이라는 이분법은 듀이(Dewey)를 계승하는 지각의 상호작용학파(Kilpatrick, 1961)에 의해서뿐만 아니라 나의 저서에서도 여러 번 반격되었다. 뇌 속에서 경험(문화)은 뇌의 구

수 있는 한 사례가 미국의 공공주택의 실패에 대한 관심이다. 세인트루이스의 프루잇-이고 홈스(Pruitt-Igoe Homes)는 한 예에 불과하다. 흑인 빈민층을 위해 2,600만 달러를 투자한 이 실패작은 현재 거의 폐허나 다름없다. 거기에 살려는 사람이 없기 때문에 대부분의 건물이 다이너마이트로 폭파되었다.

빈민층 가정을 위한 고층 공공주택에 대한 반대의견과 그 결함은 무수하다. 예컨대 어머니가 아이들을 감시할 수 없고, 근처에 공공시설이 대개 없으며 상점이나 시장도 없다. 그리고 대중교통수단으로부터 멀리 떨어져 있는 경우가 태반이고 청소년을 위한 레크리에이션 시설은 물론 아이들이 뛰놀 장소도 거의 없다. 예산이 삭감되는 경우에는 우선 유지비가 삭감되고 그에 따라 붕괴과정이 시작된다. 엘리베이터와 복도는 죽음의 덫으로 변모하게 되는 것이다. 저소득층 가정을 위한 고층주택에 대한 문제 제기는 복잡하기도 하고 인간의 행동과 관련하여 환경이 중립적일 수 없다는 점증적인 인식을 강조하기도 한다.

정황적·환경적인 맥락은 최근에야 비로소 체계적으로 연구되고 있지만 환경이 행동에 영향을 미치는 요인은 오래전부터 알려져 있다. 기업가인 풀먼(G. Pullman)[17] 같은 사람은 당시로서는 상당히 진보적으로 들리는 의견을 피력했다. 그는 노동자들에게 쾌적한 환경의 깨끗하고 통풍이 잘되는 잘 지은 주택을 공급해주면, 그들의 건강이나 기분에

조에 작용하여 정신(사고)을 만든다. 그것은 뇌가 어떻게 수정되는가와는 차이가 있다. 중요한 것은 수정이 일어나며 그것이 명백히 지속적이라는 사실이다.
17) Stanley Buder, "The Model Town of Pullman: Town Planning and Social Control in the Gilded Age," *Journal of the American Institute of Planners*, Vol.33, No.1, pp.2~10, January 1967.

좋은 영향을 미치게 될 것이고 따라서 생산성도 한결 나아지리라고 생각했다.

풀먼의 분석에는 잘못된 점이 없었으며 단지 자신이 이야기한 이상을 실천하지 못했을 뿐이다. 그의 회사가 만든 소도시의 대로—관리자들이 살고 있는—에는 그가 이야기한 대로 모든 것이 갖추어져 있었지만 노동자들의 주거지는 예전이나 다름없었다. 그 도시 자체가 고립되어 있는데다 노동자들의 주택과 관리자들의 호화로운 주택이 인접해 있었기 때문에 결핍된 생활환경이 상대적으로 더욱 명백해졌을 따름이다.

결국 노동자들은 폭력적인 파업에 들어가고 말았다. 거기에는 그 밖에 풀먼이 고려하지 못했던 여러 인간적·경제적·정치적 요구가 있었고 그러한 점들이 노동자들의 불만을 고조시켰다. 풀먼이 피력했던 이상주의는 그의 예상과는 정반대의 결과로 끝났다. 그 노동자들의 실제 생활이나 작업조건은 별로 알려진 바가 없기 때문에 바야흐로 움트기 시작했지만 아직은 미약한 환경론자들의 입장은 말할 수 없는 타격을 받은 반면, 손익계산서에만 정신이 쏠려 있는 '완고하고' '실용적인' 경영자들에게는 절호의 공격수단을 제공해주었다.

프로그램화된 맥락짓기(경험)든 생득적인 맥락짓기(몸에 내장되어 있는)든 그 영향력은 흔히 간과되고 있다. 예컨대 개인의 공간적인 필요성이나 특정 공간에 대한 감정을 생각해보자. 내가 알고 있는 어떤 부인들은 혼자 있을 수 있는 방을 필요로 하는데도 남편들은 그러한 특별한 요구를 인정하지 않고 자기 부인의 감정을 유치한 것으로 치부해버린다고 한다. 이런 경험이 있는 여성들은 내 이야기에 혈압이 오를지도 모르지만, 혼자 있고 싶다는 언표되지 않은 비공식적인 요구는 그러한 감정을 느껴본 적이 없는 사람들에게는 실체가 있는 타당한 요구로 받아들여지기가 매우 어렵다.

북유럽적 전통에서 성장한 사람들 사이에서 일반적으로 인정되는 유일한 근접공간적(proxemic) 요구는 지위와 연관된 것이다. 그러나 지위란 자아(ego)와 결부되어 있는 것이다. 그러므로 최고의 지위에 있는 사람이 넓은 사무실을 갖는 것은 인정되지만 그 밖의 공간적 요구는 자기도취라는 식으로 여겨지기 십상이다.

그러나 사람들은 지위와는 별도로 공간적인 요구를 갖고 있다. 왁자지껄한 가운데 있지 않으면 일을 할 수 없는 사람이 있는가 하면, 주변에서 벌어지는 일이나 소음에 방해받지 않고 밀폐된 방 안에서만 일할 수 있는 사람도 있다. 또한 모든 일에 촉각을 곤두세우고 마치 동물과 같은 촉수를 지니고 있는 것처럼 환경에 특별히 민감한 사람이 있는가 하면, 주변환경에는 까딱도 하지 않는 사람도 있다. 건축가가 이러한 차이들을 모두 이해한다 해도 설계를 할 때 모든 것을 고려하기는 어려운 일이다. 건축가의 우선적인 관심은 미학적인 면이고, 내가 지금 이야기하고 있는 것은 미학 이전의 그보다 훨씬 기본적인 수준에 관한 문제이다.

오늘날의 문제를 어제의 이해수준으로 해결하려는 것은 흔히 있는 일이다. 인간과 환경 관계에 대한 대부분의 사고는 거의 예외 없이 인간과 환경의 상호교섭을 구체적으로 다루지도 못할뿐더러 그것을 고려조차 하지 못하고 있다. 노련한 건축가는 인간과 환경 관계에 대해 일단 입에 발린 말을 한 다음 실제로는 자기 생각대로 밀어붙인다. 이 점으로 보건대 인간의 욕구라는 것은 그것이 자기만의 공간을 갖고 싶다는 개인적인 것이나 문화적인 것이나 실재하는 것으로 간주되지 않는다는 사실을 알 수 있다. 오직 건물만이 실재하는 것이다(이것 역시 연장의 전이다)!

물론 이러한 과정은 사람들이 대개 생각하는 것보다 훨씬 복잡하다. 아주 최근까지도 인간과 환경의 전반적인 관계는 미개척 분야였다.[18] 아마 무의식적으로나 직감적으로 그 분야가 복잡하리라는 생각이 그에 관한 연구를 회피하도록 했을 것이다. 더구나 대차대조표나 건물의 외관적 설계 따위의 단순한 사실을 다루는 쪽이 훨씬 수월하기 때문이다. 맥락과 맥락짓기에 관한 연구에 착수하게 되면 그 대부분의 연구대상이 자기 눈앞에서 벌어지고 있는 일임에도 불구하고 숱한 숨겨진 요인들에 의해 그 의미가 변해버린다는 사실을 누구든지 곧 깨닫게 된다. 그러한 문제를 연구하는 데 대한 지원은 인색하게 마련이다. 연구되어야 할 바가 매우 미묘할 뿐만 아니라 너무나 자질구레하고 하찮기까지 해서 심각하게 고려할 만한 가치가 없다고 생각되는 것이다.

나는 예전에 공간이 입원환자에게 미치는 영향을 연구하고자 병원을 찾았다가 그 병원 책임자에게 쫓겨난 적이 있다. 그는 그 문제에 관한 상당량의 자료에 전혀 흥미를 보이지 않았을 뿐만 아니라 그러한 연구를 제안한 나를 덜떨어진 사람으로 생각했다. 설상가상으로 프로세믹스(proxemics)를 연구조사하는 데에는 아주 오랜 시간이 필요하다. 사람들이 거리를 인지할 때마다 그것이 적절한지 아닌지를 판단하는 데 영향을 미치는 적어노 다섯 가지 **주요** 범주의 변수를 고려해야 하기 때문이다. '개입거리'(대화하는 두 사람을 방해하지 않고 그들의 주의를 끄는 데 필요한 거리)에 관해 생각해보자. 그 거리가 어느 정도이며 개입하기까지 걸리는 시간이 어느 정도인지는 어떤 일이 일어나고 있는가(행동), 개입자

---

18) 인간이 만들어낸 공간과 인간의 관계를 포괄적으로 다룬 것으로는 『숨겨진 차원』과 그에 대한 참고문헌 참조.

의 지위, 개입자와 피개입자 간의 사회적 관계(예컨대 부부, 또는 상관과 부하직원), 대화하는 두 사람의 감정상태, 개입해야 하는 이유의 긴급성 등에 달려 있다.

이러한 새로운 정보에도 불구하고 이에 관한 사회학 및 생물학의 연구는 맥락을 외면해왔다. 사실상 의식적으로 맥락을 배제시키려는 시도도 빈번하다. 다행히 심리학적 사고의 주류를 역행하는 데 주저하지 않는 예외적인 몇몇 사람이 있다.

그중 한 사람인 바커(Barker)는 캔사스 주의 소도시에서 25년에 걸쳐 관찰한 바를 『생태학적 심리학』(Ecological Psychology)[19]이라는 저서에 요약하였다. 바커는 지금으로부터 한 세대쯤 전에 그의 학생들과 함께 그 도시로 이주하여 교실, 약국, 주일학교, 농구장, 야구장, 클럽, 사무실, 술집, 사람들이 모이는 장소 등의 광범위한 정황과 배경에서 시민들의 행동을 기록했다. 여기에서 그는 사람들의 행동이 대부분 상상했던 것 이상으로 정황에 좌우되고 배경의 지배를 받는다는 사실을 발견했다. 실제로 그는 심리학자로서 자신이 속한 분야의 중심적이고 중요한 학설에 숱한 도전을 감행했다. 다음은 바커의 말이다.

행동을 이루는 환경이란 여러 가지 일(사물이나 사건)들이 발생할 수 있는 비교적 구조화되어 있지 않고 수동적이며 개연적인 장으로서 인간은 자기 내부에 프로그램화된 것에 따라 그에 대처하게 된다는 사실은 심리학자들의 일반적인 견해이다……. 그러나 행동환경을 인간

---

[19] Roger G. Barker, *Ecological Psychology*, Stanford, Calif.: Stanford University Press, 1968; and Phil. Schoggen, *Qualities of Community Life*, San Francisco: Jossey-Bass, Inc., Publishers, 1973.

에 내재하는 행동과 관련된 프로그램을 해명하기 위한 도구로서가 아닌 그 자체로서 조사할 만한 가치를 지닌 현상으로 본다면 상황이 전혀 달라진다. 그러한 견지에서 보면 환경은 상당히 구조적이고 개연성이 없는 정연한 일들로 이루어져 있어서 인간은 그 일 자체의 동적인 패턴에 행동을 일치시키지 않을 수 없는 것으로 생각된다……. 아이들의 행동에서 어떤 측면을 예측하는 데는 특정한 아이들의 행동 경향에 관한 지식보다는 그들이 생활하는 약국·산수교실·농구장 등에서 볼 수 있는 행동 특성에 관한 지식이 더욱 적절하게 이용될 수 있다는 점을 알게 되었다…….

그 후 바커는 이렇게 말했다.

행동 배경이라는 견지에서 보면 환경은 거기에 거주하는 사람들에게 무작위로 입력된 자료나 정해진 배열과 유동적인 패턴에 따른 입력자료보다 훨씬 중요하다는 견해를 이론과 자료가 뒷받침하고 있다. 그 이론과 자료는 오히려 환경이 입력에 대해 다음과 같은 제약을 가하고 있음을 입증한다. 즉 한편으로는 환경의 체계적인 요구에, 다른 한편으로는 그 사람의 행동 속성에 일치하도록 입력을 규제하는 것이다. 말하자면 동일한 환경단위에서도 사람에 따라 다른 입력을 제공하고 동일 인물이라도 행동의 변화에 따라 다른 입력을 제공한다. 게다가 인구 증감 따위의 생태학적 요인이 변하는 경우에도 환경의 입력에 관한 전체 프로그램이 변경된다.[20]

---

20) 이에 관심 있는 독자는 직접 바커의 저작을 살펴보는 게 도움이 될 것이다.

바커는 인간이 기능하고 있는 환경으로부터 인간을 분리시켜 연구한다는 것은 불가능하다는 사실을 설명하고 있다. 인간의 상호작용에 관해 연구하는 에임스(Ames), 이텔슨(Ittelson), 킬패트릭(Kilpatrick)[21]과 같은 교호심리학자들의 대부분의 연구나 나 자신의 초기 연구[22]도 동일한 결론에 도달하고 있다.

요약하자면, 어떠한 정보체계에서나 보편적인 특징의 하나는 정보의 의미(수신자에게 기대되는 행동)가 의사소통체계, 수신자의 배경과 이미 프로그램화된 반응(내재적 맥락), 정황(외재적 맥락)으로 구성된다는 점이다.

그러므로 맥락의 본질을 이해하는 데에는 수신자가 실제로 지각하는 바가 중요하다. 생물체가 무엇을 지각하는 데에는 지위·활동·배경·경험이라는 네 방식으로 영향을 받는다는 점을 상기하기 바란다. 그런데 인간에게는 또 한 가지 결정적인 차원을 추가해야 한다. 그것이 바로 문화이다.

인간의 모든 교제(상호작용)는 맥락도에 따라 구분할 수 있다. 맥락도가 높은 교제의 특징은 수신자와 그 배경에 정보가 이미 프로그램되어 있고 전달된 메시지에는 최소한의 정보밖에 없다는 점이다. 맥락도가 낮은 교제는 그와 정반대이다. 맥락(내재적 및 외재적)에서 누락된 부분을 보충하기 위해서는 전달된 메시지에 대부분의 정보를 집어넣을 수밖에 없다.

---

21) F.P. Kilpatrick, *Explorations in Transactional Psychology*(contains articles by Adelbert Ames, Hadley Cantril, William Ittelson, and F.P. Kilpatrick), New York: New York University Press, 1961.
22) Edward T. Hall, *The Hidden Dimension*, Garden City, N.Y.: Doubleday & Company, Inc., 1966(a).

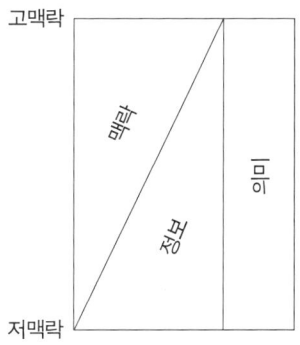

　일반적으로 고맥락의 의사소통은 저맥락의 그것과는 대조적으로 간결하고 신속하며 효율적이고 만족스럽지만 프로그램화에 시간이 걸릴 수밖에 없다. 그 프로그램화가 제대로 되어 있지 않은 한 의사소통은 불완전하다.

　고맥락의 의사소통은 흔히 예술 형식으로 이용되기도 한다. 그러한 의사소통은 결합력과 응집력을 부여하며 수명이 길고 잘 변하지 않는다. 그러나 저맥락의 의사소통은 결합시키는 작용이 없고 쉽사리 변할 수 있다. 연장물에 의한 진화가 믿어지지 않을 정도로 빠른 것은 바로 이 때문이다. 즉 발전 초기단계의 연장물은 맥락도가 낮다. 그러나 연장물 체계에서도 맥락도의 고저가 없는 것은 아니다. 예컨대 방위용 로켓 미사일 시스템은 제대로 평가되기도 전에 구식이 될 수 있으며 따라서 맥락도가 아주 낮다. 그에 반해 교회 건축은 수백 년간의 역사에 확고하게 뿌리를 내리고서 종교적 신앙과 이념을 보전하기 위한 물질적인 핵이 되었고 오늘날에도 대부분의 교회는 매우 전통적인 건축양식을 따르고 있다.

　이와 같이 적응과 변화에 대한 요구(저맥락 지향적)와 안정에 대한 요구

(고맥락 지향적)라는 두 가지 분명하게 대조적인 요구의 균형을 이루기 위해 전략을 개발하는 일이 가능한지 궁금할 것이다. 역사를 돌이켜보면 고맥락의 양식이 너무 오래 지속된 나머지 적응력을 잃은 국가나 제도의 사례가 무수하다. 그러나 저맥락 체계로 인한 현대세계의 불안정은 인류역사상 일찍이 유례가 없는 것이다. 더구나 이 정도의 급속한 변화에 대처하는 방법을 일러줄 만한 경험의 축적이 우리에게는 없다.

오늘날 인간세계의 대부분을 구성하고 있는 연장물은 대개 맥락도가 낮다. 문제는 인간이 그 연장물과의 사이에 존재하는 긴장을 얼마나 오래 견뎌낼 수 있을 것인가 하는 것이다. 『미래의 충격』(Future Shock)[23]이나 『미디어의 이해』(Understanding Media)[24]가 다루고 있는 주제가 바로 이것이다. 일례로 자동차를 들어보자. 자동차는 모든 차원에서 미국의 모습을 완전히 변모시켰다. 즉 지역사회를 붕괴시켰고, 인간관계를 단편화시켰으며 농촌과 도시의 균형을 뒤바꿔버렸고 섹스, 교회에 가는 습관, 도시, 범죄, 교육, 전쟁, 건강, 장례식(최근 어떤 장의사는 자동차에 탄 채 고인을 배알하는 방식을 실험했다고 한다!) 따위의 모든 양상을 변화시켰다.

지금까지의 이야기를 요약해보자.

- 인간은 자신과 현실 사이에 가로놓인 스크린을 통해 어느 정도 현실을 구축한다.

---

23) Alvin Toffler, *Future Shock*, New York: Bantam Books, Inc., 1970.
24) Marshall McLuhan, *Understanding Media*, New York: McGraw-Hill Book Co., Inc., 1964.

- 인간이 그 행동을 외견상으로나마 합리적으로 통제하려면 현실의 구조를 인식할 필요가 있다. 그와 같은 인식은 맥락도가 가장 낮은 단계에서 이루어진다.

- 그러나 그것을 인식하는 데에는 불안, 퇴폐, 그리고 대처할 수 없을 정도의 정보과잉을 초래하게 되는 급격한 변화 등의 대가를 치르지 않으면 안 된다.

그러므로 급속하게 진화하는 저맥락 체계에서는 불가피한 일인만큼 사물이 복잡해질수록 정보과잉에 대처하기 위해서는 결국 생활 및 제도를 맥락도가 높은 방향으로 전환시켜 안정을 지향할 필요가 있다.

7 고맥락과 저맥락

　일이 마음먹은 대로 되지 않는 것만큼 낙담스러운 것은 없으리라. 예컨대 신발끈을 매려고 끙끙거리는 아이, 중풍을 맞은 사람의 고통, 자신의 의사를 전달하는 데 또는 주머니에서 잔돈을 꺼내는 데 곤란을 겪는 사람, 나아가 스스로 식사를 할 수 없는 사람 등을 염두에 두고 하는 말이다. 그 정도로 드러나지는 않지만 사람들은 일상적으로 겪는 평범한 문제에서도 비슷한 좌절감을 맛볼 수 있다. 즉 환경에 적응하지 못하거나, 계획대로 움직일 수 없거나, 학교에서 진급하지 못하고 직장에서 승진하지 못하거나, 자신이 속한 사회조직에서 소외되거나 하는 따위의 문제가 그것이다. 이러한 환경에서는 자아가 활개를 펴고 기쁨에 충만해야 할 생활이 위축되고 암담하게 느껴져 일에 대한 의욕을 거의 상실하고 만다.

　미국문화에서는 그와 같은 좌절감을 각자의 철학적 성향에 의거하여 개인의 탓으로 돌리기도 하고 사회제도의 탓으로 돌리기도 한다. 그러나 그 원인이 과정 자체에 대한 우리의 이해부족이나 제도의 구조, 또는 인격과 문화의 결합 방식의 결함에 있을지도 모른다는 데에는 거의 생각이 미치지 않는다. 그러한 좌절감은 대개 자신들이 만들어낸 제도의 비교적 명백하고 표면적인 징후를 충분히 이해하지 못하기 때문에 생기는 것이다. 인간은 생리학에 관한 지식이 없어도 살아갈 수 있고, 언어학이나 학교에서 배우는 문법지식조차 모르고도 유창하게 말할 수 있으며, 전기나 기계에 관해 벽창호일지라도 텔레비전·전화·자동차를 사용할 수 있다. 그와 마찬가지로 인간은 자신이 속한 문화를 기능하게 만들고 다른 문화와 구별지어주는 기본법칙에 관해 거의 또는 전혀 무지할지라도 그 문화 속에서 성장하고 원숙해질 수 있다.

그러나 문화는 텔레비전이나 자동차보다도, 그리고 아마 어떠한 인간 생리학보다도 훨씬 복잡하다. 그렇다면 문화의 저변을 이루는 구조를 파악하는 일이 어떻게 가능할 수 있을까? 그것을 파악하는 단서는 관찰에 일관성을 유지하는 한 그 대상에는 그다지 구애될 것이 없다. 문화의 기본체계 및 부차적인 체계는 모두 주요한 관찰대상이 될 수 있다. 예컨대 물질문화, 기업체제,[1] 결혼, 가족, 사회조직,[2] 언어, 군대(모든 군대는 그것이 속해 있는 문화를 반영한다), 성(나는 외설영화의 문화적 차이에 매료된 사람을 본 적이 있다), 법률 등에 관한 문제를 다룰 수 있다. 이뿐만 아니라 그 밖의 무수한 활동이 문화를 반영하고 또한 문화에 반영되어 있다. 나는 문화에 따른 법률과 맥락의 관계를 법정에서의 법률의 기능을 관찰함으로써 비교연구해왔다.

내가 맥락의 중요성을 설명하기 위해서 법률을 택한 데에는 몇 가지

---

1) Daniel J. Boorstin, *The Americans: The Democratic Experience*, New York: Random House, Inc., 1973.
2) 영국의 인류학자 중에는 실질적으로 다른 모든 것을 제외하고 사회조직만을 선택한 사람들도 있었다.

이유가 있다. 첫 번째 이유는 미국에서 시행되고 있는 대부분의 법률은 그 해석에서 현실적인 맥락을 너무나 벗어나기 때문에 긍정적인 지도력을 상실하고 정의의 체계라기보다는 도박에 가까운 것으로 변질되어왔다는 점이다.[3] 그렇다고 해서 모든 재판이 늘 그런 식이라거나 변호사와 재판관의 고의라는 뜻은 아니다. 다만 여기에서 지적하고 싶은 것은, 법률이 기능하고 있는 문화적 배경이나 관습의 힘에 의해 보강된 중대한 결정들로 인해 맥락도가 낮은 제도가 구축되었기 때문에 그러한 법절차로는 실생활의 문제를 적절하게 다루기가 매우 곤란하다는 사실이다.

두 번째 이유는 법 앞에 만인이 결코 평등하지 않다는 점이다. 성, 사회경제적 지위, 권력, 민족 등에 따른 차별은 엄연히 존재한다. 미국 시민 중에는 영국이나 북유럽 외에도 그와는 법질서가 전혀 다른 지역으로부터 이민온 사람들이 많다.

미국에서는 사람이 아닌 법에 의한 통치를 이상으로 하며 일반적으로 다수의 미국인이 그러한 견해를 용인하고 있다. 그러나 그와는 달리 법률을 직접 체험한 사람들은 미국의 법이 차별적일 뿐만 아니라 냉혹하고 비인격적이며 불공평하다는 결론을 얻게 된다. 내가 아는 미국 변호사들은 법을 실생활과 분리된 것, 아무튼 실생활보다는 완벽한 것으로 생각한다(이 또한 연장의 전이다). 변호사들은 자신들이 보통사람은 알 수 없는 특이한 사고방식을 부여받았다고 자부한다. 닉슨(Richard Nixon)은 부통령이었을 때 이렇게 말했다고 한다.

"물론 그를 다룰 자신이 있지, 그자도 변호사거든."

---

3) Ralph Slovenko, "The Opinion Rule and Wittgenstein's Tractatus," *Etc.: A Review of General Semantics*, Vol.24, No.3, pp.289~303, September 1967.

때때로 변호사는 일반인에게 법률에 특별한 무엇이 있다는 인상을 부여한다. 미국문화에서는 정말로 그러한데 그것은 법 자체가 아닌 문화 때문이다. 법의 저변에는 문화가 있으므로 법률이 다루어지는 방식을 연구함으로써 문화에 관해 많은 사실을 읽어내고 이해할 수 있다. 미국 문화의 여러 측면에서 볼 수 있듯이 법률 또한 구조적으로 실생활과는 동떨어져 기능하도록 장치되어 있다. 풍문을 포함한 증언을 다룰 때 일반적으로 맥락을 고려하지 않기 때문에 미국의 법정은 실생활과 분리되고 흔히 냉혹하고 비인간적이며 비인격적인 재판이 되고 만다.

법학 및 정신의학 교수인 슬로벤코(Ralph Slovenko)[4]에 의하면, 형사 피고는 '판정 규칙'(opinion rule)[5] 그 자체이다. 판정 규칙에 따르자면 맥락을 이루는 배경 자료는 모두 배제되고 기정사실만이 증거로 인정된다. 누구나 흔히 들은 바 있는, "질문에 예, 아니오로 답하시오"라는 언사는 미국 법정 시스템의 저맥락성을 단적으로 드러낸다. 비교 법학의 보다 깊은 의미에 관심이 있거나 정통한 사람, 또는 패턴을 인지하는 요령이 있는 사람이라면 미국 법체계가 본래 의도하였던 기능이 아닌 실제로 기능하는 방식을 연구함으로써 그 밖의 저맥락 체계도 감지할 수 있을 것이다.

저맥락 체계가 지닌 결함 가운데 하나는 특히 복합 사회에서 구성원(인구)이 증가함에 따라 다루기가 힘들어진다는 것이다. 또한 저맥락 체계는 수월하게 조종될 수 있는데, 예컨대 그것은 권력자가 전국 각지의 법정에서 판례를 조직적으로 관리함으로써 그들이 원하는 대로 법률을

---

4) 같은 책.
5) Charles T. McCormick, *Handbood of the Law of Evidence*, St. Paul, Minn.: West Publishing Company, 1954.

조작할 수 있다는 사실로 입증된다. 이 말을 제대로 평가하려면 다시 한 번 맥락도가 높은 체계와 비교해볼 필요가 있다. 고맥락 체계에서는 의식적으로 조작된 판례에 좌우되는 일이 없기 때문이다. 저맥락 체계에서는 모든 사람을 평등하게 대우할 여유가 없으며 보다 언변이 좋고 유능한 변호사를 기용할 수 있는 쪽이 유리하다. 게다가 이 체계가 제대로 기능하려면 변호사나 증인이 진술한 것만으로 판단하지 않고 실제로 무슨 일이 일어났는가를 통찰할 수 있는 고도로 노련하고 사려 깊은 배심원, 즉 주어진 체계에서 맥락을 고려할 수 있을 만큼 지적이고 적절히 회의적인 사람들이 있어야 한다.[6]

미국과는 대조적으로 내가 알고 있는 한, 프랑스의 법정에서는 사람의 문제를 다룰 때 증거로 제출된 증언에서 상당한 고려의 여지를 허용하고 있다. 프랑스 법정은 재판정에 서기까지의 표면적인 행위의 배후를 이루는 상황에 관해 가능한 한 많이 알기를 원한다. 사실·풍문·가십 등 모든 것이 청취된다. 법정은 그 재판에 연루된 인간들이 어떤 유형인가를 알고자 한다(보통 미국 법정에서는 유죄인지 무죄인지 결정되기 전에는 그러한 사실들이 무관하다).[7] 요컨대 프랑스의 재판은 미국의 재판보

---

[6] 닉슨 대통령이 워터게이트 사건 녹음 테이프의 '요약'이 인정되지 않았던 것은 바로 이 때문이다. 시리카(Sirica) 판사는 모든 언사와 진술을 판단하기 위해 전체적인 맥락을 필요로 하였다. 이는 미국에도 판결을 내리기 위해 맥락을 갖춘 정보의 필요성을 인정하는 재판관이 가끔 있다는 사실을 보여준다.
[7] 때로는 미국에서도 부자나 지위가 높은 사람, 권력을 가진 사람, 예컨대 전(前) 부통령 애그뉴(Agnew) 같은 사람은 정상이 참작되어 형을 면하는 경우도 있을 것이다. 또한 피고인의 상태가 재판을 받을 정도가 되지 못한다고 판정되는 경우도 있을 것이다. 그러나 물론 그 경우는 재판 이전의 문제로서 지금 논의하는 문화의 차이에 따른 재판의 차이와는 실제로 무관하다.

다 맥락도가 훨씬 높다. 그러나 역설적으로 들리겠지만 프랑스의 재판 체계에서는 판결권이 판사에게 있다. 이것은 고도로 중앙집권적인 프랑스 문화의 다른 측면과도 일맥상통하지만 맥락성의 균형을 보강하는 원천을 제거하는 일면도 있다. 미국의 법률은 맥락도가 낮을지 모르나 배심원은 그렇지 않다.

다시 한 번 말하지만 나는 어떤 체계가 다른 체계보다 우월하다는 인상을 심어줄 의도는 없다. 다만 두 체계가 상이할 뿐만 아니라 각자의 문화를 단적으로 드러내고 있으며 다른 모든 측면과도 일관되어 있다는 점을 말하고 싶다. 예컨대 미국의 배심원은 본질적인 자료를 얻기 위해 사법제도가 지니고 있는 반(反)맥락적인 편견을 적당히 무시할 수는 있지만 프랑스에서만큼 일반적이지는 않다. 요컨대 두 체계의 구조는 전혀 다르고 따라서 기능하는 방식도 상이하다는 점이다.

프랑스의 사법제도는 재판에서 어느 정도 기브-앤드-테이크를 허용하고는 있지만 전반적인 문화를 볼 때 프랑스인은 미국인에 비해 관료의 전횡에 보다 종속적이라는 사실을 알 수 있다. 그러나 프랑스에서는, 미국의 백인 사회에서 보기 힘든 자질로 인생살이에서나 서로간에 깊이 개입한다는 장점이 있다. 그러한 점은 기업 운영에서도 볼 수 있다. 그러나 미국의 많은 기업인은 프랑스의 기업인들이 자신들과 아주 다르다는 사실을 인정하기가 쉽지 않다. 프랑스인은 대체로 미국인에 비해 고용인이나 고객은 물론 거래처와도 훨씬 깊은 유대를 맺고 있다. 그들은 상대를 충분히 알지 못하면 그들의 요구에 제대로 부응할 수 없다고 생각한다. 오늘날과 같이 스피디한 세상에도 프랑스에서는 일단 거래관계가 성립되면 수세대에 걸쳐 그 관계가 지속된다고 믿어도 좋다. 미국인의 '강압적' 세일즈 방법은 프랑스인의 그것과는 정반대이다. 그러므로 미국인이 프랑스에서 정착된 시장을 파고들려면 당연히 예상 밖의 저항을 받게 될 것이다. 하룻밤에 프랑스인을 제압하기란 어림없는 일이다.[8]

지금까지 북유럽인·미국인·영국인이 골(Gaul)족——프랑스인——을 힘들이지 않고 이해한 적은 한 번도 없었다. 아마 그 이유는 프랑스 문화가 제도나 정황에서 맥락도가 높은 측면과 낮은 측면이 뒤섞여 있기 때문일 것이다. 외국인으로서 그 비율이 어떻게 나타날지 또는 어떤 순서로 일어날지 예측한다는 것은 늘 가능한 일이 아니다.

미국인에게 더욱 불가해한 국민은 일본인이다. 1853년 페리 제독에 의해 도쿄 만이 개항된 이래 서구인은 일본인의 언어·관습·복장에 매혹과 신비를 느껴왔다. 3대째 일본에 거주하며 일본어와 영어를 동시에 구사하는 내 미국인 친구는 일본에서 무리 없이 살기 위해 알아두어야 할 사항들을 꾸준히 기록하여 목록을 만들었는데 거의 하루도 거르지 않고 새로운 사항들이 목록에 추가되었다. 그중에서도 특히 일본의 법정 및 법률은 서구인에게는 불가사의하지만 일본에서는 완벽하게 제기능을 다하고 있는 분야이다.

일본의 재판에 관한 연구를 통해서도 일본문화의 한 단면을 적절하고 유효하게 통찰할 수 있다. 보통 정치적인 일이 아니면 다른 나라의 재판에 관해 들을 기회는 거의 없다. 재판이란 그 나라의 국민과 정부 간의 관계에 관한 내부적인 일로 간주되기 때문이다. 그러나 제2차 세계대전

---

8) 이것은 프랑스 기업인과 경쟁하지 않는 시장에는 해당되지 않는다. 외국제 소형차가 미국 시장을 석권한 것처럼 레빗(Levitt) 같은 미국인 건축업자도 프랑스 시장에 진출하여 석권할 수 있다. 다만 그것이 힘든 경우는 그 지방 특유의 관습을 잘 알고 지키는 것이 성공의 전제조건이 되는 시장에서 경쟁할 때이다.

직후 미국의 일본 점령기 초반에 서구세계는 일본의 법정을 지켜보면서 일본인들의 행동에서 한 가지 중요한 범형을 일별할 수 있는 흔치 않은 기회를 가진 적이 있다.

미일관계 정상화의 일환으로서 일본인에 대해 범행을 한 미국 시민(군인을 포함하여)을 재판할 권리를 일본인에게 부여한다는 행정협정이 체결되었다. 곧이어 이 협정을 적용하지 않을 수 없는 사건이 발생했다. '지라드'라는 한 미국 병사가 경비 중에 사격연습한 탄피를 처리하다가 일본인 노파를 사살한 사건이 그것이다.

사건의 경위는 이러하다. 미군은 일본인들이 탄피 줍는 일을 방지하기 위해 경비병을 세웠는데 별달리 할 일이 없는 경비병들이 탄피를 줍는 일본인들을 대상으로 일종의 게임을 만들어냈다. 매일 사격연습이 끝나고 경비병이 설 즈음이면 일본 여자들이 나타나서 놋쇠 탄피를 줍기 시작한다. 미군 경비병들이 라이플 총구에 부착된 척탄통을 이용해 탄피를 일본인들에게 발사하면, 일본인들은 머리 위로 휙휙 지나가거나 바로 옆으로 떨어지거나 하는 탄피를 피해 몸을 숙이며 뿔뿔이 도망치곤 했다. 지라드는 '째진 눈을 한 동양인들을 겁주어서 그들이 팔짝대는 꼴을 보는' 게임에 지나치게 열중한 나머지 노파의 견갑골 사이를 관통시켰는데 그녀는 등뼈가 부러져서 결국 죽고 말았다.

이 사건은 그야말로 미일행정협정이 적용될 만한 것이었다. 지라드는 일본 법정에서 재판을 받지 않을 수 없었다. 미국인들은 지라드가 중형을 받게 되리라고 확신했다. 미국에서는 이 사건에 당연히 큰 관심을 보였고 신문의 집중보도로 관심이 고조되었다. 미국인 변호사가 선임되고 드디어 재판이 시작되었다.

신문에 보도되었듯이 지라드는 뉘우치는 기색은커녕 마치 투계를 앞에 둔 웅계(雄鷄)와 같이 행동했다. 그는 으쓱대며 어깨를 펴고 카메라를 향해 손을 흔들어대는 등 분명 스포트라이트를 즐기고 있었다. 미국 언론들은 거의 예외 없이 미국 대중의 당연한 무지와 불안감을 이용하여 편견의 불꽃을 부채질했다. 그 장면은 전형적으로 '우리'와 '그들'이라는 양극 대립의 정조를 띠고 있었다.

일본인들은 기가 막혔다. 도대체 법정에서의 형편없는 태도는 말할 것도 없고 자기 나라의 가장 신성한 제도마저 조롱하는 인간에게 어떻게 대응할 수 있겠는가? 재판 과정에서 보인 지라드와 그 변호사(이질적인 문화 상호간의 중요성이나 미묘함에 관해서는 그 또한 철저하게 무지했다)의 태도를 지켜보고 숙고한 후 일본인들이 내린 결정이란 지라드에게 무죄를 선고한 다음 그를 본국에 송환하여 두 번 다시 일본땅에 발을 들이지 못하도록 미국정부에 요청함으로써 이 사건에서 깨끗이 손을 씻는 것이었다.

미국과 일본의 두 사법제도는 맥락도가 높은 체계와 낮은 체계를 단적으로 예시하고 있다. 일본의 재판은 미국의 재판과는 판연히 다른 의도를 지니고 있다. 일본의 법정에서는 고맥락성의 체계가 지닌 포섭성으로 인해 미국 법정의 특징이라고 할 수 있는 주역과 대립자의 투쟁을 피한다. 맥락도가 아주 높은 제도는 그 정의(定義) 자체에 의해 저맥락의 제도에 비해 훨씬 많은 사항을 고려한다. 그리하여 피고·법정·대중·원고는 동일한 국면에 놓이게 되며 그러한 관점에서 그들 모두가 문제를 해결하는 데 협력할 수 있게 된다.

그러한 재판의 목적은 공권력이 재판행위의 배후로서 기능할 수 있는 장, 그리고 피고의 눈앞에서 범죄의 결과와 영향력을 재현시키는 무대를 제공하는 것이다. 또한 피고로 하여금 일상생활의 질서를 어지럽히고 정상적인 인간이 지켜야 할 규범을 준수하지 못함으로써 혼란을 야기시킨 점을 공개적으로 제대로 참회할 기회를 갖도록 해주는 것이다. 요컨대 재판의 기능은 범죄의 맥락을 파악시켜 범죄자로 하여금 자신이 저지른 행동의 결과를 보고 깨닫도록 유도해주어야 하는 것이다. 그러므로 재판에서는 피고가 깊이 뉘우치는 기색을 보는 것이 무엇보다도 중요하다. 지라드의 태도는 미국에서는 뜻밖의 호응을 얻었을지 모르나 일본인들에게는 지울 수 없는 치명적인 모욕이나 다름없었다.

지라드가 잊힌 지는 오래지만 그 사건은 맥락도가 높은 체계와 낮은 체계가 동일한 배경에서 부딪치는 경우, 말하자면 정보를 처리하는 방식이나 사람들이 교류하고 관계를 맺는 태도를 지배하고 있는, 표현되지 않고 형식화되지 않은 불분명한 두 유형의 규칙이 맥락도의 양극을 이루는 경우 어떤 일이 발생하게 되는가를 거의 전형적으로 보여준다. 물론 지라드 사건은 그 밖에도 크고 작은 문제점들을 제기하고 있다. 그 사건에는 정치적이고 자민족 중심주의적인 색채가 깊이 드리워져 있다. 미국은 무의식적으로 일본에 대해 여전히 전승국의 입장을 취하고 있다. 내가 알고 있는 바로는 경비병들의 게임을 용인한 미군 장교들이 왜 재판에 소환되지 않았는지에 대해 의문이 제기된 적이 없었다. 그 또한 맥락도가 낮은 행위의 일면이다. 만약 입장이 바뀌었다면 일본의 고관은 사직을 했거나, 옛날 같으면 틀림없이 할복자살했으리라고 짐작할 수 있다.

혹시 맥락과 관련하여 프랑스와 일본의 차이점을 분명히 찾아내지 못하겠다면(왜냐하면 두 나라의 법정 모두 미국의 법정에 비해 맥락도가 높으므로), 그 차이를 다음과 같이 설명할 수 있다. 프랑스의 체계는 전반적으로 맥락도가 높은 상황과 낮은 상황이 혼합되어 있다. 한편 일본에서 사람들이 생활과 더불어 제도·정부·법률을 대하는 전반적인 태도는 드러나지 않는 수준에서 진행되고 있는 일에 관해 서구에 비해 훨씬 많은 것을 알고 있어야 한다는 것이다. 일본에서는 누군가가 자신의 잘못을 지적하거나 일일이 설명해주는 경우가 거의 없다. 각자가 알고 있으리라 기대되며 그렇지 않을 경우 일본인들은 매우 당혹스러워한다.

또한 일본인의 충성심은 비교적 구체적이고 분명하다. 그들은 한 회사의 사원이고 나아가서는 천황의 신민이다. 그들은 상호간에 결코 갚을 수 없는 빚을 지고 있다. 일단 관계가 형성되면 충성심은 당연한 일이 된다. 더욱이 어딘가에 속하지 않으면 진정한 정체성은 느낄 수 없다.[9] 그렇다고 해서 개인적인 차원으로부터 국가적인 차원을 망라하여 모든 사람이 한결같다는 말은 아니다. 사람들의 차이성은 다른 방식으로 표현되고 처리된다는 말이다. 고맥락 체계가 모두 그렇듯이 형식을 구사하는 일이 중시되고 형식의 오용은 그 자체가 의사소통의 한 방식으로 간주된다.

어떤 의미에서 맥락이란 사물을 바라보는 여러 방법 가운데 하나일 뿐이다. 그러나 일본에서 생활하는 미국인이나 일반인과 거의 접할 기회가 없는 관광객조차도 맥락의 차이를 고려하지 못하는 경우 문제가 야기될 수 있다. 고맥락 문화는 저맥락 문화에 비해 내부인과 외부인 사이의 구별이 훨씬 분명하다. 고맥락 체계에서 성장한 사람들은 저맥락

---

9) 일본에 있는 미국인은 흔히 일본의 체계에 위화감과 위협을 느끼기 때문에 일본을 유심히 관찰하면서 자기들과 일본인이 얼마나 근본적으로 다른가 하는 것을 절감할 수 있다. 그렇다고 해서 일본의 체계가 제대로 돌아가지 않는다는 말은 결코 아니며 단지 서구인에게 일반적으로 이해되지 않거나 이해된다고 해도 믿기가 힘들다는 것이다.

체계에서 성장한 사람들보다도 타인에게 많은 것을 기대한다. 고맥락성의 사람들은 자기 마음속에 있는 이야기를 할 때 상대방이 자신이 하려는 말을 이미 알고 있다고 믿기 때문에 구체적으로 이야기할 필요가 없다고 생각한다. 그러므로 그는 핵심을 건드리지 않고 돌려서 이야기하게 되며 핵심을 집어내는 일은 듣는 사람의 몫이다. 말하는 사람이 핵심을 일러주는 것은 듣는 사람의 인격에 대한 모욕이자 침범이 된다.

또한 고맥락의 제도에서 권위 있는 지위상의 사람부터 가장 말단에 있는 부하들에 이르기까지 개인적으로나 실제적으로(이론적으로만이 아니라) 그들의 행동에 책임을 진다. 그러나 저맥락의 제도에서는 책임감이란 조직을 통해 파급되는 것으로 다른 사람에게 전가하기가 어렵다. 닉슨 대통령은 워터게이트 사건에서 자신을 변호할 때 바로 이 점을 이용했다. 그런데 역설적이게도 저맥락의 제도에서 무슨 일이 발생하면 모든 구성원이 책임을 회피하면서 '제도'가 자신을 보호해주리라 생각한다. 만약 희생양이 필요하면 말단에 있는 자 가운데 가장 그럴듯한 인물이 선택된다.

법으로부터 눈을 돌려 문학을 보면 거기서도 또한 문화에 관한 엄청난 연구자료를 얻을 수 있다. 그러나 있는 그대로의 자료가 지니는 의미를 제대로 짚어내려면 깊이 있고 세밀한 검토가 선행되어야 한다. 일본소설은 서양인이 읽기에 흥미롭기도 하지만 난해한 구석도 적지 않다. 일본소설을 처음 접하는 독자는 일본문화가 지닌 뉘앙스를 모르기 때문에 그 풍부함과 심오한 의미를 대부분 그냥 지나치고 만다. 가와바타 야스나리(川端康成)의 소설은 매우 좋은 예이다.

『설국』(雪國)에서 주인공 시마무라(島村)는 생활의 압박에 밀려 어느 외딴 마을의 여관을 찾게 되는데 그곳에서 고마코(駒子)라는 게이샤(기생)를 만난다. 고마코는 시마무라에게 결코 자신의 사랑을 고백하는 일이 없지만 그럴 필요가 있는 것도 아니다. 서양의 독자라면 그녀의 강렬한 사랑의 열정을 놓치고 말지도 모른다. 고마코가 방금 벗어난 술자리에 관해 알 수 없는 말들을 중얼거리며 술에 취한 걸음걸이로 시마무라의 방에 들어가 물 한 사발을 단숨에 들이켠 다음 다시 술좌석으로 돌아가는 장면이 있는데 이것은 일본인들에게 잊을 수 없는 장면이다. 왜냐하면 가와바타 야스나리는 독자로 하여금 고마코의 알 수 없는 중얼거림에 가려져 있는, 영혼을 소진시키는 불타는 격정을 절묘하게 느끼도록 해주기 때문이다.[10]

일본문학의 권위자인 킨(Donald Keene)[11]은 가와바타 야스나리의 또 다른 작품 『잠자는 미녀』(眠れる美女)를 논하면서 맥락도가 높은 경험의 정수를 추출하여 문화의 상위(相違)를 지적하고 있다. 다음은 그 서술의 일부이다.

에구치(江口)라는 남자가 60대, 70대 남자 전용의 유곽을 방문한다. 남자들에게는 다량의 수면제를 복용시켜 잠에서 깨어날 수 없도록 만든 알몸의 처녀들이 절대로 '건드리지' 말라는 주인의 경고와 함께 제공된다. 에구치는 엿새 밤을 여섯 명의 다른 소녀와 동침한다. 그 여자들은 한마디도 없고 벗은 것말고는 아무것도 알려진 바가 없는 상

---

10) 내가 처음 『설국』을 읽었을 때, 이 장면은 참으로 아리송했다. 나는 가와바타 야스나리가 묘사하는 전 장면을 나름대로 맥락화시켜볼 수밖에 없었다. 맥락을 무시하면 이 장면은 무의미하다. 인간관계에서 감정을 드러내기를 꺼리는 일본문화의 맥락을 고려한다면 가와바타 야스나리가 그려낸 이 장면은 압권이다.
11) Donald Keene, "Speaking of Books: Yasunari Kawabata," *New York Times* Book Review, December 8, 1968.

태임에도 불구하고 에구치로 하여금 매일 밤 완전히 다른 체험을 갖도록 만든 것은 그야말로 가와바타 야스나리가 지닌 문학성의 개가이다. 이들 잠자는 미녀 옆에 누웠을 때의 에구치의 생각, 특히 어린 여자들의 사랑스러움에 대한 애착이 그의 일생을 말해주고 있다.

단지 일련의 사고와 기억을 풀어놓기 위해 밤마다 아름다운 나부(裸婦)들을 통해 소극적인 육체적 체험을 추구하는 한 남자의 이야기는 서구적 사고로는 도무지 납득이 안 간다. 그러나 다시 말하지만 고맥락 정황에서는 메시지를 전달하는 데 많은 말이 필요 없다. 수면제에 취한 나부를 통해 한 남자의 내면을 남김 없이 드러낸 것이야말로 가와바타 야스나리의 천재성을 입증해준다.

인류학자 라 바르(La Barre)[12]는 인간은 자신의 신체가 아닌 그 연장물을 진화시킨다는 사실을 환기시키고 또한 '인간이라는 동물'을 그 생식환경에서 관찰함으로써 인간에 관한 우리의 지식에 중요한 공헌을 했다. 그 관찰들 가운데 여기에 인용한 사례는 도넛을 우유나 커피에 '적셔 먹는'(dunking) 따위의 지극히 습관적인 행위에서조차 우리가 얼마나 많은 것을 당연시하고 있는지 적절히 설명해준다.[13]

제2차 세계대전 기간에 『스타스 앤드 스트라이프스』(*Stars and Stripes*)

---

12) Weston La Barre, *The Human Animal*, Chicago: University of Chicago Press, 1954.
13) Weston La Barre, "Paralinguistics, Kinesics and Cultural Anthropology," In T.A. Sebeok, A.S. Hayes, and M.C. Bateson(eds.), *Approaches to Semiotics*, The Hague: Mouton & Co., N. V., Publishers, 1962.

지의 북아프리카판에 미국인 병사가 아랍인에게 도넛을 적셔 먹는 방법을 친절히 가르쳐주고 있는 보도사진이 실렸다. 누가 보아도 매우 자족스러운 태도로 외국인에게 미국문화의 가정적인 면을 가르치고 있는 그 사진이 전파하는 맥락이란, '자! 이 세계 누구와도 친구가 되는 미국인은 얼마나 선량한가!'에 다름 아니다. 그러나 문화인류학자라면 그것이 실제로 그러한지, 미국인 병사는 도넛을 적셔 먹는 행위의 모든 의미를 진정으로 아랍인에게 가르치고 있는 것인지 반문하지 않을 수 없다. 던킨 도넛이 상기시키는 것은, 예컨대 에티켓북의 저자인 포스트(Emily Post), 사회적 지위상승을 추구하는 여성들에게 밀려난 남성의 휴직, 신(新)모계사회에서 무의식적으로 추종하게 되는 '엄마'로부터 벗어나려는 미국의 남자다운 남자들의 반발 등, 그 밖에도 숱하게 많다. 또한 그 배후에는, 자신이 '괜찮은 녀석'이며 간혹 규칙을 어기기도 하지만 평균적으로는 준수하는 편에 드는 선량한 사람이라고 타인에게 인식시킴으로써 누구나 자신의 사회적 지위를 바꾸기에 여념 없는 미국의 계급 없는 사회가 존재한다. 도넛을 적셔 먹는 행위 하나에 이 모든 의미가, 아니 그 이상이 담겨 있는 것이다.

미국 남성에게서 볼 수 있는 하나의 지엽적인 문화양상에 관한 라 바르의 논평은 도넛을 적셔 먹는 따위의 사소하기 그지없는 행위들의 배후에서도 사회적 불안요소를 찾아볼 수 있다는 사실을 훌륭하게 설명해준다. 그와 같은 고맥락성의 행위들을 통해 한 세대 후의 젊은이들이 모친중심주의를 비롯하여 개인의 충동을 억압한다고 간주하는 모든 것에 대해 보이는 폭발적인 반항의 배후에 놓인 에너지와 감정을 적어도 일부나마 예측해볼 수 있을지도 모른다.

한 세대 전의 아버지는 던킨 도넛이라는 상징적인 행위로 모친에게 반항했다. 오늘날 그의 아이들은 부모의 지배체계 그 자체를 뒤엎어버린다. 이제 던킨 도넛의 사례는 우스꽝스러울 만큼 무익하며 미미하기까지 하다. 그러나 일상의 습관을 정확하게 해석하기 위해서는 그 맥락을 제대로 짚어내지 않으면 안 된다는 라 바르의 지적은 여전히 유효하다. 모닝 커피에 패스트리 조각을 적셔 먹으며 알 수 없는 만족감을 가지는 병사도 그 단순한 행위에서 그토록 심리적인 즐거움을 맛보는 이유를 댈 수는 없을 것이다. 그 행위의 배후를 이루는 것이 많으면 많을수록(맥락도가 높을수록) 이야깃거리는 적어진다.

8 왜 맥락이 문제인가

 인간은 내재적인 맥락화(contexting) 능력에 의해 메시지의 정보가 왜 곡되거나 누락되는 것을 자동적으로 수정하는 지극히 중요한 기능을 수 행할 수 있다. 이러한 메커니즘은 심리학자 리처드 워런(Richard Warren)과 동물학자 로슬린 워런(Roslyn Warren) 팀[1])에 의해 연구되었다. 워런 팀은 녹음된 대화에서 부분적으로 단어를 삭제하고 대신 일상 생활에서 흔히 듣는 기침소리 따위의 배음을 넣었다. 이 테이프를 처음 듣는 피실험자들은 삭제된 부분을 눈치채지 못했다. 그들은 여전히 사 라진 음을 사실적으로 '듣고' 기침소리를 쉽게 찾아내지 못했다.
 처음에는 단지 한 음소만을 제거했다. 예컨대 일반 문장 중에 사용된 'legislatures'라는 단어에서 가운데 's'음만을 제거하는 식이다.[2]) 그리고 삭제된 음을 눈치채지 못하도록 그 직전과 직후의 음도 조심스럽게 제거했다. 그다음 한 음절 전부, 즉 동일 문장에 사용된 'legislatures'

---

1) Richard M. Warren, and Roslyn P. Warren, "Auditory Illusions and Confusions," *Scientific American*, Vol.223, No.6, December 1970.
2) 단어의 선택은 별로 중요하지 않은 것 같다. 왜냐하면 결과가 동일하였다.

의 'gis'를 제거했지만 결과는 마찬가지였다. 원하는 만큼 테이프를 반복해서 들은 피실험자들은 말이 구조적으로 온전하다고 주장하며 사라진 음절을 여전히 '듣는다'고 했다.

이 실험을 이해하기 위해 독자는 피실험자들이 실내에서 헤드폰을 끼고 앉아 테이프를 듣는다는 사실을 떠올려야 한다. 이 테이프에는 평범한 대화가 평범한 소음을 배경으로 녹음되어 있다. 피실험자들은 처음에는 이 테이프들이 조작된 것임을 모르고 사라진 음을 보충하여 듣는데 그것은 그들의 청각에 갖추어진 맥락화의 프로세스(그들이 자각하지 못하는)에 의해 가능하다. 더욱 특기할 만한 점은 특정 문장에서 한 음절을 완전히 삭제시켜 들려주어도 여간해서 기침소리를 찾아내지 못하고 삭제된 음절이 문장의 어느 부분인지조차 알아내지 못한다는 사실이다. 워런 팀은 다음과 같이 말한다.

> 말의 맥락은…… 환청(착각에 의해 들리는 음)의 합성을 완벽하게 좌우한다. 자극(소리)의 일부가 누락되어도 맥락이 분명하면 누락된 음소가 복원되어 들린다. 반대로 자극이 분명하고 맥락이 닿지 않는 경우에는 다른 종류의 착각이 생긴다.

그런데 맥락 없이 한 단어만을 3분간 반복한 경우 같은 반응은 하나도 없었다. 평균적인 피실험자는 여섯 가지 다른 형태로 대별되어 거의 서른 가지로 다르게 들었다. 동일한 단어가 반복됨에 따라 그 단어가 아닌 여러 가지 다른 단어로 들리게 되는 것이다. 'tress'라는 단어를 쉼 없이 반복해서 들려주자 처음에는 명확하게 들었지만 이윽고 dress, stress, Joyce, floris, florist, purse 등으로 잘못 듣기 시작했다.[3]

보다 최근의 또 다른 연구로는 존스턴(Johnston)과 매클레런드(McClelland)[4]가 『사이언스』(Science)지에 보고한 지각의 전일적(holistic) 기능에 관한 것으로 그에 의하면, 사람들은 한 글자를 개별적으로 접할 때보다 한 단어의 일부로서 접하는 쪽이 더욱 정확하게 지각하고 식별할 수 있다고 한다. 그들은 말한다.

"자극으로 주어진 임의의 글자를 머릿속에서 처리하는 과정은 틀림없이 그 글자가 속해 있는 보다 큰 자극에 결정적으로 좌우된다."

COIN과 JOIN을 스크린에 잠깐 비춰 보일 경우 피실험자들은 J와 C를 개별적으로 보일 때보다 더 정확하게, 더 빨리 그 단어 전체를 읽어낼 수 있다.

맥락화는 신경계와 감각기관, 특히 눈과 귀의 진화를 지배하는 과정

---

3) 여기에 관심 있는 전문가를 위해, 워런의 실험은 맥락의 규칙과 더불어 Bateson(1956)의 가설──메시지 '그 자체'에 누락된 부분을 암시하는 구체적인 무언가가 있다──에 또 다른 설명을 제공한다. 여기에서 설명하듯이 내재적 맥락화는 반복의 전체 개념(Hockett, 1966; Shannon, 1951; Osgood, 1966)을 고려하는 것으로 상호작용적 접근과 더욱 일치한다. 사실, Condon(1974)의 동시동작에 관한 연구는 인간의 정보처리 과정에서 반복의 원칙을 논박하는 듯하다. 반복의 개념은 자연스러운 체계의 맥락화를 대신하여 사용되어온 인공적인 것으로 보인다. 말하자면 맥락이 없는 경우에는 반복과 같은 무언가가 필요하다. 전 체계는 맥락과 더불어 서로 다른 자원의 수많은 커뮤니케이션 사이에 동시동작적 균형을 유지시키도록 작용한다. Shannon(1951)이 인쇄된 영어에서 주목한 50퍼센트의 반복도는, 비교적 맥락도가 낮은 문화에서는 인쇄된 언어가 2차적 연장물로서 취급되고 있다는 사실에 의해 설명될 수 있다. 중국 문어(文語)처럼 맥락도가 높은 연장물에서도 영어와 같은 정도의 수치가 나올지 조사해 보면 흥미로울 것이다.

4) James C. Johnston, and J.L. McClelland, "Perception of Letters in Words: Seek Not and Ye Shall Find," *Science*, Vol.184, pp.1192~93, June 14, 1974.

에 분명 깊이 관여한다. 사실 인류가 다른 생물보다 높은 수준에서 패턴을 식별하고 그것에 의해 일을 처리하는 능력을 갖추게 된 것은 인간에게 고도로 발달된 신피질, 즉 '새로운 뇌'의 진화로 인한 주요 결과로 보인다. 그것은 교육자나 심리학자가 평가하는 '지성'이 아니라 보통사람이면 누구나 필요한 보다 기본적인 기술이다.

패턴의 인식능력은 ÂÂâAAa*AaA*가 모두 동일한 상징의 변형임을 분별할 수 있도록 해주는 것이다. 또한 표준 글자체에서 거의 벗어나게 흘려 쓴 필적을 알아보거나 혀와 같은 중요한 발성기관이 손상된 사람의 말을 이해할 수 있는 것도 이 능력 덕분이다. 인류가 패턴을 식별하고 그것으로 일을 처리하는 능력이 없었다면 오늘날과 같이 복잡한 생활로 진보했을지 의문스럽다.

계통발생적으로 인간보다 하등의 생물일수록 맥락화 프로세스와 대조되는 의태(擬態)에 속기 쉽다. 실제 자연계에는 다른 동물의 먹이가 되지 않도록 카무플라주(위장)를 발달시키거나 포식동물을 속이기 위한 특징을 지닌 동물의 예가 가득하다. 카무플라주가 발달함에 따라 그것을 간파하는 보상적인 능력도 촉진되었다. 예컨대 박각시나비 중에는 이변이 생겼을 때 날개에 반점이 나타나서 올빼미의 눈처럼 보이게 하는 몇 가지 종류가 있다. 자연계의 의태는 무수하다. 예컨대 말벌은 그 맛이 쓰기 때문에 새들이 아주 싫어하는데 많은 곤충들이 이 점을 보호수단으로 이용하여 말벌의 검정과 노랑 무늬를 모방한다.[5] 또 제물낚시꾼들은 그들이 매단 미끼가 물고기의 먹이 모양과 똑같을 필요가 없다는 것을 안다. 그들은 단지 물고기가 먹이로 알아보는 특징만을 따서 미끼를 만들 뿐이다.

---

5) 의태와 위장에 관한 자세한 연구는 *Animal Camouflage*(Portmann, 1959) 참조.

이와 동일한 유추에 의해 매사추세츠 공과대학(MIT)의 매컬로크(Warren McCulloch)[6]는 일련의 중요한 연구를 지도했다. 그것은 눈에서 뇌로 보내는 정보를 확인하는 실험으로, 개구리의 시각신경계는 맥락도가 낮기 때문에 속이기가 매우 수월하다는 사실을 밝힌 것이다. 개구리는 어느 정도 비슷한 크기와 색깔을 지니고 움직이기만 하면 무엇이든 파리라고 생각한다. 예컨대 살아 있어도 마취 상태로 움직이지 않는 파리는 먹지 않는 반면, 타버린 성냥알과 같이 작고 거뭇한 물체를 회전판 가장자리에 놓아두면 어떤 개구리든지 눈에 띄는 즉시 삼켜버릴 것이다. 고등동물일수록(따라서 패턴인식 능력이 커질수록) 시각기관 전체, 즉 눈뿐만 아니라 뇌까지도 맥락화가 잘 갖추어지게 된다.

고라스(Gouras)와 비숍(Bishop)[7]은 생활양식이 진화함에 따라 증가된 정보의 요구에 대응하여 망막의 신경회로가 변화하고 있다는 사실을 보고했다. 그들은 다음과 같이 말한다.

여러 척추동물의 망막 사이에 나타나는 차이는 새로운 유형의 시냅스(신경세포의 연접부) 때문이 아니라 동일한 유형의 시냅스들의 상이한 비율에 의한 것이다. 그리고 이러한 차이들은 망막의 출력(output), 즉 신경세포에 가장 현저해진다. 하등 척추동물의 신경세포는 고등 척추동물의 그것에 비해 그 자극요건에서 보다 특수적이다. 세포가 특수화

---

6) J.Y. Lettvin, H.R. Maturana, W.S. McCulloch, and W.H. Pitts, "What the Frog's Eye Tells the Frog's Brain," *Proc. Inst. Radio Engrs.*, Vol.47, p.1940, 1959.
7) Peter Gouras, and Peter O. Bishop, "Neural Basis of Vision," *Science*, Vol.177, pp.188~189, July 14, 1972.

하면 할수록 그것이 다루는 잠재적인 정보는 적어진다. 따라서 고등 척추동물은 더 많은 신경세포를 활용할 수 있는 중추신경계를 강화할 때까지 특수화의 과정을 지연시킴으로써 외부세계의 특징을 더욱 잘 감지할 수 있는 이점을 획득한다.

신경세포의 진화과정에서 자극요건의 특수화를 지연시킴으로써 동물은 쉽사리 속지 않게 되었고 그 결과 생존 확률이 높아졌다.

인간의 시각장치는 동시에 여러 방향을 볼 수 있는데 아직까지 눈의 기계적인 복제가 불가능한 것은 이 때문이다. 망막의 중심부분은 2개의 부분 또는 영역으로 이루어져 있다. 놀라울 정도로 정밀하게 볼 수 있는 중심와(中心窩, fovea)는 각각의 뉴런을 가지고 색채를 감지하는 2만여 개의 원추체를 담고 있는 작은 점으로 거의 현미경으로밖에 식별할 수 없다. 중심와의 둘레에는 역시 색채에 고도로 민감한 마름모꼴 구조의 황반부(黃斑部, macula)가 있다. 이 황반부는 중심와만큼 예민하지는 않지만 물체를 선명하게 볼 수 있다. 그리고 중심와의 시각작용에 대해 일종의 맥락화 기능을 명백히 수행한다.

망막의 중심으로부터 밖으로 이동함에 따라 간상체(색을 감지하지 못하는 세포)와 원추체(색을 감지하는 세포)의 비율도 변화한다. 그리고 세포가 각각의 뉴런에 결합하는 방식도 마찬가지다. 간상체가 증가하여 하나의 뉴런에 연접하고 그 결과 주변부의 움직임이 확대된다. 이것은 생존의 중요한 메커니즘으로 원시인이 양방으로 위험을 감지할 수 있는 것은 이 덕분이다. 또한 오늘날 고속도로에서 운전할 때 전방을 보면서 평행차선을 견지하며 주행하는 데에도 중요한 기능이다. 그러나 움직임을 감지하는 기능은 주변 시각의 다양한 기능 가운데 하나일 뿐이다. 밤에는 원추체보다 간상체가 더욱 빛에 민감하다. 그러므로 제2차 세계대전 기간에 등화관제에서 판명되었듯이 극도로 빛에 민감한 간상체를 이용하여 야간비행이 가능해졌다.

눈의 중심부는 그 주변부에 비해 빛에 민감하지 않기 때문에 밤에는 물체를 직시하지 않도록 해야 한다. 그렇게 하지 않으면 바라보는 것을 볼 수 없게 된다. 야간의 시각을 정확하게 이용한다면 거의 맥락만으로도 비행할 수 있다. 그러기 위해서는 시간이 걸리지만 일단 방법을 터득한 사람이면 맥락과 기억에 의존하여 세부사항을 보충할 수 있다. 또한 주변시각은 광활한 하늘의 미소한 비행기같이 아주 작은 물체도 볼 수 있도록 하여 중심와로 그것을 안착시킨다. 주변시각이 없을 경우를 상상해보려면 한 시간가량 대롱을 통해 물체를 바라보라.

기계적인 연장물이 모두 그렇듯이 대부분의 사진과 텔레비전의 모든 화상은 맥락도가 낮다. 렌즈를 통한 영상은 사물을 반점적(斑點的)으로 나타낸다.[8] 그 결과의 하나로 영상을 보는 사람은 카메라가 전달하는 것 외에는 볼 수가 없다. 이로 인해 모든 저맥락 체계에서 보듯이 사람들은 마치 낚시꾼의 눈속임에 현혹되는 송어처럼 속게 되는 것이다.

인간의 시각체계에 관해서는 많은 것이 알려져 있음에도 아직도 그 기능에 관한 일반적인 오해가 있을 뿐만 아니라 무지와 논쟁의 여지도 크다. 인간 시각계의 형태·기능·진화의 문제로부터 관심을 돌려 앞서 청각의 맥락화에 관해 이야기한 바를 유념하면서, 근대과학이 어떻게 맥락도가 높은 체계(드물지만)와 낮은 체계를 동시에 발달시켰는지 그리고 분류학(분류체계)이 어떻게 맥락도가 높은 패턴이나 낮은 패턴

---

[8] 좋은 사진이란 사진가가 맥락도를 높인 것이다.

모두에 적용되는 것처럼 보이는지에 주목해보면 흥미로울 것이다.

과학과 분류학(taxonomy)은 매우 밀접한 관계이다. 사실 어떤 분류학이든 분류되는 사건이나 생물의 성질에 관한 이론이 함축되어 있다. 그러나 서양에서 생물의 분류방법이 발전해온 역사적 과정을 검토해보면 역설적이게도, 분류가 다양해질수록 그 분류체계의 유용성은 줄어든다는 사실이 드러난다. 민속 분류법[9]과 과학적 분류법은 각각 맥락도가 높은 체계와 낮은 체계의 사례이다. 예컨대 이를 주제로 한 최근의 논문에서는 이렇게 말하고 있다.[10]

……우리가 사용하는 분류체계는 거론되는 생물에 관해 많은 내용을 다루고 있는 듯하다. 그러나 사실은 거의 아무 내용도 없다. 대다수의 경우 분류된 생물을 본 사람은 그 명명자밖에 없기 때문에 그 생물에 관한 자신의 이해를 누구와도 나눌 수가 없다.

이와는 대조적으로 민속 분류법은 전혀 다른 기능을 수행한다. 그것은 정보검색을 위한 것이 아니라 거론되고 있는 생물의 중요한 문화적 특성을 이미 알고 있는 사람들과 그 생물에 관해 의견을 나누기 위해서 고안된 것이다. 나아가 논문의 저자는 이렇게 말한다.

---

9) 대부분의 라틴아메리카 지역에서는 일반적인 모든 병은 '열병'(hot)과 '냉병'(cold)으로 분류되는데 이는 의사가 환자를 치료하는 방법을 이를 뿐만 아니라 모든 음식물도 따뜻한 것과 찬 것으로 분류되기 때문에 식이요법을 이르기도 한다. 약초는 그 치료 효과에 따라 또는 인디언의 일상생활과 관련된 그 밖의 특징에 의해 분류된다.

10) Peter H. Raven, Brent Berlin, and Dennis E. Breedlove, "The Origins of Taxonomy," *Science*, Vol.174, pp.1210~13, December 17, 1971.

존재하는 막대한 수의 생물을 다룰 때 우리는 분류과정과 그것이 함의하는 평가를 지나치게 강조한 나머지 그 생물에 관한 정보를 간과하는 경향이 있다⋯⋯.

　달리 말하자면 현대의 분류방법에 의해 제공되는 수많은 정보는 유용하고 이해가능한 패턴으로 통괄하기가 어렵다는 것이다. 이 점은 맥락도가 낮은 정보의 전형적인 예이다. 더욱이 현재 기록되어 있는 100만여 종의 분류에는 수백만 시간의 인력이 소요되었다. 이러한 분류체계로는 현재 대상이 되고 있는 막대한 수의 생물을 다룰 수가 없다. 분명 새로운 패러다임이 요구된다.

　독자는 분류체계가 여기에서 다루고 있는 주제와 무슨 상관이 있는지 의문이 생길지도 모른다. 분류체계는 대다수의 서구인이 훈련받아온 사고방식을 단적으로 보여주는 좋은 예이다. 분류체계는 린네(Carl von Linné)의 시대 이래 매우 존중되어 서구사상이라는 구조물에서 권좌를 차지하게 되었다. 다른 방식으로는 사고가 전개될 수 없었다. 그러나 그 결과 서구인은 다른 어떤 방법을 따라도 특수화된 것(specifics)에 깊이 경도되어(눈의 뉴런을 상기하라) 그 밖의 것은 모두 배제하는 경향을 스스로 보게 된다. 이 점은 오늘날 미국의 에너지와 재능을 거의 흡수하고 있는 네 가지 주요 제도권, 즉 기업, 정부(방위를 포함하여), 과학, 교육에도 해당된다. 마땅히 알 만한 생태학자들조차 지도급 인사들의 저마다의 주장에 휩쓸려서 분쟁이 잦다. 여기에 추구되어야 할 문제가 있다면 다음과 같은 것들이다.

　어느 지점에서 개괄할 것인가? 누가 종합할 것인가? 맥락도가 높은 통합적 체계의 전문가는 누구인가? 우리의 입지를 말해줄 통합적 사고

체계를 수립하는 데 필요한 관찰이 어떻게 이루어져야 하는지 아는 사람은 누구인가?

우리는 두 가지 이상의 관찰체계를 통합하는 방법을 배워야 할 뿐만 아니라 맥락화된 사고 및 연구의 중요성을 인정하는 용기를 내야 한다. 연구방법을 바꾸는 것은 용이하지 않을 것이다. 왜냐하면 연구보조금을 조정하는 과학기구 및 위원회는 과거의 연구를 다루거나 평가할 수는 있어도 미래의 연구나 서구과학의 선형적인 패러다임에 부합되지 않는 연구를 평가하는 능력은 불행히도 갖추고 있지 못하기 때문이다. 아인슈타인이나 센트-죄르지(Albert Szent-Györgyi)가 되지 않고는 고맥락적 사상가로서 인정받지 못할 것이다. 노벨상을 받은 센트-죄르지[11]는 고대 그리스의 체계를 따라 연구를 두 유형으로 분류한다. 하나는 아폴론적인 연구로 '이미 확립된 노선을 완성시키는 경향을 띠는 것'(저맥락)이고 다른 하나는 디오니소스적인 연구로 '새로운 연구노선을 개척할 여지가 보다 많은 것'(고맥락)이다. 그는 이렇게 말한다.

이는 단순히 학문적인 문제에 국한되지 않으며 매우 중요하고 당연한 결과를 초래한다. 인류의 미래는 과학의 진보에 의존하고 과학의 진보는 어느 정도 지원을 받을 수 있느냐에 달려 있다. 지원은 대개 보조금 형식으로 부여되는데 보조금을 분배하는 현재의 방법은 부당하게도 아폴론적 연구자에게 유리하다. 보조금의 신청은 프로젝트를 작성하는 일로부터 시작된다. 아폴론적 연구자는 자신의 연구가 진행

---

[11] A. Szent-Györgyi, "Dionysians and Apollonians," *Science*, Vol.176, p.966, June 2, 1972.

될 노선을 명확히 파악하고 있기 때문에 명석한 프로젝트를 작성하는 데 어려움이 없다. 그러나 미지의 세계를 다루고자 하는 디오니소스적 연구자는 기껏해야 방향 정도를 가늠할 수 있을 뿐이다. 그는 자신이 거기서 발견하게 될 것이 무엇인지 어떻게 발견하게 될 것인지 미리 알 수가 없다. 미지의 것을 정의하거나 무의식적인 것을 서술한다는 부조리한 모순이다……. 디오니소스적인 관찰에는 의식적 또는 자의식적 사고가 거듭 선행되지 않으면 안 된다…….

디오니소스적 과학자는 기획안을 만들기 전에 이미 연구의 맥락을 충분히 파악하지 않으면 안 된다. 센트-죄르지는 계속해서 말하기를, 연구 보조금을 얻기 위해서는 자신의 의도를 숨기고 채택될 만하다고 여겨지는 기획안을 작성하지 않을 수 없다고 한다.

……일찍이 내가 제출한 프로젝트 중에 거짓으로 작성한 것은 모두 채택되었지만 내가 하고자 생각한 것을 정직하게 기록한 신청서는 어김없이 거절당했다.

그의 말은 같은 어조로 계속된다.

……아주 매력적이고 명석하고 논리적으로 보일 만한 프로젝트를 나는 안락의자에 기대어 언제라도 만들어낼 수 있다. 그러나 지식의 테두리를 벗어나 자연으로, 미지의 세계로 나아가면 모든 것이 혼돈스럽고 모순적이며 비논리적이고 부조리하게 보인다. 연구란 그 모순을 풀고, 사물들이 간결하고 논리적이며 일관성을 지니도록 하는 것

에 다름 아니다. 그러므로 내가 프로젝트에 실상을 반영시키면 도리어 모호하게 보이게 되어 거절당하는 것이다. 그것을 검토하는 사람은 '납세자의 돈'에 책임감을 갖고 신청자 자신조차 확신이 서지 않는 연구에 지원을 해야 옳을지 당연히 망설이게 된다.

발견이란 그 정의 자체가 말해주듯이 기존의 지식과는 다를 수밖에 없다. 나는 내 생애에 두 가지 발견을 했는데 모두 그 분야의 권위자들에 의해 그 자리에서 거절당한 것들이다.

최근 홀든(Holden)[12]이 미국심리학회에서 관찰한 바와 같이, 심리학자들이 갈수록 자신의 연구에 대해 무익성과 불신을 느끼고 있다는 보고는 바로 이 문제에 관련된 사례이다. 자신의 연구가 유익하다고 느끼는 심리학자가 거의 없으니 디오니소스적 연구자가 나올 가능성도 희박할 것이다.

맥락도가 낮은 방법으로 맥락도가 높은 행동의 반응을 연구하는 데에는 역설이 따른다. 사실, 워런(앞에서 언급한)의 연구는 의미의 인식이나 결정에서 맥락의 역할을 탐구하거나 입증하려는 의도가 아니었다. 그 연구의 결과는 완전히 우연이었다. 그러나 내가 추정컨대 연구의 이면을 들여다보면 대다수의 연구기획안에서 맥락에 좌우되는 결과를 발견하게 될 것이다. 그리고 감히 말하건대 이러한 종류의 발견은 그 빈도만큼 보고되지 않는다. 그것은 서구과학이 대부분 방법론상의 재현가능성과 엄밀성을 추구하면서 맥락을 배제하는 방향으로 유도되기 때문이다.

---

12) Constance Holden, "Psychologist Beset by Feelings of Futility, Self-Doubt," *Science*, Vol.173, No.4002, p.1111, September 17, 1972.

아폴론적인 기획절차의 일반적인 오류를 간파한 센트-죄르지나 탁월한 병리학자 뒤보스(René Dubos)[13)]와 같은 모범적인 인물이 존재하는데도 그것은 사실이다. 뒤보스는 무균 상태의 재현가능한 실험환경에서 배양된 미생물이 통상의 복잡한 환경에서 도전에 맞서지 않으면 안 되는 미생물과 동일한 유기체가 아니라 전혀 다르다는 사실을 입증함으로써 명성을 얻었다. 여기에서 논의된 바는 분자생물학의 세계에서조차 관찰행위에 따라 모든 것이 달라진다는 사실을 증명한 것으로 어떤 의미로는 물리학자 하이젠베르크의 '불확정성 원리'의 한 변형이라고 할 수 있다.

소립자를 다루는 물리학자의 세계에서 생물체로 눈을 돌리면 계통발생적인 수준이 높아질수록 더욱 불확정적이고 예측불가능하다는 사실을 관찰하게 된다. 생물체의 본질은 불확정성이다. 이 불확정성이 진지하게 고려된다면 복잡한 생물체의 연구에 채용된 연구방법에도 반드시 영향을 미칠 것이다. 대상물의 행동이 예측불가능할수록 그리고 실험자와 실험대상 사이에 개입된 여건—예컨대 완벽한 실험환경을 갖추는 것[14)]—이 복잡할수록 관찰 자체뿐만 아니라 서술의 정확성과 적합성에 보다 많은 주의가 요구될 수밖에 없다는 것은 자명한 사실이다.

포괄적인 모델이 부족한 실정에 관해서는 앞서 언급한 바 있지만 심

---

13) 1961년에 뉴욕의 아든 하우스(Arden House)에서 웨너-그렌(Wenner-Gren) 재단 주최로 열린 의학과 인류학에 관한 회의에서 뒤보스가 발표한 것. 자세한 논의는 René Dubos, *Man Adapting*, New Haven, Conn.: Yale University Press, 1965; *Man, Medicine, and Environment*, New York: Frederick A. Praeger, Inc., Publishers, 1968 참조.
14) 노르웨이쥐처럼 지적이고 민감한 생물체를 실험대상으로 할 때 완벽한 실험환경을 갖추는 것만큼 실험자에게 중요한 것은 없다.

리학의 분야에서 다시 이 점을 돌이켜보자. 심리학이 스키너(Skinner)[15]에 의한 파블로프의 행동주의의 기계론적인 해석을 제외하고는 포괄적인 이론적 모델을 갖고 있지 않다는 불평은 귀 기울이지 않아도 쉽게 들을 수 있다. 스키너의 이론은 행동을 한 가지 해석으로 환원시키기 때문에 단일하고 제한된 의미에서만 포괄적이다.

왓슨(Watson)에 따르면 스키너는 인간의 모든 행동이 환경에 의해 결정된다고 주장한다. 그러나 그 편협성 때문에 그의 이론을 싫어하는 사람이 많다. 프로이트의 정신분석학과 스키너의 환경결정론처럼 상이한 견해를 하나의 준거틀에 적용시키거나 관련지을 수밖에 없다는 점은 우리 문화의 전형적인 모습이다. 사실 적당한 관점만 마련되면 이 두 견해는 모두 유효하고 타당할 수 있음에도 불구하고 우리는 마치 어느 한쪽을 제대로 적용해야 하는 듯이 말한다. 행동주의 과학자들이 반드시 알아두어야 할 바가 있다면 이 두 연구방법의 통합일 것이다.

다행히 필요한 것이 무엇인지는 이미 어느 정도 알고 있다. 예컨대 일본과 같이 맥락도가 높은 체계에 접하게 되면 그 체계가 강력하기 때문에 기술적으로 아주 주도면밀하게 접근하지 않으면 새로운 상황을 파악할 수가 없다. 저맥락 체계의 복잡함에 늘 악전고투해온 우리 서구인은 새로운 사태에 직면하게 되면 상당히 창조적으로 대처할 수는 있어도 막대한 양의 세부적인 프로그램화를 필요로 하지 않는다. 고맥락 체계의 사람들은 자신의 체계 내에서는 창조적일 수 있어도 새로운 사태를 처리할 때에는 맥락도가 가장 낮은 지점에서 출발할 수밖에 없다. 그 반

---

15) B.F. Skinner, *Beyond Freedom and Dignity*, New York: Alfred A. Knopf, Inc., 1971.

면 저맥락 체계의 사람들은 새로운 사태를 처리할 때에는 매우 창조적이고 혁신적일 수 있어도 오래된 체계에 갇혀서 일하게 되면 진부함에서 헤어나지 못한다.

물론 여기에는 한계도 있고 예외도 있지만 다른 문화를 접하는 경우 저맥락 체계의 사람들에게 흔히 요구되는 것은 고맥락 체계의 사람들과 상대할 때 평소보다 훨씬 세부적인 사항까지 고려하지 않으면 안 된다는 점이다(점령기에 일본에 주둔한 미군병사의 예를 상기해보라. 예컨대 구두손질을 보내는 경우 구두약의 색상까지 일러두어야 했다). 저맥락 체계의 사람들이 고맥락 문화와 교류할 때 깊이 생각하지 않거나 일어날 만한 모든 우발적인 사태를 예견하지 못한다면 곤경에 빠지게 될 것이다.

다가올 곤경이나 대립을 예측하기에는 고맥락 문화보다는 저맥락 문화가 수월하다. 저맥락 문화에서는 사람들을 결속시키는 끈이 비교적 느슨하기 때문에 사태가 잘못 돌아가면 몸을 빼기가 쉽기 때문이다. 인류학자 슈(Francis Hsu)[16]에 따르면, 고맥락 문화에서는 사람들 사이에 유대감이 매우 강하므로 그 체계에 상당한 무리를 허용하는 경향이 있다고 한다. 그러므로 폭발은 예고도 없이 발생하곤 한다. 한계를 넘었을 때에는 회복할 길이 없을 정도로 지나친 것임에 틀림없다. 맥락을 제대로 파악하지 못한 채 고맥락 문화에 깊이 개입하는 것은 어리석을 따름이다. 서양이 동양을 대하는 태도, 특히 미국무성이 중국문화를 대하는 현실을 직시하지 않는 태도에서 이러한 위험을 보게 된다.

여기에 서술한 원칙은 개인으로부터 기업, 나아가 정부에 이르기까지 인간이 교류하는 모든 영역에 적용되는 것이지만 우리는 그 기본적인

---

16) 슈와의 개인적 대담.

양상의 윤곽밖에 그려볼 수가 없다. 왜냐하면 우리는 문화가 어떻게 정보와 맥락의 방정식을 구조화하는가 하는 관점에서 문화를 조망해온 경험이 별로 없기 때문이다. 문화 간에 존재하는 중요한 차이를 안다 해도 그 전체적인 함의에 관해서는 추측에 그칠 따름이다.

9 정황—문화를 구성하는 요소

 우리 문화와 같이 복잡한 문화에서는 수천까지는 아니더라도 수백 가지 상이한 정황적 틀(situational frame)이 존재한다. 이러한 틀을 구성하는 것은 정황언어(situational dialect), 물질적 부속물, 정황적 인격, 행동의 패턴 등으로 인지된 배경(setting)에서 특정한 정황에 적절하게 이루어지는 것들이다. 평상적인 배경과 정황에는 인사·일·식사·매매·다툼·지배·연애·통학·요리·접대·여가 따위의 행위가 있다. 정황적 틀이란 하나의 완결된 실체로서 분석하고, 가르치고, 전파하고, 후대에 물려줄 수 있는 실행가능한 문화의 최소 단위이다. 이 틀은 언어적·동작적·근접공간적(proxemic)·시간적·사회적·물질적·인격적 요소를 비롯하여 여러 요소를 내포하고 있다.
 틀 짓는다는 개념은 전문가의 손에서 처리되는 분석 단위를 밝혀내는 근거로서도 중요하지만 새로운 문화를 배우는 데에도 유용할 수 있다. 나아가 미래에는 도시나 건물을 계획하는 궁극적인 기초가 될 것이다. 틀이란 행동을 일으키는 물질적 환경이나 맥락, 즉 모든 행동계획의 기반이 될 수밖에 없는 기본단위를 말한다. 자연스러운 틀의 범위에서 자제하고 그것을 벗어나고자 하지 않는다면 새로운 주제를 배우거나 새로운 문화를 파악하는 것이 훨씬 수월해질 것이다. 이 점은 무시되기 십상이지만 중요한 문제로서, 예컨대 외국어교육에서 시대에 뒤떨어진 교수방법을 극복하는 데 성공적으로 예증된 바 있다. 이 분야의 선구적인 작업은 미국무성의 외교연수원과 같은 기관에서 성공적으로 이루어졌다.

정황적인 접근방법과는 대조적으로 종래의 그리고 유감스럽게도 현재 시행되고 있는 대부분의 언어학습은 교사가 학생 시절에 받은 교육방법을 그대로 반복하고 있다. 그러한 패러다임은 서구세계에 일반적인 것이며 교육계 전체에 적용된다. 학생에게는 암기한 규칙에 따라 주입된 단편들을 조립하는 것이 요구된다. 이러한 이유로 유럽적 전통에서 교육받은 사람들은 설령 부적절한 것이라도 의거할 만한 규칙이 있어야 안도감을 갖는다. 이것이 중요한 문제가 되는 이유는, 규칙과 권위에 의존하여 자신의 행동을 결정하는 사람은 다른 체계의 실상을 여간해서는 체험할 수 없기 때문이다. 그들은 현실세계를 과거에 배운 것으로 조명하여 자신의 모델에 끼워 맞춘다.

언어학의 사례 및 원칙은 이 점을 적절히 설명해줄 것이다.

1. 미국인이 고등학교에서 배운 프랑스어를 프랑스에서 사용하고자 해도 이해할 수도 이해시킬 수도 없다. 사람들은 그가 배운 식대로 말하지 않는다. 그 이유는 그가 배운 언어학습법이란 것이 먼 옛날 누군가의 권위에 의해 보급되어 지금에 이르기까지 최신의 권위에 의한 수정 없이 잘못된 상태로 전해진 것이기 때문이다.[1]

2. 언어든 스키든 또는 전쟁에서 적기를 탐색하는 법이든 간에 무

언가 새로운 것을 배울 때, 사람들은 암기된 단편적인 지식들을 실제 처리과정에서 생각하도록 되어 있는 규칙에 적용시켜 행하는 법을 배우지 않는다. 그러한 과정은 너무 더디고 복잡하기 때문이다. 게다가 사람들이 배우는 것은 특정한 정황에서 맥락화되어 그 자체로서 상기할 수 있는 완결된 단위, 즉 정형화된 것들(gestalts)이다.

3. 각각의 문화는 모두 통합된 전체일 뿐만 아니라 그것을 습득하는 고유한 규칙을 지니고 있다. 그 규칙들은 전체를 조직하는 다양한 패턴에 의해 강화된다. 다른 문화를 이해하는 데 중요한 점은 그(that) 문화에서는 일이 어떻게 조직되고, 사람들이 어떻게 그것을 습득하는지 아는 것이다. 이것은 자신의 문화에서 전수된 학습 모델만을 고집하는 한 불가능한 일이다.

4. '끼워맞추기식' 작업으로 다른 문화를 파악할 수 없는 이유는 모든 문화가 지닌 총체적인 복잡성 탓이다. 서구인은 영어라는 '것', 프랑스어라는 '것', 에스파냐 문화라는 '것', 나바호 문화라는 '것' 따위를 실재하는 개념으로 주장하지만, 그 모델이라는 '것'('the' model)은 지나치게 단순화된 개념으로 언어나 문화를 올바로 표현하지 못한다.

---

1) 그 이유는 여러 가지이다. 첫째, 교실에서 배우는 정황언어는 교실 밖에서 사용하는 어떠한 정황언어와도 다르다. 둘째, 흔히 발음이 장애가 된다. 모든 언어에는 아직까지 분석되지 않은 특징이 있기 때문에 가르칠 수 없는 일면이 있다. 셋째, 단어는 맥락에 맞게 사용되어야 한다(선택의 법칙: Hall, 1959 참조). 넷째, 언어 교육법에서 가장 심각한 문제는 본래 뇌가 작용하는 방식과는 달리, 아이들에게 어휘와 문법을 가르친 다음 그것들을 결합시키도록 하는 방법일 것이다. 제2차 세계대전 중에 적기를 정찰하는 데에도 동일한 방법이 적용되었다. 비행기의 날개, 꼬리, 동체의 모양, 모터의 수 등을 연구하여 정찰대원에게 가르쳤지만 실제로 각 부분을 종합하여 기종을 식별하기에는 비행기가 너무 빨랐다.

모델의 이용은 결국 실패할 수밖에 없다. 왜냐하면 원하는 방식으로 명확하게 정의할 수 있는 언어나 문화는 존재하지 않기 때문이다.

이러한 사실을 절실히 느끼게 된 계기는 몇 년 전, 함께 일하는 내 아내와 내가 다양한 분야에서 미국유학을 준비하는 외국인을 대상으로 실시하는 영어시험을 평가해달라는 요청을 받았을 때이다. 그 시험의 목적은 미국에서 공부하는 외국인에게 요구되는 영어의 말하기, 읽기, 쓰기를 테스트하는 것이다. 그 시험은 미국에서 각자의 전공수업을 받기 전에 영어능력을 평가받아야 한다는 결정에 따른 것이다. 상당히 그럴듯한 생각이지만, 문제는 자기 나라에서 시험에 합격한 사람들이 실제로 미국에 와서 수업에 들어가면 수업내용을 이해할 수 없거나 미국인 교사와 대화조차 불가능한 경우가 너무나 많다는 사실이다. 사실 그들은 가장 기본적이고 간단한 장면에서조차 영어로 의사소통이 불가능하다. 이러한 문제는 모든 언어에 보편적으로 적용할 수 있는 언어의 기본 형식이란 존재하지 않는다는 사실에 일부 기인한다.

연구를 통해 우리는 다음과 같이 결론지었다. 세계 어느 곳에서나 사람들은 특정한 정황적 틀에서 사용되는 이른바 '정황언어'라는 것을 수백 가지 통달하고 있는데 그 가운데 교실에서 가르치는 말은 하나도 없다. 더욱 중요한 문제는 교실에서 가르치는 언어형태가 사용되는 장소는 교실밖에 없다는 사실이다.[2] 교실 교수법의 결함을 극복하고 살아 있는 언어를 구사할 수 있었다는 것은 인류의 지성이 거둔 금자탑이다.

---

2) 정황언어를 '조정된 언어체계'(co-ordinate language system)라고도 말한다. Osgood, Sebeok, Diebold(1965)의 "Learning Language in Total Situations" 참조.

식당에서 식사를 주문하는 데에도 주문하는 사람이 접하는 사람들이 어떤 부류인지 또는 얼마나 미식가인지에 따라 어느 정도 복잡한 일련의 정황언어가 나타난다. 미국 대도시에서 흔히 먹는 간편한 식사를 하는 경우라면 주문에 필요한 말은 몇 마디 되지 않을 것이다. 그러나 상류사회에 어울려서 리츠, 맥심, 라 피라미드 따위의 고급 레스토랑에서 편안하게 식사를 주문하고자 한다면 전혀 새로운 용어 사용법을 구사하기 위한 전략과 계획이 필요할 것이다.

정황적 틀은 적절히 사용하면 상당히 높은 맥락도를 지니게 된다. 정황적 틀을 이용하면 일이 수월해지고 단순화되며 상대방이 이미 알고 있는 것을 이용할 수가 있다. 그러나 적합한 맥락을 지니도록 정확한 표현을 구사하지 않으면 안 된다. 왜냐하면 정황언어를 구사하는 것을 보면 그 사람이 내부인(insider)인지 외부인(outsider)인지, 따라서 그 체계가 기능하는 방식을 아는지 모르는지 단번에 알 수 있기 때문이다. 이것은 버스를 타거나 기차표를 끊는 따위의 단순한 행위에도 적용된다. 삽시간에 힘들이지 않고 이루어지는 이러한 거래에서는 신참자도 익숙한 승객이 사용하는 정황언어를 보고 배울 수 있다. 표를 끊기 위해 필요한 말은 "랜즈엔드 일등왕복 둘"(Two first to Land's End returning)이면 충분하지, "오늘 랜즈엔드로 가는 왕복티켓을 일등석으로 두 매 주십시오" (Would you please sell me two round-trip tickets, first-class, to Land's End for today?)라고 말하는 사람은 없다.

비행기 조종사와 관제탑 요원 간에 사용되는 언어도 말을 극도로 간략화하고 애매성을 배제해야 할 필요성에서 발달된 것이기 때문에 맥락도가 상당히 높은 정황언어의 좋은 예이다. 이러한 언어가 사용되는 경우는 물론 제한되어 있지만 그것을 알고 있는 사람들은 패턴에 부합시켜 편리하게 사용한다. 그러한 유형의 정황언어는 흔히 내부인끼리만 통용되는 제한 코드를 이용한다. 거기서는 문법·어휘·억양이 모두 간략화되어 교실에서 엄격하게 배운 모든 규칙은 무용지물이 된다.

신참자나 외부인은 어떤 특정한 장면에서 어떻게 말하고, 어떤 자세, 억양, 몸짓, 복장으로 의사소통을 하는지 배워야 한다. 또한 상대가 어떤 문화에 속한 사람이든 그의 말투와 행동을 파악할 수 있어야 한다. 새로운 환경에서는 새로운 정황언어의 습득이 요구된다. 예컨대 사회계층이나 민족이 다른 사람들과 새로운 인척관계로 만나는 경우이다. 사실 무슨 일이든지 처음에는 말부터 알아들어야 한다.[3]

때로는 새로운 조직에 들어감으로써 새로운 정황언어가 요구되기도 한다. 나는 20년 전에 미국 동부의 어떤 대학연구소에서 근무한 적이 있었다. 이 연구소의 직원은 두 부류, 즉 박사학위를 가진 교수들과 실무를 담당하는 젊은 여비서들로 구성되어 있다. 사무실에서 내 자리에 편안해질 만하자 나는 모종의 긴장을 감지하게 되었다. 학자들은 여자들의 등급을 자신들보다 훨씬 낮은 것으로 여기는 태도를 드러내는 반면,

---

3) 나는 최근에 오스트레일리아를 여행하면서 외국인에게 정황언어가 얼마나 당혹스러운가를 새삼 일깨워준 좋은 기회가 있었다. 회의를 마친 후, 우리는 여행 일정을 조정하고자 담당자를 찾았으나 퇴근한 후였다. 그래서 그녀의 집에 전화를 걸려고 했으나 번호부에서 그녀의 이름을 찾을 수가 없어서 오스트레일리아인 동료에게 그녀의 전화번호를 아느냐고 물었다. 그는 "그녀는 전화를 안 받아요"(She's not on the phone)라고 대답했다. 나는 "그녀가 전화를 받을지 말지를 당신이 어떻게 아는지 모르겠네요. 어쨌든 번호를 알려주시오"라고 말했다. 그러나 그는 같은 말만 되풀이하다가, 내가 "솔직히 나는 대관절 당신이 무슨 말을 하고 있는지 모르겠소"라고 언성을 높이자 비로소 이렇게 말했다. "아! 오스트레일리아의 속어(slang)를 써서 미안합니다. 그녀는 전화가 없어요(She has no telephone)."

여자들은 학자들이 자기도취적으로 서류상의 정확성이나 형식을 쓸데없이 고집하는 경우가 많다고 느꼈다.

나는 여자들에게 공감하는 편이었기 때문에 그녀들이 나를 대하는 태도가 허물없다 못해 무례할 정도라고 느껴지자 당혹스러웠다. 그러한 행동이 내 탓이 아닌가도 자문했다. 그녀들이 다른 교수진을 대하는 태도는 한결같이 공손하고 상냥했다. 다행히 내가 데려온 비서는 나보다 원만한 성격일 뿐만 아니라 언어 및 행동의 다양한 맥락을 깊이 있게 파악하는 인물이었기 때문에 그러한 행동들을 이렇게 해석해주었다.

"그녀들이 당신을 좋아하는 걸 모른다면 바보죠. 여기서 인간대접을 받는 사람은 당신뿐이랍니다."

어떤 의미에서 대화에서의 정황적 행동이라는 개념은 새로운 것이 아니다. 소크라테스에서 드러커(Peter Drucker)[4]에 이르기까지 위대한 학자들은 사람들과 대화할 때 상대의 언어를 사용할 것을 강조했다. 그러나 상대의 언어로 이야기해야 할 뿐만 아니라 그들이 익숙하고 편안하게 느끼며 그때의 교제에 적합한 정황에서 이야기할 필요가 있다. 말은 쉽고 행동은 어렵다고 하지만, 사람들을 불편하게 만드는 것이 말하는 사람의 특별한 의도 때문이라기보다는 정황에 부적절한 언어사용의 결과일 수도 있다는 점을 항상 염두에 둔다면 말과 행동이 모두 어렵지만은 않을 것이다. 버스 운전사나 식당 점원이나 관제탑 요원이나 그들의 특정한 정황언어를 정확하게 사용한다면 의사소통에 문제가 없을 것이다.

---

[4] P.F. Drucker, *Technology, Management and Society*, New York: Harper & Row, Publishers, 1970, ch.1, p.6.

직장에서 정황언어를 위조하는 경우도 있다. 사실 정황언어는 간략화된 표현형태일 수 있지만 실제 업무를 통해 습득한 것이 아닐 경우에는 종종 기만적인 성질을 갖는다. 말단직을 거쳐 사장까지 승진한 사람은 자유자재로 평사원의 입장이 되어 자신이 그 장면을 어떻게 파악하고 있는지를 정황언어를 구사하여 지적한다. 그는 되고자 하는 대로 급사도 사장도 될 수 있다. 그가 정황언어를 사용하는 것은 커뮤니케이션에 대한 커뮤니케이션이기 때문에 사람들은 그것을 이해할 수 있다.

정황적 행동은 모든 척추동물에 기본적인 것으로 보이지만, 계통발생적으로 어느 정도 하등동물까지 나타나는지 모른다. 능동기와 수동기를 가지고 접합할 때와 분열할 때가 있는, 즉 시기에 따라 행태가 달라지는 단세포생물에서까지 정황적 행동을 볼 수 있을지도 모른다. 그러나 정황에 따라 다양화된 행태의 복잡성은 진화의 한 기능으로 보인다. 예컨대 놀이는 조류와 포유류 이하의 수준에서는 분명하게 확인할 수 없는 활동이다. 놀이는 포유류, 특히 새끼에게서 쉽게 관찰할 수 있다. 로렌츠(Lorenz)[5]는 갈까마귀의 유희를 관찰했다고 주장하지만 조류의 놀이와 놀이 아닌 활동을 인간이 구별하기는 포유류에 비해 어렵다. 그러나 사람들은 잉꼬의 '장난감'을 사기도 하며, 의인적인 요소가 개입되었을지도 모르지만 내가 산에서 본 적이 있는 갈까마귀의 곡예비행은 놀이의 일종이다.

동물을 다루어본 경험(실험용이라도)이 있는 사람이라면, 동물들은 각각의 종에 특유한 행동양식을 보이며 그것은 호르몬 분비의 변화를 수

---

[5] Konrad Lorenz, *King Solomon's Ring*, New York: The Thomas Y. Crowell Co., 1952.

반한다(암컷에게 열을 가할 때처럼)는 사실을 알고 있다. 이러한 행동은 흔히 특정한 시간과 공간, 그리고 특정한 심리상태와 관련이 있다. 굶주린 동물이 먹이를 찾거나 먹는 행위는 배부른 동물의 행위와 구별된다. 발정기에 있는 동물은 성적 충동이 진정되어 있는 동물과 다른 행동을 보인다. 그 밖의 '기본적인 원형적 정황'(basic archetypical situation)으로는 탄생, 사망, 위계적 행위(지배와 복종), 적대행위, 공격행위, 놀이, 영토보전행위, 교육과 학습, 다양한 의사소통행위 등이 있다.[6]

서구세계에서는 인간의 정황적 욕구를 억압하고 제대로 인식하지 못했기 때문에 삶의 방식, 삶에 부여하는 의미, 인격의 발달을 암암리에 왜곡시키는 결과를 초래했다. 예컨대 기본적인 원형적 정황의 배후에 있는 성적 충동을 생각해보자. 성을 억압하지 않았더라면 프로이트의 이론으로 이끈 이상행동은 발생하지 않았을 것이다. 오늘날에는 정반대로 방향을 돌려서 성은 성격상 정황적인 것에 머물지 않고 대통령의 이미지 포장에서 자동차 판매에 이르기까지 모든 것에 이용되고 있다. 놀이도 기본적인 원형적 정황의 하나이지만 요즘은 마치 일과 같이 추구되어 미국에서는 수십억 달러 규모의 사업이 되었다. 그 결과 백인 중산층의 미국인은 참된 의미의 놀이를 거의 모른다. 이러한 현상이 우리의 일상생활과 정치에 미친 영향은 측정할 수 없을 정도가 되었다. 요컨대 우리는 스스로를 너무나 진지하게 받아들인다.

시간에 관해 생각해보자. 미국문화에서의 시간체계는 스위스나 독일에서 보는 만큼 철저하게 발달된 것은 아니지만 우리 문화에서 시간은

---

[6] 기본적 정황을 식별하는 데 사용되는 판단기준에 관한 자세한 설명은 『침묵의 언어』 제3장의 '기본적 의사전달체계'(Primary Message System) 참조.

생활을 조직하는 지배적인 원칙이다. 시간은 원래 일·월·년을 주기로 하는 일련의 자연적인 리듬에서 발생한 것이다. 그런데 이제 시간은 외적인 구속으로 부과되어 우리의 가장 사적인 행동의 구석진 틈새까지 촉수를 드리우고 있다(위장운동이나 섹스조차 시계와 달력에 의해 규제받는다). 수많은 젊은이가 지적하고 있듯이 우리의 시간체계는 서구인의 자기소외의 커다란 원인이 되어왔다. 사람들이 병이 드는 이유 가운데 하나는 시간의 속박으로부터 탈출하여 본래의 리듬을 찾고 그것을 다시 느끼고자 하는 것이나, 치러야 할 대가를 생각해보라!

『침묵의 언어』와 이 책의 제1장에서 나는 다른 몇몇 문화에서 발전된 우리와 다른 시간체계에 관해 서술하였다. 생활의 질을 바꿀 수 있는 무엇이 있다면 그것은 다름 아닌 시간을 다루는 방식이다. 시간은 영국의 일부 인류학자들이 우리에게 주입시킨 대로 '단순한 관습'이 아니라 생활을 조직하는 가장 기본적인 체계 가운데 하나이다. 모든 정황적 행동은 시간적 차원과 공간적(프록세믹) 차원을 내포하기 때문이다.

서양에서 시간을 논할 때 잊어서는 안 될 점은, 스케줄이 아니었다면 산업사회는 출현하지 않았으리라는 사실이다. 생활을 조직하는 체계로서의 시간에 대한 의존은 교통수단이 비교적 원활하지 않았던 시절에 여러 활동을 조정할 필요성에서 생겨났을 것이다. 이제 전기혁명의 덕택으로 전 세계가 동시에 새로운 사실을 공유할 수 있을 뿐만 아니라 그것을 비디오테이프에 기록하여 언제든지 원하는 시간에 볼 수 있게 되었으므로 더 이상 시간이라는 구속복의 압박은 받지 않게 되었다.

공장의 일관작업렬(어셈블리 라인)은 오랫동안 가치상실(anomie), 분노, 권태만을 유발하는 비인간적이고 혐오스러운 일로 간주되어왔지만 마침내 서서히 개선되고 있다. 문제는 개선방법이다. 다행히 문제해결을 위해 기업 측도 솔선하여 노동자들의 의견을 수렴하기 시작했다. 스웨덴의 자동차 노동자들은 팀을 이루어 부품뿐만 아니라 이제 자동차 전체를 조립한다. 그 밖에도 미국 및 외국의 공장에서는 작업장을 서로 바꾸게 하여 작업내용뿐만 아니라 작업의 리듬까지 변화를 주고자 노력하고 있다.

오늘날 공격성과 영토보전본능(territoriality)이라는 문제가 지나칠 정도로 큰 관심을 끌고 있다. 이 문제의 요점은 인간의 공격성 여부가 아니다. 인간도 다른 동물과 마찬가지로 정황에 따라 공격적이다. 그러나 다른 종과는 달리 인간은 자기가 속한 문화에 따라 그리고 그 문화가 공격성을 구조적으로 어떻게 취급하느냐에 따라 여러 방법으로 공격성을 처리하거나 배출시킨다. 미국 애리조나 주의 암층대지(mesa)에 밀집생활하는 호피족은 백인들에게 스스로를 일컬어 공격적이 아니라 평화로운 민족이라고 말하겠지만 그것은 그들의 이상이다. 그러나 여러 해 동안 그들과 함께 생활하고 일해본 나의 경우처럼 그들을 잘 알고 나면 호피족 사이의 공격성이란 것이 의식과 분리되어 있음을 확인하게 된다.

호피족은 어릴 때부터 공격적인 것은 좋지 않다고 배우며, 그들이 말하는 대로 믿고 따르면 좀체 그들의 공격성을 목격할 일이 없을지도 모른다. 그러나 실제로 호피족 사이의 공격성은 아스팔트에 구멍을 파고드는 메뚜기처럼 돌발적이고 끊임이 없다. 극동부에 위치한 아와토비(Awatovi)라는 마을은 인근의 호피족에 의해 파괴되고 주민들이 살해되었다. 또한 오라이비(Oraibi)라는 마을은 파벌다툼으로 인해 올드 오라이비와 뉴 오라이비로 분리되었고 모엔코피(Moencopi), 바카비(Bakavi), 폴라카(Polacca) 등 그 밖의 메사 기슭에 위치한 마을들도 사정은 마찬가지이다.

풍문과 비방은 호피족 사이에 풍토병처럼 번져 있는 공격성의 일종이다. 호피족은 믿어지지 않을 정도로 좁은 메사 지대에 밀집해 있기 때문에 공격성을 억제하지 않을 수 없었다(3개의 마을이 들어선 첫 번째 메사만 해도 항공모함의 갑판면적보다 좁은 듯하다). 만약 그들이 그 규범에서 벗어나는 것을 한치도 허용하지 않는 지나치게 엄격하고 융통성 없는 문화가 아니었다면 아마 그와 같은 밀집생활도 인내할 수 있었을지도 모른다. 호피족은 메사 꼭대기 마을에서 심신 양면으로 과밀한 생활을 하고 있다. 공격성을 방치한다면 그 터전마저 붕괴될지도 모르기 때문에 억압할 수밖에 없는 것이다.

모든 사람이 공통된 패턴의 명령에 따라 행동하고, 말하고, 생각하고, 느낀다면 극도의 밀집도 견딜 수 있다. 인간은 지구상에서 가장 다양성이 풍부한 종이기 때문에 문화적·사회적 엄격성이 고통스럽겠지만 밀집된 환경에서는 반드시 그것이 필요하다. 조밀한 주거 지역에서는 의견의 차이에서 비롯된 공격성이 위험스러울 수도 있다. 그러한 환경에서는 공격성이 유발되지 않도록 끊임없이 인간의 에너지를 다른 방향으로 유도하지 않으면 안 된다. 몇몇 아메리칸 인디언 부족의 생활에서 그러한 방식을 찾아볼 수 있다. 백인이 버팔로를 살육하고 인디언 유목민들을 좁은 구역으로 몰아넣기 전에 광활한 공간에서 생활하던 평원(Plains) 인디언들은 전쟁을 통해 한정된 형태로 공격성을 용인하고 제도화시켰다. 당시 그들에게는 그럴 만한 여유가 있었지만 지금은 그렇지 못하다.

또 다른 소수집단인 정신병자에게서도 정황적 행동의 제한적인 성격을 보게 된다.『사이언스』지에 실린 한 보고는 이 점을 설명해준다.[7] 기고자 로젠한(Rosenhan)과 그의 동료 과학자들은 미국의 동부와 서부에 있는 5개 주의 12개 정신병원을 찾았다. 이들 정상적인 과학자들은 단지 'thud'(쿵), 'empty'(텅 빈), 'hollow'(움푹한) 따위의 단어를 중얼거리는 소리가 들렸다고 말한 것만으로 입원허가를 받았다. 그것말고는 그들의 병력을 포함해서 그들이 행동하고 말하는 모든 것이 진실이었다. 어떤 정신병원에서나 환청은 충분한 입원사유가 된다. 일단 입원을 한 후에는 로젠한과 그의 동료들은 그 행동거지와 무관하게 비정상으로 판정되고 그에 따른 대우를 받는다. 그들이 정신병동이라는 실제적인 정황에서 환자가 되어 있다는 사실만으로도 병원 모든 직원의 지각기능을 왜곡시키기에 충분했다. 환자를 병원이라는 정황과 분리시켜 개별적으로 다루는 일 따위는 결코 없다.

사람이 공격적이라거나, 협조적이라거나, 호색한이라거나, 근면하다거나, 잘 논다거나, 위계적이라거나, 점유적이라거나, 시간에 엄격하다거나, 경쟁심이 강하다거나, 돈만 안다거나, 학구적이라거나, 잘 통한다거나 하는 식으로 말하듯이, 인간은 오로지 한 가지 성품을 지니고 태어나지 않는다. 모든 성향을 다 지닐 수도 있지만 대개 한 번에 한두 가지 점만 강조된다. 사람은 정황에 따라 호색한일 수도, 근면할 수도, 위계적일 수도 있을 뿐만 아니라 사람에 따라 그와 같은 성품의 배합비율도 차이가 있다. 어떤 사람은 다른 사람보다 활동적이거나, 정력적이거나, 사교적이거나, 말이 잘 통하거나 한다. 그러나 이러한 성품들이 문화의 정황적인 행동범위에 의해 억압된다면, 마치 맞지 않는 토양에 심어진 식물처럼 고질적이고 정의하기 어려운 문제를 불러일으킬 수도 있다.

---

7) D.L. Rosenhan, "On Being Sane in Insane Places," Science, Vol.179, pp.250~258, January 19, 1973.

이 문제에서 정신의학(특히 정신분석)과 인류학이 수렴하게 된다. 이 두 분야는 인간의 정황적 욕구가 어떻게 조성되고, 취급되고, 승화되고, 억압되고, 경험되고, 이용되는가 하는 연구에서 중첩된다. 욕구의 불균형한 처리로 인해 신경증이나 정신이상이 유발되며 인간성을 저버리게 된다.

내가 알고 있는 한, 인간의 정황적 욕구가 완벽한 균형을 이루고 있는 문화는 존재하지 않는다. 그 원인의 일부는 인간이 자신의 원초적 본성에 관해서는 거의 모르는 상태로 길들여졌다는 사실에 있다. 사람들을 길들이는 방식에서 어떤 문화가 다른 문화보다 낫다고 생각될 수도 있지만 그것을 판단하기는 불가능하다. 인간이 자신의 기본적인 정황적 욕구를 어느 정도 만족시키는가 하는 문제를 문화적 차이를 고려하면서 비교연구한 것은 내가 알기로는 아직 없다.

제2차 세계대전 직후 인간의 '기본적 욕구'라는 문제가 폭발적인 관심을 끈 적이 있었다. 그러나 인간의 욕구는 압도적으로 문화의 영향을 받고 있기 때문에 단지 욕구를 통한 접근방식으로는 거의 아무것도 알아낼 수 없었다. 그토록 많은 사회과학자가 욕구를 통한 접근방식에 흥미를 보였다는 점으로 보아 무언가 중요한 의미가 있다고 생각되지만 당시에 이용가능한 개념 모델만으로는 그 문제를 다룰 수 없었다. 비슷한 시기에 인류학에서는 '가치'에 관한 연구가 유행하여 광범위한 기관에서 넉넉한 보조기금을 받았다. 그러나 유감스럽게도 가치의 연구는 문법 등을 무시하고 어휘만을 연구하는 격이다. 흥미로운 연구결과를 얻을 수도 있겠지만 가치의 패턴 분석에 요구되는 기초자료가 충분하지 않을 경우 때로는 지엽적인 것에 불과할 수도 있다.

정황적 행동에 관한 연구는 그 방법이 기본적이거나, 원형적이거나,

연역적이거나 간에 다음과 같은 점에서 욕구나 가치에 관한 연구와는 다르다. 정황적 행동에 관한 연구는 모든 1차적인 전달체계의 구성요소들로 이루어진 총체적인 정황에 초점을 두고 순서·선택·적합성이라는 패턴의 법칙을 따르며 피드백이 가능한 교제의 일환이다. 달리 말해서 정황이란 문장이 하나의 완벽한 단위가 되듯이 그 자체로 완벽한 단위(entity)이다. 정황적 틀은 개개인의 생활 및 제도를 구성하는 건축용 블록이며 개인을 자신의 정신구조, 결혼에서 관료제에 이르는 모든 제도, 그리고 여기에 의미를 부여하는 문화에 연결시키는 접합점이다.

이러한 의미에서 설리번(Harry Stack Sullivan)이 정황적 관점에서 인격을 정의한 것은 흥미롭다. 정황적 틀을 분류하고 그 틀이 보다 큰 전체를 구성하는 방식을 밝히는 막중한 작업이 가로놓여 있지만 여태껏 인간은 그러한 종류의 분석을 해본 경험이 거의 없다. 나로서도 어떤 결과가 초래될지 짐작할 길이 없다.

10 행동연쇄

행동연쇄(action chains)는 동물행동학에서 빌려온 용어이지만 개념적으로 정황적 틀과 밀접한 관계가 있다. 행동연쇄는 대개 둘 또는 그 이상의 개체가 참여하는 일련의 행동을 지칭한다. 그것은 공통의 목표를 이루기 위한 수단으로 이용된 댄스를 연상시킨다. 그러한 댄스에서는 무엇보다도 우선 각각의 고리가 만들어져야 한다. 정황적 틀과 마찬가지로 행동연쇄도 단순하거나 복잡하거나 파생적일 수 있다. 틀 안에서 이루어지는 모든 행동은 제각기 시작과 절정, 그리고 종결이 있으며 그 밖에도 몇몇 중간단계가 있다. 연쇄를 구성하는 기본 행동이 하나라도 생략되거나 지나치게 왜곡되면 처음부터 다시 시작하지 않으면 안 된다. 조반을 짓거나, 친구를 만나거나, 약혼을 하거나, 물건을 사거나, 시작(詩作)이나 저술을 하는 일 등은 모두 다양한 복잡성을 수반하는 행동연쇄의 사례이다.

행동연쇄의 연구에는 특히 건축 및 설계에 관련된 실용적인 목적이 있다. 예컨대 공간의 사용방법을 연구해보면 행동연쇄와 정황적 틀에 관한 상세한 데이터 없이 설계를 할 경우 연쇄를 끊어버리는 결과를 초래할 수도 있다는 사실이 드러난다. 이런 일은 집의 건축공간이 거기서 이루어지는 활동에 적합하지 않을 경우 발생하게 된다. 과밀현상이 무서운 결과를 초래하는 것은 과밀 그 자체에 원인이 있다기보다는 그로 인한 행동연쇄의 혼란 및 파괴 때문이다. 쥐를 대상으로 한 캘로운(Calhoun)의 실험을 상기해보자.[1] 과밀도를 점진적으로 높여나감에 따라 행동연쇄에 의해 이루어지는 처소 짓기, 짝짓기, 새끼 돌보기 등 쥐의 모든 행동에 심각한 혼란이 야기되었다.

행동연쇄의 개념을 살펴보기 위해 가시고기의 일련의 행동을 서술한 틴버겐(Nikolaas Tinbergen)[2]의 유명한 연구결과를 앞서 간행된 나의 책에서 부연해본다.

제1단계: 가시고기(큰가시고기과의 고기)의 수컷은 봄이 되면 ①원형으로 자기 영토를 표시하고 ②다른 고기가 들어오지 못하도록 수차례 방어하면서 ③둥우리를 만든다. ④그리고 눈에 잘 안 띄던 회색의 몸빛이 변하여 턱과 복부는 밝은 적색, 등은 푸른빛이 감도는 흰색, 눈은 청색이 된다. 이러한 빛깔의 변화는 암컷을 유인하고 다른 수컷을 쫓아버리는 데 도움이 된다.

제2단계: 알을 밴 암컷이 가시고기의 둥우리로 다가오면 ⑤수컷은 자신의 얼굴과 다채로운 옆모습을 번갈아 과시하며 암컷을 향해 지그

---

1) Edward T. Hall, *The Hidden Dimension*, Garden City, N.Y.: Doubleday & Company, Inc., 1966(a); John B. Calhoun, "Population Density and Social Pathology," *Scientific American*, Vol.206, No.2, February 1962.
2) Niko Tinbergen, "The Curious Behavior of the Stickleback," *Scientific American*, Vol.187, No.6, December 1952.

재그로 다가간다. 두 단계로 이루어진 이 의식을 몇 차례 반복하고 나면 ⑥암컷은 수컷을 따라 둥우리로 들어간다. 여기서 수컷이 의사소통방식을 시각적인 것에서 보다 원초적인 접촉으로 바꾸어 ⑦자신의 코로 암컷의 가시지느러미 밑둥을 리드미컬하게 찔러대면 마침내 암컷은 산란하게 된다. ⑧그런 다음 수컷은 둥우리로 들어가 알을 수정시키고 ⑨암컷을 내쫓는다. ⑩이러한 일련의 행동은 네댓 마리의 암컷이 자신의 둥우리에 산란하기까지 반복된다.

제3단계: ⑪여기에 이르면 교미충동이 수그러지고 일련의 새로운 반응이 나타난다. ⑫수컷의 몸빛이 원래의 미미한 회색으로 돌아온다. ⑬이제 수컷의 임무는 둥우리를 지키고 ⑭가슴지느러미로 둥우리에 물살을 일으켜 알에게 산소를 공급하는 일이다. ⑮알이 부화하면 새끼가 자활하기까지 보호한다. 새끼가 둥우리를 너무 멀리 벗어나면 주둥이로 조심스럽게 물어서 데려온다.

최초로 가시고기를 연구한 네덜란드 동물행동학자 틴버겐은 수컷이 암컷에게 지그재그로 접근하는 것은 성적 충동이 발산되기 직전 단계에서 반드시 생기는 공격성이 다소 억제된 행동이라고 지적했다. 수컷의 구애행위를 유발시키는 것은 알을 밴 암컷의 자태이다. 알을 밴 암컷은 붉은빛에 매혹되지만 일단 산란하고 나면 그렇지 않다. 그러나 암컷은 수컷이 찔러대지 않으면 알을 낳지 못한다. 이러한 일련의 과정이 예측가능하다는 점을 이용하여 틴버겐은 가시고기로 과밀과 행동연쇄의 관계에 관한 몇 가지 실험을 할 수 있었다. 수컷이 많아지면 각자의 영토가 넓어져서 과밀해진다. 그 결과 영토의 방어행위가 고조되어 때로는 서로 죽이기까지 하는 사태에 이른다. 또한 주변에 붉은빛이 지나치게 많아지면 구애과정에 혼란이 일어나 연쇄가 끊어지고 중요한 단계가 생략된다. 알을 둥우리에 낳지 못하거나 낳더라도 수정되지 못한다. 가시고기의 과밀에 대한 반응은 캘로운이 실험한 쥐의 반응과 동일하다.

인간에게도 이와 유사한 행동연쇄가 나타난다. 사실 나는 인간의 사회적 행동에도 행동연쇄가 작용할지 매우 의심스러웠다. 인간의 행동연쇄에는 평생 끝나지 않을 정도로 오랜 시간이 걸리는 것도 있지만 몇 초만에 끝나는 것도 있다.

짧은 행동연쇄의 한 예로 악수가 있다. 한 사람이 손을 내민다. 상대방은 그 손을 잡고 적당한 세기로 쥔다. 미국에서는 그 세기의 정도가 상대방의 압력이 전달되는 순간에 반사적으로 조절되는 일련의 복잡한 판단에 따라 결정된다. 물론 예외도 있다. 악수의 과정을 단순화시켜 일종의 힘겨루기로 만들어버리는 사람(대개 남자들)도 있다. 어느 정도 흔들고 손을 떼는가는 실제 악수 자체와는 상관없이 10초도 안 되는 짧은 순간에 일어나는, 예컨대 눈맞춤의 정도라든가, 서로의 반응이 따스한지 냉랭한지 따위의 정황적인 요인에 의해 좌우된다.

어떤 계획이든 탁상공론에 그치지 않고 현실적인 것이 되기 위해서는 정교한 행동연쇄의 질서를 고려하지 않으면 안 된다. 그러한 고려가 무시된 계획은 융통성이 결여되어 실패하게 마련이다.

행동연쇄는 듀이(Dewey) 및 교호심리학자들이 사용한 용어의 의미로 상호작용을 지칭한다. 상호작용은 3개의 기본적인 범주로 대별된다.

1. 무생물의 환경 및 인간의 연장물과의 상호작용으로 식사준비에서 집, 거대한 댐, 도시 전체의 건설에 이르는 행위.

2. 식물·동물·인간 등 생물과의 상호작용.

3. 인간 내부의 다양한 심리구조를 내포한 정신내부의(intrapsychic) 상호작용. 프로이트의 용어를 빌리자면, 이드와 에고와 슈퍼에고의 상호작용, 에로스와 타나토스의 상호작용 등을 말한다. 또는 설리번[3]의 설을 따른다면, 인간의 인격에는 자각되지 않고 의식과 분리된 측면, 즉 의식적으로 경험하는 행동과는 대조적으로 간접적으로만 경험하는 행동이 있다. 정신내부의 상호작용은 앞선 두 범주의 맥락에서 일어난다. 그리고 인간은 머릿속으로 생각하는 데 상당한 시간을 보내기 때문에 환영(상상)의 맥락에서도 상호작용이 일어날 수 있다.

여기에서 독자가 상기하지 않으면 안 될 점은 자연을 무생물·생물·정신내부의 영역으로 구분하는 것은 서구적인 사고의 소산에 불과하다는 사실이다. 다른 문화에서는 우주를 다른 방식으로 파악한다. 예컨대 호피족은 동식물을 다룰 때 무리없이 상호작용의 가능성을 인정한다. 그들은 아이들에게 잘 자라기를 바라면서 말하는 것과 다름없이 농작물과 양을 비롯한 성장하는 모든 것에게 말을 건넨다.[4] 사랑과 보살핌과 격려 없이 성장하고 번성한다는 것은 상상할 수 없는 일이라고 호피족은 말한다.

게다가 그들이 시간을 사용하는 방식은 예나 지금이나 백인들과 전혀

---

3) Harry Stack Sullivan, *Conceptions of Modern Psychiatry*, New York: William Alanson White Psychiatric Foundation, 1947.
4) 최근 미국에서는 식물과의 대화에 관심이 고조되고 있다. 그러한 대화가 그에 수반되어 더해진 보살핌이나 관심과 구별될 수 있는 어떤 효과를 가지고 있는지는 아직 모른다. 호피족에 관하여 내가 말하는 요점은 그들이 모든 자연을 인간과 동일한 범주에 포함시킨다는 것이다.

다르다. 북미대륙에 거주하던 유럽인들은 생물-무생물 가리지 않고 일괄적으로 자신들의 시간체계를 적용시켰다. 백인은 책·집·댐·사무실 등에 관한 구체적인 방안을 가지고 아이들이 나이가 되면 걷고 말하고 학교에 가는 것과 마찬가지로 모든 것을 정해진 시간에 완성시켜야 한다고 믿는다. 그러나 호피족은 모든 '생물'은 제각기 고유한 시간체계를 갖고 있지만 물질적으로 생명이 없는 인간의 연장물과 관련된 일에는 본래 정해진 시간이 없다고 생각한다. 그러므로 호피족은 어떤 일을 특정한 시간 내에 완수해야 한다는 의무감을 느끼지 않는다.

내가 1930년대에 건축공사의 감독으로 호피족과 일할 때, 그들과 달리 백인들이 모든 일을 스케줄에 따라 추진함으로써 상당한 알력이 발생했다. 댐건설과 같은 공사는 일정한 기간에 완공될 수 있도록 공사일정이 잡혀 있다. 그러나 호피족은 왜 항상 일을 서두르는지, 왜 정해진 기간에 댐을 완공해야 하는지 이해할 수가 없었다. 물론 그로부터 40년이 지난 지금에는 명백히 사정이 달라졌다. 그 당시에는 집 한 채를 짓는 데 20년이 걸릴 수도 있었다.

카스타네다(Castaneda)[5]가 연구한 멕시코 소노라(Sonora) 주의 야키(Yaqui)족 주술사는 상호작용의 세 범주를 구별하지 않고 하나로 통괄하여 다룬다. 그는 인간을 자연과 분리될 수 없는 존재로 생각한다. 그는 식물, 동물, 인간의 개별적인 습관, 속성, 특징에 관한 상세한 정보가 요구되는 정교한 지식체계에 의거하여 자신의 상호작용을 수행한다. 모든

---

5) Carlos Castaneda, *The Teachings of Don Juan: A Yaqui Way of Knowledge*, Berkeley: University of California Press, 1968; *A Separate Reality*, New York: Simon & Schuster, Inc., 1971; *Journey to Ixtlan*, New York: Simon & Schuster, Inc., 1972.

대상은 그것을 다루는 사람과의 적합성 여부에 따라 분류된다. 사람에 따라 피해야 할 주술의 종류 및 그 주술과 연관된 동식물이나 지식체계가 있다. 사냥꾼과 연관된 생물체들은 지식인과 연관된 그것들과 다르다. 야키족의 지식인에게 중요한 것은 자기 내부의 힘과 자연계의 힘을 조절하여 양쪽의 균형을 현명하게 유지하는 능력이다. 인간은 삼라만상과 개인적으로 관계한다. 인간이 생활하기 위해서는 힘이 필요하지만 그 힘은 특정 방향으로만 이용되고 발휘될 수 있는 것으로 그것을 결정하는 것이 바로 개개인의 업(karma)이다.

지금까지 논의된 여러 주제와 마찬가지로 행동연쇄도 하나의 척도를 만들어 측정할 수 있다. 그 척도는 연쇄를 완결시키는 의무가 우연적인 것으로부터 일단 시작되면 가차없이 진행되어 결코 되돌리지 못하는 것에 이르기까지 망라한다. 어떤 행동연쇄가 이 척도의 어디쯤 위치하는가는 그 유기체(행동주체)의 내면상태와 문화라는 요인에 의해 설명될 수 있다.

쥐를 잡도록 훈련된 고양이는 가르친 대로 거의 착오 없이 행동한다. 쥐를 발견한 고양이는 살금살금 다가가서 정확하게 덮친 다음, 입으로 고정시키고 필요할 경우 쥐를 돌린다. 그리고 머리 아랫부분을 잘 겨냥히여 한번에 목을 부러뜨린다. 그러나 고양이가 공복상태가 아니라면 행동연쇄는 달라진다. 고양이는 쥐를 상처가 나지 않도록 덮치며 공복시에 일처리하듯이 재빨리 먹어치우기보다는 잠시 쥐를 가지고 놀 것이다.[6]

인간에게는 배고픔 따위의 기본적인 충동처럼 쉽사리 채워지지 않는 심리적인 충동이 존재한다. 이기적인 여자가 한 남자를 남편감으로 점찍으려 할 때 어떤 식으로 행동할지는 거의 예상할 수 있다. 일단 쫓아

다니기 시작하면 어떻게 진전시키고 어떤 결과에 이를지 보지 않아도 알 만하다. 그와 마찬가지로 남편과 아들이 우연찮게 말꼬리를 잡아 시작한 다툼이 서로 죽일 듯이 격화되는 과정을 어쩔 수 없이 지켜본 적이 있는 엄마라면 가차없이 진행되는 행동연쇄가 무엇인지 알 것이다.

물론 어떤 경우에도 정황에 따른 변수를 고려하지 않을 수 없다. 아버지와 아들 모두 만약 함부로 행동할 수 없는 사람 앞이나 장소였다면 그만한 일로 싸움이 벌어질 리가 없었을 것이다. 인격과 문화 가운데 어떤 요인에 의한 행동연쇄가 보다 가차없고 구속력이 있는지는 확실치 않다. 그러나 일단 시작된 행동연쇄가 어느 정도까지 진행되고 마는가는 개인에 따라 다른 것처럼 문화에 따라서도 크게 달라지는 것 같다.

켄터키 주의 역사적인 대립이나 남부 이탈리아의 가족들 간의 복수습관이 그와 같은 사례를 드러낸다. 남태평양의 환상산호초 섬들에 거주하는 트루크(Truk)족은 복수전이라는 관습체계에 사로잡혀서 피할 수도 끝낼 수도 없이 속수무책이다가 19세기에 에스파냐령, 이어서 독일령으로 섬들이 병합되면서 외부인이 개입되자 비로소 진정되었다. 아랍인과 에스파냐계 민족(문화적인 연관성이 있다)을 대할 때에는 그들을 '원한이라는 패턴'으로 몰아넣을 만한 어떠한 행동도 매우 조심스럽게 삼가지 않으면 안 된다. 일단 그들의 원한감정 증세가 도지면 구제할 길이 없기 때문이다.[7] 그리고 제3자의 강력한 중재가 아니면 논리와 설득은 거

---

6) Paul Leyhausen, "On the Function of the Relative Hierarchy of Moods(as Exemplified by the Phylogenetic and Ontogenetic Development of Prey-Catching in Carnivores)" (1965), In Konrad Lorenz, and Paul Leyhausen, *Motivation of Human and Animal Behavior*, New York: Van Nostrand-Reinhold Co., 1973.

의 소용이 없다. 아랍과 이스라엘의 분쟁은 지금 이야기하고 있는 과정을 완벽하게 설명해준다. 분쟁을 더욱 악화시키는 것은, 해결을 저해하는 중요한 요인이 문화라는 점을 어느 쪽도 깨닫지 못하는 것 같다는 점이다.

행동연쇄를 완결시키는 의무가 어느 정도까지 개인에게 부과되는가는 문화에 따라 다양하다. 일반적으로 맥락도가 높은 문화에서는 사람들 사이의 유대가 강하고 서로의 관계가 복잡하게 얽히고 결합되어 있기 때문에 행동연쇄를 완결시키는 의무감도 막중해지는 경향이 있다. 따라서 특히 잘 모르는 분야나 사람들과의 관계일 경우에는 크게 경계하고 새로운 일은 대개 꺼리게 된다. 미국의 백인들을 비롯하여 저맥락 문화에 속하는 사람들, 특히 언어체계를 중요시하는 사람들은 정황을 막론하고 다른 문화에 비해 행동을 완수하는 책임감이 약한 것이 보통이다. 미국의 백인들은 일이 진행되는 방식이 마음에 들지 않거나 더 좋은 여건 또는 사람이 나타나면 그 즉시 관계를 끊어버리는 경우가 많다. 그와는 다른 종류의 인간교육을 받고 자란 사람들의 눈에는 그러한 태도가 매우 불안해 보인다. 행동을 완수하는 책임감이 미약하거나 그것

---

7) 중동에서의 원한 패턴은 일상생활에서 보이는 일반적인 특징이다. 이 지역에 살면서 이 패턴을 아는 사람들은 아랍인을 건드려서 원한감정이 발동하기까지 몰고 가지 않도록 매우 조심한다. 왜냐하면 아랍인은 홧김에 자기에게 불리한 행동도 불사하기 때문이다. 나는 이 점을 14년 전에 이미 지적했는데(『침묵의 언어』), 어떤 분야에서건 아랍인의 심리를 이해하는 데 필수적인 요소다. 미국인의 실용주의적 견지에서 보면 그러한 패턴들은 용인되기 어렵다.
『숨겨진 차원』을 보면, 베이루트에서 이웃을 괴롭히고자 그의 바다쪽 전망을 막기 위해 지은 벽이나 다름없는 4층짜리 건물 이야기가 나온다. 또 레바논의 제보자에 의하면, 전혀 밖을 볼 수 없도록 원한의 벽에 둘러싸인 집도 있다.

을 법으로 강요할 수밖에 없는 문화라면 그 제도의 안정성에도 문제가 있게 마련이다. 그러한 상황에서 불안을 느끼지 않을 사람은 없다.

탁월한 통찰력으로 인간의 정신을 이해하는 데 크게 기여해온 스위스의 정신의학자 스피츠(Spitz)[8]는 「대화의 탈선──자극과잉, 행동주기, 완수도」라는 명쾌한 논문을 발표했다. 독자들은 이 제목에 기가 죽어서는 안 된다. 다른 정신의학자들을 위한 전문적인 글이니까! 그러나 그가 말하고자 하는 바는 정신의학을 벗어나서 다른 분야와도 관계가 있으며 누구에게나 적용될 수 있다. 스피츠는 연쇄의 파괴와 행동의 중단에 따르는 정신적인 충격에 관해 서술하고 있다.[9]

스피츠의 이론에 따르면, 인간(또는 동물)이 지나치게 자주 연쇄의 파괴로 빚은 결과를 수습해야만 하는 입장에 처하게 되면 그에 대한 보상행위를 하게 된다. 그 보상행위가 점점 잦아지다보면 결국 정상적인 행동을 저해한다. 그 과정의 정점을 일컫는 '대화의 탈선'(derailment)이라는 용어는 언어뿐만 아니라 행동까지 지칭한다. 그는 청소년의 비행과 잔학한 범죄, 신경질환, 정신이상 등 과밀화된 현대 도시의 수많은 병리현상의 원인이 대화의 탈선에 있다고 본다.

---

[8] René A. Spitz, "The Derailment of Dialogue: Stimulus Overload, Action Cycles, and the Completion Gradient," *Journal of the American Psychoanalytic Association*, Vol.12, No.4, October 1964.

[9] 프로이트는 일찍이 신경증이 발병하는 주요한 요소로서 중단성교(中斷性交, coitus interruptus)를 가정했다. 그 글은 오늘날과는 큰 차이가 있는 그 시대의 매우 특수한 맥락에서 씌어진 것이다. 오늘날에도 신경증은 있지만 피임법의 발달에 따라 중단성교는 외설영화에서나 볼 수 있을 것이다. 프로이트설의 가부를 떠나서 그는 그 시대에 이미 행위의 미완에 따른 심각성을 인정했던 것이다. 어떤 의미에서 모든 섹스는 행동연쇄의 탁월한 예이다. 성교의 연쇄행위 단절로 욕구불만이 생긴 경험을 한 사람이 적지 않다.

역시 정신의학자이자 철학자인 메이(May)[10]는 캄보디아와 라오스 침략 이후 팽배한 미국인의 무관심(apathy)을 논하면서, 생활의 포기로부터 폭력행위에 이르기까지 그 심각성에 따라 네 단계로 무관심의 유형을 구분하였다.

첫째, '자신이 입은 정신적 손상을 치유하고 더 이상 상처받지 않도록 스스로 보호하기 위한 시간을 갖고자 현실세계에서 물러나는' 무관심이다. 이것은 젊은이들의 낙오현상(dropping out)으로 알려져 있다.

둘째, 무력감으로 인한 무관심이다. 미국의 학생들은 미정부의 절대권력에 대해 느끼는 무력감으로 인해 이러한 단계를 거치게 되었음에 틀림없다.

셋째, 비관과 절망의 무관심으로 제1차 세계대전 직후의 독일국민이 지불 불가능한 전쟁배상금의 경제적 부담을 짊어지고 '전쟁의 죗값'을 인정할 수밖에 없었을 때 경험했던 것이다. 그러한 유형의 무관심이 독재자를 배양했다.

넷째, 마비와 '무감각'의 상태로 이 마지막 단계에서 오래 버틸 수 있는 인간은 없다고 메이는 말한다. 여기에 달한 인간은 단지 침체상태일 뿐만 아니라 "……유폐된 잠재력은 병적인 상태가 되어 절망에 빠지고 미침내 파괴적 행동으로 바뀐다……. 그것이 고조되어…… 뚜렷한 대상이 없이도…… 무모한 공격과 폭력을 일삼게 된다." 1960년대 말 미국의 수많은 게토(ghetto) 주민은 자신들의 거주 지역을 불태우고 약탈했을 때 분명 이 단계에 도달해 있었다.

---

10) Rollo May, *Power and Innocence*, New York: W.W. Norton & Company, Inc., Publishers, 1972.

메이의 도식이 스피츠의 이론과 다소 구별되는 것은 분명하지만 이 두 이론은 정치적 스펙트럼의 양극에 초점을 맞추고 있다. 스피츠가 개개인의 상호관계를 중심으로 개인을 분석한 데 반해, 메이는 특히 국가적 차원에서 자신의 생활을 지배하는 중요한 요인에 대해 무력감을 가지는 개인의 감정에 역점을 두었다. 개인과 공명하는 정부를 바라는 동인(動因)은 자신의 의견을 반영시키고 자기 존재를 지배하는 일의 결과에 영향력을 미치고자 하는 욕구에서 비롯된 기본적인 것이다. 이러한 욕구가 좌절되면 인간 생활에 기본적인 정치적 행동연쇄가 타격을 받는다. 메이는 자신의 책에서 민주주의가 그 욕구를 해결하지 못함으로써 야기된 다양한 문제점을 다루고 있다.

행동연쇄라는 용어는 지난 몇 년간 우리 가정에서도 빈번하게 사용되었다. 내 아내는 무슨 일이든 잘하려는 강한 충동을 지닌 모노크로닉한 사람들이 그렇듯이 방해받는 것에 대해 특히 민감하다. 여기에서 문화의 상호관계에 관한 또 다른 문제점이 제기된다. 앞에서 나는 맥락도가 높은 사람들이 낮은 사람들보다 행동연쇄를 완결하는 의무감이 막중하다고 말했지만 이제 그것을 다소 수정할 필요가 있다. 맥락도가 높은 사람들은 폴리크로닉한 경향 또한 지니고 있다. 말하자면 그들은 동시에 다양한 사람들을 상대로 여러 활동에 개입하는 경향이 있다. 이는 대부분의 지중해권 문화들을 특징짓는 패턴이다. 그러나 모노크로닉한 사람들은 스케줄에 따라 생활하기 때문에 한 번에 한 가지씩 전념해야만 더욱 편안하다.[11] 깊이 개입할수록 맥락도가 높아지는 것은 물론이다. 맥락도가 낮은, 모노크로닉한, 한 번에 한 가지씩

---

11) 이 견해에 관한 자세한 설명은 이 책의 제1장과 『침묵의 언어』 참조.

하는 사람들에게는 폴리크로닉한 행동이 과밀로 인해 빚어지는 결과와 다름없이 혼란 그 자체에 가깝게 느껴질지도 모른다. 행동연쇄는 절단 나고, 완결되는 일이 없다. 이 두 체계는 물과 기름 같아서 결코 융합되지 않는다.

나아가 폴리크로닉한 문화는 특정한 분야에서 업무를 완수하는 것보다 다른 사람과의 관계가 좋은지, 친절한지, 사려 깊은지, 예의바른지, 사교적인지 하는 것에 더 큰 비중을 두는 경우가 많다. 또한 폴리크로닉한 사람들은 일단 화가 나면 가누기가 훨씬 어렵다는 점을 기억하라. 그러므로 그들의 행동연쇄는 인간관계를 중심으로 구축된다. 일의 목표를 달성하는 데 급급한 나머지 좋은 인간관계를 희생시킨다는 것은 공격적이고 강압적이며 분열을 초래하는 태도로 간주된다. 실제로 모노크로닉한 사람과 폴리크로닉한 사람에게 동일한 업무를 맡겨보면, 일의 과정 전체를 전혀 다른 각도로 바라보며 일을 처리하는 목적이나 우선순위도 달라진다.

인간과 동물을 막론하고 구애행위는 상호의존적인 일련의 행동연쇄를 이루고 있다. 인간의 경우 그 연쇄는 외재적일 수도 내재적일 수도 있지만 후자의 경우가 보다 구속력이 강하다. 나는 미국문화에서 젊은이들에게 관심을 두고 있던 차에 한 대학 캠퍼스에서 젊은 남녀가 서로 알게 되는 과정을 연구해보기로 결정했다. 나는 연구의 무대를 도서관으로 설정했는데 그것은 학생들이 이성 친구를 고르는 장소가 주로 도서관으로 알려져 있었기 때문이다. 도서관은 방해를 받지 않고 연구에 필요한 과정을 관찰할 수 있는 이상적인 장소였다. 나는 두 학생에게 6주에 걸쳐 오후 7시부터 10시까지 정기적으로 관찰하는 일을 맡겼다. 처음에는 매일 밤 관찰하다가 시간이 지나 패턴이 인지되자 월요일과 화요일이 가장 적극적으로 활동이 이루어지는 날임을 알게 되었다. 그렇지만 다른 날에도 정기적인 점검을 하였다. 그들의 보고를 요약하면 다음과 같다.

우선, 남학생들이 여학생들보다 먼저 와서 자기 영역을 확보하는데 이때 옆자리와 마주보는 자리를 비워두는 식으로 자리를 잡는다. 그리고 여학생이 남학생의 관심분야를 알아볼 수 있도록 하는 유인물로서 법률·의학·경영 등의 전문서적을 책상 위에 펼쳐놓는다. 두 번째 단계, 남학생들이 자리를 잡은 후 35분에서 40분 사이에 여학생들이 나타나 자리를 선택한다. 세 번째 단계, 여학생이 자리를 잡은 후 15분에서 45분 사이에 남학생이 말을 건네는데, 여학생이 공부하는 내용을 묻기도 하고 연필이나 껌 따위를 빌려달라기도 한다. 여학생은 여기에 응하여 기꺼이 답하거나 행동하지만 그 이상의 일은 일어나지 않는다. 네 번째 단계, 그 후 45분에서 1시간 사이에 이번에는 **여학생이 먼저** 남학생에게 질문을 던지면서 대화가 시작된다. 이때 여학생이 책장을 덮고 의자에 편안히 기대어 남학생을 응시하게 되면 남학생은 머리를 식히러 나가자고 제안하고 그때부터 교제는 새로운 국면으로 접어든다.

이러한 연쇄는 여러 장면에서 남녀 어느 쪽에 의해서도 끊어질 수 있다. 그러나 처음 말을 건 사람이 여학생일 경우 함께 자리를 뜨는 예는 결코 없었다. 또한 남학생이 말을 건넨 이후 45분에서 60분 사이에 여학생이 다시 말을 건네지 않은 경우에도 마찬가지이다(여기서 시간은 관례에 불과한 것이 아니다). 여기에 언급된 사항 외에도 상대의 얼굴을 훔쳐본다거나 무의식적인 동시동작이 나온다거나 하는 따위의 많은 일이 벌어진다. 흥미로운 점은 그와 같은 행동이 매주 동일한 패러다임으로 반복된다는 사실이다. 그리고 연쇄가 끊어지면 한쪽이 떠나고 다음 날 밤

다시 처음부터 시작된다.

남녀를 막론하고 이러한 연쇄에 결코 걸려들지 않는 학생들도 있었는데 그들은 우리 연구성과의 대조부를 채웠다. 나와 학생들은 미국, 바르바도스, 뉴멕시코의 에스파냐계 미국인 등을 대상으로 각지에서 구애행위를 조사한 결과, 일단 확인된 구애행위의 전개과정이 매우 일정하다는 사실을 알게 되었다.

구애행위(짝짓기)는 남녀 사이뿐만 아니라 사업 관계나 학계에서 필요한 인사를 구할 때에도 적용되는데 그 경우 지위가 높아질수록 갖춰야 할 의례는 복잡해진다.[12] 또한 기업이 방계회사를 흡수하거나 합작투자를 할 때에도 동일한 패턴이 나타난다. 나는 기업가나 정치가들이 "그들과 함께 침대에 드는 것도 마다하지 않겠다"고 태연자약하게 말하는 것을 들은 적이 있다.

구애행위의 진전과정(행동연쇄)을 지배하는 규칙들을 상세히 설명하기는 쉽지 않다. 그 과정을 얼마나 구체적으로 설명할 수 있는가는 사람에 따라 큰 차이가 있지만 대부분의 사람들은 막연하게밖에 설명하지 못한다. 우리 연구팀이 함께 작업한 적이 있는 노스웨스턴 대학의 학생들은 무의식의 패턴을 주지시켰는데도 그룹에 따라 큰 차이를 보였다. 어떤 연구에서는 구애행위에 관한 구체적인 정보를 우리의 예상과는 정반대로 남학생들이 여학생보다 6배나 많이 제출하였다. 물론 이것은 한 가지 사례에 불과한 것으로 다른 연구에서는 이 비율이 역전될 가능성도 크다.

---

12) 이 의례에 관한 탁월한 서술은 Warren G. Bennis, "Searching for the 'Perfect' University President," *The Atlantic*, Vol.227, No.4, April 1971 참조. 베니스는 자신이 노스웨스턴 대학 학장후보에 올랐을 당시 겪었던 체험을 묘사하고 있다.

그런데도 평생의 배필을 선택하는 일과 같이 중대한 인생사에서는 구애행위의 과정도 인간의 의식이 거의 또는 전혀 통제할 수 없는 영역에 맡겨져서 보호하에 안전하게 진행된다. 거기에는 엄연히 패턴이 존재하지만 사람들은 대개 그 패턴이 명시되는 것을 꺼린다. 프로이트가 말하는 무의식과 마찬가지로 문화적 무의식 또한 적극적으로 감춰져 있고, 프로이트의 환자들과 마찬가지로 사람들은 외부의 도움이 없이는 검증될 수 없는 과정들을 끊임없이 따라가고 있다.

11 드러나지 않은 문화와 행동연쇄

"적당한 말이라도 떠올랐다면 녀석을 치지는 않았을 텐데……
나는 주먹으로 말할 수밖에 없었어."
• 『빌리 버드』(*Billy Budd*)

분명하지는 않지만 빌리 버드는 그것을 느끼고도 표현하지 못했던 것이고 멜빌(Herman Melville)의 글에 의해 겨우 전달되고 있는 것이다. 사람들은 자신이 당연하다고 여기는 일, 즉 타인과의 상호작용에 기본적인 양식을 말로 표현하기를 꺼린다. 그 한 가지 이유는 문화라는 전례(典禮)에 합치되는 대부분의 행동을 통제하는 뇌의 부분이 말하기(speech)와는 무관한 부분이기 때문이다. 지금 논의하고 있는 문제는 형태(gestalt)를 초월한 것으로 일의 구조상 매우 중요하고 중추적인 위치를 점하는 것이기 때문에 그것을 언어로 도식화한다는 것은 거의 불가능하다. 그 원인은 대부분의 행동이 언어 차원에서가 아니라 감정 차원에서 경험된다는 사실에 있다.

나는 예전에 아주 지적인 푸에블로 인디언이 통문화적 교육 프로그램에 참가하여 자기 부족 사람들이 겪을 수밖에 없는 문제점에 관해 열심히 토론하는 것을 들은 적이 있다. 푸에블로 부락에 새로운 백인이 들어와 눌러앉을 때마다 그가 어떤 의도를 가지고 왔는가를 막론하고 거의 모든 백인에게 나타나는 편견에 찬 자기도취로 인해, 예컨대 그가 좋은 동기에서 방문한 경우 어떻게 잘해볼 것인가 또는 그다지 이상적인 동기에서 비롯된 것이 아닐 경우 자신이 어떻게 대우받을까 하는 식의 생각 때문에 그들이 겪지 않으면 안 되는 일들이다.

동기와는 무관하게 그런 부류의 행동은 푸에블로족의 생활을 위협하고 혼란스럽게 한다. 푸에블로인들은 그와는 정반대이기 때문이다. 그들의 관심사는 자기 자신이 아닌 집단으로, 어떻게 집단을 잘 꾸려나가느냐에 있다. 그들은 모든 백인에게서 이른바 나르시시즘—자기애 또는 개인차를 초월해서 훨씬 포괄적인 특징—을 발견한다. 푸에블로 인디언은 백인들의 그러한 특징을 경험해본 적이 없기 때문에 그것을 설명할 수 없다. 그리고 좋은 동기와 관심을 가지고 인디언을 '돕는 일'에 태반의 인생을 바쳐온 백인이 스스로는 그들의 친구라고 생각하고 있는데도, 자신이 그들의 생활을 파괴하는 요인으로 작용했다는 사실을 마침내 문화적인 통찰로 깨닫게 되었을 때 과연 어떤 심정이 되겠는가? 푸에블로 친구들은 왜 그러한 사실을 그에게 알려주지 않았을까?

한 문화를 특징짓는 보다 심층적이고 중요한 특징을 처음 접하게 되면 대부분 위협적으로 느껴질지도 모른다. 행동연쇄도 예외는 아니다. 자유와 개성을 존중한다고 자부하는 문화에서조차 행위자는 자율적이라기보다는 타인의 행동에 직접적으로 긴밀하게 구속받고 있다는 사실이 행동연쇄를 통해 드러나기 때문이다. 더욱이 사람들은 흔히 일상생활의 풍속을 완고하게 지켜나가며 자신들에 관해 아직 모르고 있는 면이 있다는 생각을 완강하게 거부한다. 이러한 반응은 연장의 전이현상이나 문화의 엄청난 견인력에서 유래할 수도 있고 자신의 사고방식을 바꾸는 데 저항감을 가지는 인지상정 때문일 수도 있다. 또한 의심스러운 점은 우리 미국인들이 자신이 행하고 있는 바를 심사숙고하는 것에 대해 다소 이중적인 반응을 보인다는 사실이다. 저맥락 문화에서는 자기반성을 꺼리는 경향이 나타난다.

그러므로 인간의 행동연쇄에 관한 정보는 부족할 수밖에 없다. 그러나 행동연쇄가 어떻게 기능하는가에 관해 더 많은 지식을 가지고 그에 따른 새로운 관점에서 행동을 관찰하게 되면 통문화적인 관계에서 늘 발생하는 문제들—자기 문화 안에서건 밖에서건, 남녀 간이나 학교나 기업이나 어디서나 일어날 수 있는 문제들—의 해결에 새로운 전망을 기대할 수 있을 것이다.

이미 안고 있는 문제만으로도 복잡한데 왜 새삼스럽게 행동연쇄를 연구한다거나 그와 같은 방식으로 행동에 관해 생각할 필요가 있는 것인지 알고 싶은 사람들도 있을 것이다. 도대체 이해가 안 되는 사람들에게 그 이유를 말하자면, 행동연쇄에 속박되어 있는 사람들은 그 실체를 파악하지 못하는 한 결코 행동연쇄의 굴레를 벗어날 수 없기 때문이다. 한 가지 사례를 들어 설명해보자. 뉴멕시코 주의 외딴 마을에 아름다운 시골 은거지를 지은 친구가 있었다. 그런데 곤혹스럽게도 그 지방에 수천 제곱마일의 소유지가 있는 한 수다스러운 과부가 그 친구의 집에서 부르면 들릴 정도의 거리에다 따로 집터를 사서 들어앉았다. 내 친구는 그 과부와 피상적인 관계라 할지라도 안고 지내야 할 일이 무엇보다 싫었다. 마땅히 피할 방법이 떠오르지 않다가 내 친구는 양쪽이 모두 뉴잉글랜드 출신이라는 점에 생각이 미쳤다. 왜냐하면 뉴잉글랜드에서는 이미 살고 있는 사람 측에서 먼저 알은체를 하지 않으면 새로 이사온 사람은 결코 말을 걸 수 없는 관행이 있기 때문이다. 그는 결코 말을 걸지 않았고 그 탓에 두 사람은 서로 보이는 거리에서 살면서도 죽을 때까지 오랜 세월을 무관심하게 지낼 수 있었다.

음란전화로 골머리를 앓고 있는 사람이 슐레글로프(Schlegloff)[1]의 연구를 참조한다면 전화질하는 사람의 기를 꺾어놓을 수 있을 것이다. 그는 전화대화에서 누가 먼저 입을 여는가를 분석한 결과, 누구든지 전화를 받는 쪽에서 먼저 말을 시작한다는 사실을 알게 되었다. 전화를 건 사람은 그다음에 말한다. 그 규칙은 상당히 확고해서 수화기를 들고도 '여보세요' 하지 않는 것만으로도 음란전화의 주인공을 따돌릴 수 있다.

미국인은 누구나가 친구를 대접하는 규칙을 지배하는 행동연쇄에 매우 익숙하다. 여자들이 "우리가 두 번이나 초대했으니 이번에는 그들이 초대할 차례"라고 말하는 것을 자주 들었을 것이다. 그 연쇄는 어느 쪽에 의해서도 단절될 수 있다.

어떤 행동연쇄든 말이 요구되는 시점이 있는데 이때 말을 사용하지 못하게 되면 연쇄가 단축되거나 흔히 폭력이 유발된다. 멜빌이 『빌리 버드』[2]를 통해 이야기하고자 한 것이 바로 이 점이다.

북유럽적 전통을 이어받은 사람들 사이에 논쟁이 벌어지면, 비언어적인 단서나 신체적인 메시지로부터 발단되어 우회적인 말에 의한 암시, 언어적인 대립, 법적 행위로 전개되다가 마지막 단계에 이르면 완력이나 물리적인 행동으로 고조되는 식으로 진행된다. 이러한 패러다임은 가정불화, 이웃 간의 영토분쟁, 노사 간의 쟁의 등을 막론하고 기본적으로 차이가 없다.

노동쟁의는 마치 발레와 같아서 누구나 스텝과 단계를 인지하고 있으

---

[1] Emanuel Schlegloff, "Sequencing in Conversational Openings," *American Anthropologist*, Vol.70, No.6, pp.1075~95, December 1968.
[2] Herman Melville, *Billy Budd*, New York: New American Library, 1961.

며 누구나 알고 있다는 사실을 당연한 것으로 간주한다. 그러나 그것은 대립하고 있는 양측의 문화 또는 부(副)문화(subculture)가 서로 다를 경우에는 해당되지 않으며 돌이킬 수 없는 위기가 발생할 수도 있다. 행동연쇄의 예시적인[3](전조적인) 진행과정을 잘못 해독하게 되면 참여자들은 그 분쟁이 전개되는 스텝, 단계, 자신들의 처지를 확인할 수 있는 입지를 분간하지 못하게 되어 재고의 여지를 잃어버리고, 위신을 잃지 않고 빠져나올 기회를 놓치게 될 뿐만 아니라, 분쟁이 마치 유성처럼 예측 불가능한 돌이킬 수 없는 극단으로 치닫게 되는 심각한 사태에 이를 수도 있다.

동물의 세계에서는 외부 간섭에 의해 행동연쇄가 단축되면 일반적으로 드물게 나타나는 광포하고 제어할 수 없는 혈투가 벌어진다. 이 원칙은 인간에게도 어김없이 적용된다. 연쇄의 중요한 단계를 생략하고 곧장 마지막 단계로 비약하는 것은 심한 정신병 증세의 하나이다. 이질의 문화 간에 벌어지는 분쟁도 그와 같을 수 있다. 행동연쇄의 단축은 어떠한 경우에도 심각한 결과를 초래하게 마련이다. 예컨대 구애행위에서는 강간까지 갈 수도 있고, 언쟁에서는 살인까지 갈 수도 있다. 이질의 문화가 만나게 되면 스텝이 다르기 때문에 사람들은 자신이 어느 단계에 처해 있는지 판단할 수 없게 된다.

뉴멕시코 주에서 내가 반세기 이상 관찰해온 관계인 앵글로계 미국인과 에스파냐계 미국인의 차이를 예로 들어보자. 에스파냐 정복자의 후손들은 비판의 기미만 보여도 민감하게 반응하기 때문에 어떻게든 대립은

---

[3] 예시(adumbration)란 상호교류 중 양측의 어느 한쪽이나 제3자에게 사태가 고조되고 있음을 암시하는 전조적 행동연쇄를 지칭하는 용어이다.

피해야 한다. 게다가 그들은 지키지 않으면 안 될 완고한 자존심을 갖고 있고 남성에게는 '남자다움'이라는 짐이 부가된다. 에스파냐계 미국인의 사회조직은 아랍인과 마찬가지로 일률적인 경향이 있다. 어린 학생들이나 어른이나 한결같이 엘리트 부류가 아닐 경우에는 자신이 속한 집단에서 고립될지도 모르는 경쟁이나 행동은 어쨌든 피하고자 한다. 그 반면 자신들의 지도자들에게는 강인하고 완강한 태도를 기대한다.

앵글로계 미국인의 논쟁은 야릇한 빈정거림이나 냉랭한 태도(예의는 지켜야 하니까)에서 시작되어, 제3자를 통한 항의, 말싸움, 법적 행위, 그리고 마지막으로 폭력을 행사──해결된 일이 하나도 없고 법적으로 자기가 유리할 경우──하는 점진적인 단계를 거친다. 에스파냐계 미국인에게 작용하는 체계는 이와 다르다. 먼저, 이리저리 생각하는 단계(메이가 말하는 세 번째 단계[4]), 그리고 언쟁은 될 수 있는 대로 피하기 때문에 '적당한 말이라도 떠올랐다면 녀석을 치지는 않았을 텐데'라는 법칙을 적용한다. 폭력이 나와야 비로소 무언가 잘못되었다는 사실을 깨닫게 된다. 힘에 호소하는 행동은 에스파냐계 미국인들에게는 연쇄의 한 단계라기보다는 커뮤니케이션 그 자체이고 주의를 끄는 장치이다. 법에 호소하는 것은 훨씬 나중의 단계이다.

에스파냐계 미국인의 패턴은 내가 아는 차베스(Chavez)라는 한 목장주가 앵글로계 이웃과의 문제를 자기 누이에게 이야기하는 과정에서 잘 드러나고 있다. 앵글로계 이웃은 고의든 아니든 수백 에이커의 차베스 영토에 울타리를 쳤다. 그 일에 관해 누이와 논의하면서 차베스는 이렇

---

[4] Rollo May, *Power and Innocence*, New York: W.W. Norton & Company, Inc., Publishers, 1972.

게 말했다.

"이번에는 '그들' 방식대로 할 거야. 울타리를 부숴버리는 대신 내 변호사에게 말해서 해결할 거라고."

이 시점까지 그는 앵글로계 목장주에게 항의조차 하지 않았다. 평소 같으면 앵글로계 목장주는 끊기거나 뽑힌 울타리를 발견하고서 비로소 문제가 생겼음을 눈치챘을 것이다.[5]

더욱 전형적인 에스파냐계 미국인의 반응은 레예스 로페스 티예리나(Reyes Lopez Tijerina)의 행동으로 알 수 있다. 그는 토지의 권리를 주장하는 간판을 내걸고 주립공원의 삼림경비원 2명을 인질로 잡아 티에라 아마릴라(Tierra Amarilla) 법정을 습격했는데, 참담한 결과로 끝났다. 그의 행동으로 앵글로계 미국인들은 에스파냐계 미국인들의 불만에 경각심을 갖게 되었다. 앵글로계 미국인 사회에서는 그것을 분쟁의 최종 단계로 여기고 여러 법적 행위로 맞섰다.

이와 같은 패턴을 가늠해보기 위해서는 에스파냐계 미국인 문화에는 몇 가지 상이한 힘이 작용한다는 사실을 염두에 두는 것이 중요하다. 첫째로 그들은 같이 일하는 사람이나 관계가 있는 사람과는 어떠한 일이 있어도 정면 대립이나 불화를 피한다. 그러나 그로 인해 상당한 스트레스를 받게 된다. 예를 들면 산타페의 한 에스파냐계 미국인 소년이 크게 신세를 진 일이 있는 호텔 요리사 밑에서 파트타임으로 일하고 있었는데, 어느 날 그가 하는 다른 일의 시간이 변경되는 바람에 약속시간에 나타나지 못하게 되자 심각한 분쟁이 초래되었다. 그는 그 요리사에게

---

[5] 에스파냐계 미국인 중에 뉴멕시코에 거주하지 않는 사람도 있겠지만 앵글로화되어서 이 패턴을 인정하지 않는 사람도 있을 것이다. 두 문화가 서로 밀접해짐에 따라 이 패턴도 서서히 사라지고 있다.

자기 사정을 설명하기보다는 아무 말 없이 그만두고 말았다.

또 다른 예는 우리집에서 일하던 가정부에 관한 이야기이다. 우리는 오전 9시에서 오후 4시까지 일하는 조건으로 그녀를 고용했지만 그녀의 남편이 오후 3시까지 귀가할 것을 주장한 탓에 좋은 가정부를 놓친 적이 있다. 우리가 정한 시간은 조정될 수 있는 것이었음에도 불구하고 그녀는 내 아내에게 사정을 의논할 수 없었고 우리는 뒤늦게야 그녀가 그만둔 이유를 간접적으로 알게 되었다.

에스파냐계 미국인 사회에서 분쟁의 고조에 영향을 미치는 요인에는 가족 및 친구 사이의 연대나 의리감이 엄청나게 강하다는 점도 있다. 가령 한 사람이 직장을 잃게 되면 가족 모두가 직장을 그만두기도 한다. 그들의 분쟁은 다소 지나칠 정도로 서로 얽혀 있어서 선형적으로 사고하는 앵글로계 사람들은 이해하기가 힘들다. 에스파냐계 미국인들이 더 이상 참을 수 없을 때까지 참다가 갑자기 폭발하는 것은 바로 그 때문이다. 이러한 패턴의 발상지인 중동에서는 제3자가 분쟁에 개입하여 중요한 역할을 한다.[6] 오늘날 미국 남서부에는 제3자의 중재라는 패턴이 남아 있지 않기 때문에(예전에는 있었겠지만) 격렬한 대립이 발생하는 것이다.

뉴멕시코 주의 에스파냐계 미국인은 맥락도가 높고 유대가 깊은 집단으로 개인의 감정상태는 항상 주시를 받는다. 그러나 맥락도가 낮은 앵글로계 미국인은 다른 사람의 그때그때 기분을 자상하게 헤아리지 않기 때문에 에스파냐계 미국인의 행동에 급습당할 수밖에 없다. 그들은 에스파냐계 미국인의 행동을 '속수무책'의 상황으로 간주할 때가 많지만

---

6) Edward T. Hall, *The Silent Language*, Garden City, N.Y.: Doubleday & Company, Inc., 1959.

사실 그것은 행동연쇄의 과정에 불과하다. 그 결과 앵글로계 미국인은 과잉반응을 보이게 된다.

뉴멕시코 주 북서부의 광활하고 척박한 티에라 아마릴라 군에 사는 한 앵글로계 목장주는 몇 년 동안 여러 차례 울타리를 훼손시키고 값비싼 말을 총으로 쏘고 자신의 집에 불을 지르곤 하는 에스파냐계 이웃의 행위에 당연히 격분했다. 그는 토지를 잃은 그들이 어떤 심정으로 그렇게 행동할 수밖에 없는지 알지 못했고 알려고도 하지 않았다. 양측 모두 자기 문화의 무의식적인 부분에 단단히 사로잡혀 고립된 상태로 모든 의사소통수단이 평행선을 이루고 있다. 어느 쪽도 자신들이 그와 같은 참담한 지경에 빠지게 된 이유를 모르며 명예롭게 빠져나올 방법도 모른다. 앵글로계나 에스파냐계나 모두 문화에 의해 야기된 정황적 신경질환의 희생자로서 그것이 완치되자면 광범위한 치료가 요구될 것이다.[7]

---

7) 문화적 무의식은 이스라엘과 아랍의 분쟁에도 작용하고 있다. 내가 아는 아랍인은 태연하게 이렇게 말하곤 했다. "한 명의 유대인이 스무 명의 아랍인을 이길 수 있지." 나중에 '6일 전쟁'이 끝난 후에 나는 아랍인들로부터 "우리가 싸우는 상대는 유대인이 아니라 유럽인이야!"라는 말을 들었다. 우리는 이 말의 맥락을 읽지 않으면 안 된다. 왜냐하면 유대인들은 수천 년 동안 중동 전역에 흩어져 살고 있었기 때문이다. 아랍인은 그 토착 유대인과의 경험에 기초하여 이스라엘 측의 통찰·이해·행동양식을 기대하는 것이다. 아랍인은 자신들의 입장이 이해되기를 기대하지만 이스라엘 측의 생각은 따로 있는 것이 분명하다. 어느 쪽도 상대를 있는 그대로 보지 못하고 있다. 적어도 아랍인은 자신들이 상대하고 있는 것은 유럽 문화이지 중동 문화가 아니라는 사실을 깨닫기 시작한 것 같다. 아랍에 대한 연이은 승리에서 이스라엘인이 갖는 위험은 아랍인이 패배할 때마다 더 많은 지식을 얻어서 자신들의 행동양식을 개선한다는 점이다. 그 교훈은 값진 것이지만 그럼에도 불구하고 교훈은 교훈에 지나지 않는다. 서로를 이해함으로써 잃는 것 없이 모든 것을 얻을 수 있는 민족이 있다면 그것은 바로 아랍인과 이스라엘일 것이다.

내가 알고 있는 모든 문화는 동물행동학적인 일반 원칙을 따르며 분쟁이 악화되는 것을 방지하는 안전장치를 내장하고 있다. 그러나 그러한 안전장치가 늘 제 기능을 발휘하는 것은 아니다. 그 안전장치는 한 문화의 내부에서는 유효하지만 지적으로 이해될 수 있는 것도 아니고 명확하게 제시될 수 있는 것도 아니기 때문에 외부인과의 관계일 경우에는 거의 기능하지 못한다. 유럽의 에스파냐인은 500년 이상 아랍인의 지배를 받았기 때문에 아랍 문화의 패턴을 많이 지니고 있다. 그런데 왜 중동에서는 잘 발달된 중재자의 책임 있는 역할이 뉴멕시코 주의 에스파냐계 식민지 문화에서는 미약한지 이해하기 힘들다.

맥락도가 높은 문화에서는 사태가 삽시간에 급격히 고조되는 경향이 강하기 때문에 이해관계가 없는 외부인의 강력하고 책임감 있는 중재 역할이 없으면 분쟁이 악화되는 것을 막을 길이 없다. 어떤 과정에 의해 뉴멕시코 주의 에스파냐계 사회에서 그러한 중재자의 역할이 약화되고 사라졌는지, 또는 수용하지 못했는지는 알 수 없다. 뉴멕시코는 북미에 위치한 에스파냐 문화권의 최변경 전초지이기 때문에 많은 점에서 에스파냐 문화의 주류에서 벗어나 있다. 설상가상으로 1846년의 멕시코-아메리카 전쟁 이후 앵글로계 미국인이 정복자로서 그곳에 정착하여 에스파냐 계통의 제도를 많이 파괴하고 방치했다. 앵글로계 사람들은 일반적으로 중재자의 역할을 이해하지 못하고, 실제로 신뢰하지도 않으며, 자신들도 그것을 어떻게 이용하는지 모른다.

여러 해에 걸쳐 사례를 수집하면서 이들 두 문화 사이에 분쟁이 고조되는 과정을 확인했지만 그것으로 전부 설명되는 것은 아니다. 그렇지만 대부분의 골칫거리나 병폐는 양측 모두가 분쟁이 고조되는 과정에서 어렴풋이 드러나는 징후를 읽어내지 못한 결과라고 볼 수 있다. 대부분의 일상적인 분쟁에는 악당도 영웅도 없으며 책임이 어느 한쪽에 있을 수도 없다. 문화의 무의식적인 부분은 본질적으로 존재 자체가 거의 알려져 있지 않기 때문이다.

극동에서도 이와 유사한 상황을 겪게 되지만 문제가 더욱 복잡하고 문화의 차이가 훨씬 크기 때문에 사태는 보다 심각하다. 나는 예전에 도쿄를 방문했을 때 도쿄가 한눈에 보이는 새로 지은 고층빌딩 스카이라운지에서 일본인 친구의 점심 초대를 받은 적이 있다. 그때 그 친구가 전반적인 미-일 관계의 고질적인 문제점을 화제로 삼았던 것으로 미루어 확실하지는 않지만 그 장소의 선택은 의도적이었던 것 같다. 그는 우회적이지만 나에게는 매우 분명하게 이해되는 그 나름의 어법으로, 미국인이 일본문화에서 간과해버리는 측면이 있는데 그로 인해 미국인은 거의 의식하지 못하는 상태에서 위험한 결과가 초래된다고 말했다. 우리는 여러 각도로 그 문제를 논의했다. 나는 어렴풋한 예시적 행동에 관심이 있었기 때문에 일본인들은 인간관계의 어떤 시점에서 자신이 처해 있는 입장을 어떻게 아는지 그리고 돌아가는 사정을 어떻게 파악하는지에 관해 더욱 많은 것을 알고 싶었다.

일본 역시 고맥락의 규칙이 적용된다. 일본인은 직접 마주한 자리에서는 어떤 감정을 품고 있든지 간에 공손하고 성의 있는 태도로 일관한다. 물론 '**사태가 도를 지나치**'지 않는 한, 노기를 드러내는 것은 자제력(그리고 체면)의 상실을 자인하는 것이나 다름없다. 그들의 태도에는 임박한 참사를 예고하는 어떠한 징조도 나타나지 않기 때문에 미국인이나 유럽인은 그들의 구조, 패턴, 그리고 한계가 드러날 때까지 무의식적으로 밀고 나간다. 구미인들은 일본인의 체계에 익숙하지 않기 때문에 거의 도리 없이 도를 지나칠 수밖에 없다.

도를 지나치지 않기 위해 우리 스스로 생각해볼 수 있는 대안으로는 급할수록 여유 있게, 그리고 가장 솜씨 좋고 섬세한 문화통역관을 대동하는 것 등이 있다.

내가 일본에서 호텔 측의 예고나 한마디 말도 듣지 못한 채 이 방에서 저 방으로 옮겨지고 심지어 이 호텔에서 저 호텔로 보내졌던 일을 기억할 것이다. 그때 만일 나 자신의 문화체계를 적용시켜 생각했더라면 그들이 내게 무언가 전달하고자 하는 뜻이 있었기 때문이라고 간주했을 것이다. 그러나 다행스럽게도 그 당시 나는 내 문화의 영향권에서 많이 벗어나 있었다.

중국문화도 예시적 행동이라는 점에서 일본문화와 유사성을 지닌다. 사람들은 곤경에 처해서도 마치 아무 일도 없는 것처럼 행동한다. 그러한 행동이 가능한 것은 그 체계의 허용도와 안정도가 지대하기 때문이다. 개성의 차이, 지엽적인 불일치, 성격 충돌 등은 있을 수 없는 일이기나 한 듯 처리된다. 일의 발생을 안다는 것이 곧 행동을 취하는 것이고 그 행동은 극도로 중대한 것이다. 예컨대 중국의 아버지는 아들의 행동을 말 한마디 없이 거의 참아낸다. 왜냐하면 아버지는 아들도 자신을 표현할 필요가 있을 뿐만 아니라, 조상에 뿌리를 둔 강력한 가족적 유대로 결국 아들도 철이 들 것이라고 믿기 때문이다. 그러나 홍위병(紅衛兵)의 경우에서 보듯이 젊은이들의 과격한 행동은 대개 특정한 목적을 이루기 위해 사전에 의식적으로 계획된 것이다. 서양인들은 자신들이 보기에는 명약관화한 일을 남들은 어떻게 방치하거나 무시하는지 이해하기가 어렵고 거의 이해가 불가능하다.

중국인은 어떤 경우에는 자신의 문전(예컨대 베트남)에서 벌어지는 일도 지나치거나 반응을 보이지 않는가 하면 어떤 경우에는 극도로 예민한 반응을 보이니 어떻게 그럴 수 있을까? 또한 그들은 우리가 심각할 때 그것을 간과해버리고 우리의 행동연쇄에 나타나는 예시적인 징조를 정확하게 읽고 해석하지 않는다. 그 점을 생각하면 우리가 개입하고 있는 과정은 매우 위태롭고 대책없는 일촉즉발의 정책이나 다름없다. 양측 모두 상대방의 무의식적인 문화의 현실을 수용할 수 없기 때문에 위험하기는 어느 쪽이나 매한가지이다. 상대의 문화에 섬세함이 결핍되어 있다(이것은 틀림없이 많은 중국인이 미국에 대해 지니고 있는 견해이다)고 비난한다면 그것은 다름 아닌 사람의 상호교류 과정에서 섬세함이 표현되지 않았다는 뜻이다. 내가 알기로는 섬세한 면이 전혀 없는 문화란 존재하지 않기 때문이다.

단일한 문화의 내부에서 발생하는 분쟁이나 해결은 합리적으로 잘 설정된 패턴을 따르고 있음이 분명하다. 그렇지 않다면 혼란에 빠지게 된다. 그러나 인류가 우리 모두 공유하고 있는 근본적인 인간성에 도달하기 전에는 문화 간에 깊은 차이가 존재한다는 사실을 파악하여 그것을 인정하고, 밝히고, 또한 대처하는 일이 쉽지 않을 것이다. 예컨대 오늘날과 같이 고성능 무기를 지닌 인류가 스스로를 파괴시키지 않으려면 자기 자신의 문화를 초월하는 일부터 시작해야 할 것이다. 먼저, 문화의 드러난 측면은 인내와 선의로써 다리를 놓을 수 있지만 보다 중요한 측면인 드러나지 않은 문화는 초월하기가 훨씬 힘들다.

문화의 무의식적인 부분에 관한 인식은 서양의 사고에서 비교적 최근에 전개된 것으로 역사가 너무 짧아서 실상, 의식 밖에 있는 문화의 과정은 거의 이해되지 못하고 있다. 매우 박식하고 명석한 내 동료 중에도 무의식적으로 구축된 인간의 시간적·공간적 체계에 관해서는 논의할 것조차 없다고 일축해버리는 사람들이 있다. 문화의 무의식적인 부분을 구체적인 용어로 이야기하는 것은 쓰기가 발달하기도 전에 언어의 기록체계에 관해 논하는 것과 다소 유사한 점이 있다. 그것은 1만 년 전 또는 그 이전의 언어를 분석하겠다고 매달리는 격이라고 생각해도 좋을 것이다. 물론 자기가 말하는 것을 다스리는 어떤 체계가 존재한다는 사실을 전혀 모르고 있어도 자유롭게 언어를 구사하는 사람들도 있을 것이며 그들에게 누군가 체계에 관해 이야기한다면 아마 짜증을 낼 것이다. 이것은 언어학자가 기록체계가 없는 언어에 체계를 만들려 할 때 나타나는 반응으로 미루어 알 수 있는 이야기이다(제2장에서 퍼거슨이 아랍 구어를 사용하는 사람들에게서 경험했던 바를 상기하기 바란다).

사람의 걸음걸이 또한 비언어적 체계의 하나로서 그 사람의 지위, 기분, 성별, 연령, 건강상태, 민족적 배경을 알려준다. 다른 포유동물도 모두 지니고 있는 입·치아·코 등 인간이 말을 할 때 동원되는 기관이 그렇듯이 다리와 몸체의 본래 목적은 의사소통수단이 아니다. 그렇지만 사람들이 걷는 방식, 특히 잘 아는 사람이 걷는 모습에서 많은 것을 읽어낼 수 있다.

나는 대학원생과 시간-동작 분석기의 도움을 받아 사람들의 걸음걸이와 그것에 의한 커뮤니케이션 방식을 연구해왔다. 그 연구방법에는 특기할 만한 것이 없다. 사람들의 다양한 걸음걸이를 촬영한 영화를 한 장면씩 느리게, 빠르게 조정하여 계속 반복해서 관찰할 수 있는 인내와 끈기만 있으면 된다. 그렇지만 실제적인 분석은 그보다 다소 복잡하고 꽤 지루하다. 걸음걸이와 같은 기본적인 체계조차도 그 구조의 요점을 파악하기 위해서는 장시간의 관찰이 필요하다. 그 이유는 걷는다는 단순한 행위 외에 또 다른 무엇인가가 존재하기 때문이다. 메이 웨스트(Mae West)는 그 무엇인가를 가지고 배우로서 그녀의 명성을 이룩했다.

구조를 판단하기 위해서는 의식적이고 드러난, '의미를 지닌' 차원에서 일어나는 일과 결별하지 않으면 안 된다. 이 점은 지금까지 문화체계의 구조에 관한 지식이 거의 없는 이유를 설명해준다. 또한 사람들은 대개 모델을 가지고 모든 것을 실제적으로 설명하지만 문화의 무의식적인 부분에 관해 알려진 지식들은 대부분 그러한 모델과 상충된다. 나아가 서로 다른 문화에 속한 사람들이 충돌할 경우 보통 그것을 정치·경제적인 차이, 운영방식의 차이, 개성의 차이 등으로 설명하고 만다. 어떠한 상황에서나 대체로 제기될 수 있는 그러한 요인들은 문화에 따라 달라질 수밖에 없는 것인데도 문화가 인간관계의 한 요인으로서 검토된 적은 거의 없다. 마지막으로, 한 문화체계의 분석이 성공적으로 완수되어갈 때 강하게 나타나는 경향으로서 마치 모든 문화가 동일한 듯이 무차별적으로 그 체계를 적용하는 점이다(예컨대 영어의 구문론을 적용시켜 일본어를 가르친 선교사들).

다른 문화에 자신의 문화를 투영시키는 방법은 상호 이해를 증진시키는 데 걸림돌이 되어왔다. 그런데도 그러한 문화적 투영을 제거하는 과정은 더디게 이루어지고 있다. 예컨대 20세기 초 인간의 행동과 사고에 관한 위대한 통찰 가운데 하나로서, 보애스(Boas)[8]와 그의 제자인 블룸필드(Bloomfield),[9] 사피어(Sapir)[10]는 미국의 인디언 언어들을 연구하는 과정에서 언어의 일반론(당시까지만 해도 인도-유럽어를 기초로 한)은 보편

---

8) Franz Boas, Introduction, *Handbook of American Indian Languages*, Bureau of American Ethnology, Vol.40, 1911.
9) Leonard Bloomfield, *Language*, New York: Henry Holt & Company, Inc., 1933.
10) Edward Sapir, *Selected Writings of Edward Sapir in Language, Culture and Personality*, Berkeley: University of California Press, 1949.

적으로 적용시킬 수 있는 것이 아니라는 사실을 발견했다. 보애스의 통찰에 의해, 설사 그 구조에 관해 전혀 아는 바가 없는 경우일지라도 모든 문화를 새로운 접근방법으로 연구할 수 있게 되었다. 그것은 여전히 현명한 방법이지만 아직까지도 일부밖에 수용되지 못하고 있다.

언어학적인 예는 난해하고 실생활과는 무관한 이야기로 들릴 수도 있을 것이다. "외국에서 상품을 팔고 못 팔고가 예의의 문제라고는 전혀 생각지 않아. 좀 무례하면 어때, 판매에서 중요한 점은 가격이라고"라고 말하는 기업가를 그 자리에서 설득할 수는 없다. 그는 자신의 문화를 다른 문화에 투영시키고 있는 것이며 그런 식으로 생각하는 기업가가 상당수이다. 그러나 결과는 근본적인 문제로부터 나타날 것이다. 문화적 차이의 중요성을 인식하는 것보다 현실적인 일은 없을 것이다.

그것은 잔다리밟아 호텔경영을 터득한 내 아들이 나에게 들려준 경험담으로 설명된다. 호텔이 잘되고 못되고는 종업원에게 달려 있는데도 경영자는 운영이 용이하지 않은 원인을 정확히 파악할 수 없을 때가 많다. 경영자로서 최악의 손해를 입게 되는 경우는 호텔이 제대로 돌아가도록 만드는 여러 부(副)문화의 실체를 파악하지 못할 때이다. 예컨대 호텔보이는 대체로 두 종류의 일을 하게 되는데, 첫 번째는 손님의 짐을 옮겨주는 것으로 팁을 받는 일이고 두 번째는 손님의 객실을 조정해주거나 비품과 잃은 물건을 점검하는 따위의 프런트 업무로 팁이 거의 없는 일이다. 호텔보이들에게 우선적으로 꼽히는 첫 번째 일은 마치 택시가 차례로 손님을 태우듯이 순번제로 돌아간다. 그 순번의 선두에 있는 '프런트보이'가 가장 눈에 잘 띄는 탓에 호텔보이의 시스템이 어떻게 돌아가는지 흔히 모르고 있는 호텔 지배인들은 먼저 눈에 들어오는 보이에게 두 번째 일을 맡기는 일반적인 실수를 한다. 그로 인해 보이들은 자기 차례를 놓치게 되고 순번제는 뒤죽박죽이 된다.

이와 같은 상황은 서로간의 문화차이에서 비롯된 오해로 남녀 사이나 회사 내의 회계사원과 영업사원 사이에서도 일어날 수 있다. 이 경우에는 언어장벽이 있는 것도 아니며 문화의 주류적 요소를 공유하고 있는 사람들 사이의 일이다. 이러한 유형의 오해가 발생하게 되면 사람들은 대개 개성의 차이나 정치적인 요인 탓으로 돌리기만 하고 적어도 둘 이상의 상이한 체계가 서로를 전혀 모르는 상황에서 빚은 오해라고는 생각지도 못한다. 이러한 상황과 민족이나 문화 간의 상호작용에서 발생하는 상황에 주요한 차이점이 있다면, 그것은 후자의 경우가 무지의 영역이 보다 넓다는 점과 각 문화의 구성원들이 자신의 체계를 설명하는 능력이 더욱 제한적이라는 점이다.

유감스럽게도 오늘날 인류학은 대부분 인간의 행동보다는 발언, 말하자면 언어로 전승된 문화(folklore)에 더 많은 관심을 기울이고 있다. 그렇지만 언어에 의한 전승은 전승일 뿐이고 그 자체로 다루어져야 한다. 미지의 문화의 측면을 연구할 때에는 다음과 같은 사실을 염두에 두어야 한다. 거기에는 어떤 체계가 존재하고 그 체계에 따라 생활하는 사람들은 그것이 기능하는 방식을 지배하는 법칙에 관해 거의 설명할 수 없다는 점(그들이 말할 수 있는 것은 그 체계를 제대로 사용하는지 아닌지에 불과하다), 그 체계가 구체적으로 드러나는 방식(그것으로부터 파생된 의미)과 조직되는 방식은 거의 무관하다는 점, 그 체계는 궁극적으로 유기체의 생물학과 생리학에 근거한 생체적인 기초라는 점, 그 체계는 광범위하게 공유되고 있는 한편, 소집단에 속한 몇몇 사람뿐만 아니라 한 문화에 속하는 수십·수백만의 사람을 구별하는 능력을 갖추고 있다는 점 등이다.

그와 같은 체계의 정의를 시도해보면 다음과 같다. 앞으로 밝혀져야 할 드러나지 않은 문화의 무의식적인 체계는 밝혀진 체계보다 아마 1,000가지 이상이 많을 것이다. 그러한 체계에는 순서 · 선택 · 적합성의 규칙에 의해 지배되는 다양한 특징과 차원이 있으며[11] 그러한 규칙들은 인간생활에서 다양한 목적을 달성하는 데 요구되는 커뮤니케이션, 담화, (모든 양상의) 지각, 인간의 교류, 행동연쇄 등의 형성적이고 적극적인 측면에도 적용된다. 아직도 의식 밖에서 기능하고 있는 연장물 체계가 상당히 많고 그것들이 형성 · 발전 · 변화 · 이용되는 대부분의 과정은 의식 밖의 문화의 영역에 속하므로 생활에 보이지 않는 영향력을 행사할 뿐만 아니라 생활과 동일한 규칙 및 법칙에 지배되고 있다.

의식 밖의 문화에 대한 탐구는 일반적인 배경과 맥락에서 현실적으로 일어나는 일들을 실제로 관찰함으로써 수행될 수밖에 없기 때문에 적어도 현재로서는 철학적으로 해명될 수 있는 문제가 아니다. 언어와는 별개로 문화를 표현하는 기호체계가 발달하지 않는 한 서기술과 수학의 발달이 초래했던 유형의 혁명은 기대할 수 없을 것이다. 그러나 혁명이 일어난다 해도 그것이 인간의 의식에 미치는 영향력을 측정할 길도 없다. 그러므로 문화는 지금까지 '정신'(mind)으로 정의된 것들과 일치할 정도는 아니더라도 매우 밀접하게 연관되어 있다.

이 장에서는 인간을 이해하고자 서양인이 밟아온 지지부진한 과정을 넌지시 언급하였다. 이 과정이 마치 달팽이 같은 데에는 여러 이유가 있다. 서양의 과학자들은 여태껏 자신이 속한 문화의 굴레를 벗어나지 못하고 있기 때문에 정신과 문화에 관한 유용한 자료들을 필요한 만큼 갖

---

11) Hall, 앞의 책.

추지 못했다. 또한 우리의 교육제도가 좋은 것이건 나쁜 것이건 간에 이 문제의 근저에 놓여 있다. 교육은 문제를 해결하는 방식뿐만 아니라 정신적 과정에도 영향을 미친다.

내가 말하고자 하는 바는 자유자재로 바꿀 수 있는 교육의 내용이 아니라 교육과정의 구조와 그것이 우리의 사고과정을 형성하는 방식이다. 우리의 교육제도들은 관료제적인 방식을 따라 거대한 규모의 형태로 정착되어 변화가 불가능하게 되어 있다. 다음 장에서는 내가 그와 같이 생각하는 이유를 설명하겠다.

12 상상력과 기억

어느 시기에 언어가 발생되었고 어떻게 진화되었는지는 알 수 없다. 지금 우리가 사용하고 있는 언어는 장구한 세월에 걸쳐 복잡한 과정을 거친 진화의 소산이다. 언어는 도구의 제작과 더불어 인간의 가장 큰 특징인 연장물 체계의 하나로서 인간의 경제적·정치적 발전 단계와는 무관한 것이다.

그러나 언어가 점진적으로 진화해왔다는 사실과 언어가 하나의 체계라는 인식은 별개의 일이다. 인간은 단지 말하는 것에 그치지 않고 말하기 위한 규칙(문법)을 가지고 있다는 사실은 오늘날 누구나 당연하게 여기는 바이다. 그러나 인간이 처음으로 자신이 말한다는 사실을 깨달았을 때 극적인 변혁이 촉발되었다. 언어는 인간과 분리되어 그 자체로 생명을 지니게 되었다. 즉 하나의 독자적인 체계가 되었다. 이로부터 문자(writing)와 문자체계가 생겨나고 그와 더불어 논리학과 철학이라는 관념의 유희 능력이 발달하게 되었다.

이러한 전개는 모두 연장의 전이 원칙을 따르는 것으로 인간의 정신에서 지능과 언어능력의 연관성이 그토록 밀접한 이유를 부분적으로 설명해준다. 언어가 우리 생활에서 지배적인 역할을 담당하기 때문에 그리고 연장의 전이 요인으로 인해 그 밖의 지적 체계는 경시되어왔다고 볼 수 있다. 우리 교육의 문제점들은 언어능력을 지나치게 강조한 나머지 인간 정신에서 그 밖의 중요한 부분을 무시하거나 과소평가하는 교육제도 및 철학에 의해 악화되고 있다. 그 결과 어마어마한 재능이 낭비되고 얼마나 많은 사람이 엄청난 피해를 입고 있는지 모를 정도이다.

학교제도의 확립과 더불어 인간의 정신에서 지능과 교육의 연관성은 돌이킬 수 없는 것이 되었다. 학교성적이 나쁜 사람은 머리가 나쁜 사람으로 간주되고 또한 나쁜 성적은 다름 아닌 언어체계와 수리체계 구사능력의 결핍과 직결된다. 그러나 인간의 과거나 동물계에서 인간과 가장 가깝지만 말을 하지 못하는 유인원을 두고 곰곰이 생각해보면 지능과 언어능력과 교육으로 인해 크게 달라진 바가 무엇인지 의심스럽다.

어쨌든 지능이 인간으로부터 비롯된 것도 아니고 포유류의 뇌가 학교교육으로 발달한 것도 아니다. 지능은 수백만 년에 걸쳐 실생활에서 사활이 걸린 문제를 해결하는 가운데 진화되었다. 더욱이 언어로 표현할 수 없다면 사고할 수도 없다는 일반적인 신념이 증명된 적은 없다. 사실 인간과 동물 모두에게서 볼 수 있는 비언어적 사고활동의 수많은 사례는 그러한 신념과 대치된다. 인간의 과거를 연구해보면 우리의 지능이 '어떻게' 동물의 그것으로부터 진화되어왔는가에 관해 많은 지식을 얻을 수 있다. 동물을 다루어본 사람이라면 동일한 종의 동물이라도 영리한 놈과 그렇지 못한 놈이 있다는 사실을 알고 있을 것이다. 구달(Jane Goodall)은 높은 수준의 지능과 통찰력을 드러내는 침팬지의 행동에 관해 다음과 같이 보고하고 있다.

피건이라는 젊은 침팬지는 비상한 통찰력이 있다. 구달과 그녀의 남편은 바나나를 나무에 배치하면서 어린 것들과 암놈들도 나눠 가질 수 있게 커다란 수놈이 그것을 몽땅 차지할 수 없도록 배려했다. 골리앗이라는 힘센 수놈이 바나나 바로 위에 앉아 있어서 보지 못한 것을 피건이 발견하게 되었다. 구달은 이어지는 상황을 이렇게 묘사했다.

    피건은 바나나를 발견하자마자 골리앗을 흘깃 쳐다본 다음 곧장 다른편으로 자리를 옮기고는 더 이상 바나나를 쳐다보지 않았다. 15분 후에 골리앗이 일어나 그 자리를 떠나자 그곳으로 돌아와 바나나를 집었다. 그는 상황 전체를 명백히 파악하였던 것이다. 그가 만약 바나나를 서둘러 얻고자 했다면 틀림없이 골리앗에게 빼앗기고 말았을 것이다. 또한 바나나 가까이에 머물러 있었더라면 바나나에 자꾸 눈길이 갔을 것이다. 침팬지는 눈치가 아주 빠르기 때문에 동료의 눈짓을 금방 알아챈다. 그러므로 골리앗 또한 바나나를 발견했을 것이다. 피건은 자신의 욕망을 그 자리에서 만족시키는 것을 자제하고 게다가 바나나에 눈길이 가지 않게 그곳을 떠남으로써 '게임에 지는 일'이 없도록 했다.

기록을 계속 살펴보자.

    휴식 중에 있는 집단 가운데 갑자기 한 침팬지가 일어나 걸어나가면 대개 다른 놈들도 일어나 그 뒤를 따른다. 반드시 지위가 높아야만 행동을 개시할 수 있는 것은 아니고 때로는 암놈이나 어린 것들이 그러기도 한다. 어느 날 피건은 대집단 가운데 있었기 때문에 혼자 바나나를 차지할 수 없게 되자 갑자기 일어나 걸어나갔다. 물론 나머지 놈들이 그를 따랐다. 10분 후에 혼자 돌아온 그는 당연히 그 바나나들을 차지했다. 처음에는 우연일 수도 있다고 생각했지만 같은 일이 여러 차례 반복되었다. 피건은 집단을 따돌린 후 되돌아와 바나나를 차지했던 것이다.[1]

동물들의 추리능력을 직접 체험을 통해 아는 사람들이라도 인간과 동물은 전혀 다르다고 생각하기 때문에 아는 바를 아이들의 교육에 적용시키기를 주저할지 모른다. 우리는 나머지 생명체와 유리되어 스스로를 자연의 일부로 생각하는 적이 거의 없다. 예외적인 인물인 동물행동학의 아버지 로렌츠[2]는 자신의 연구와 그 밖의 연구[3]에서 우리가 지능이라고 일컫는 것이 인간에게만 국한된 것이 아니고 보다 하등의 생명체에게서 기원한다는 사실을 밝히고 있다. 지능은 광범위하게 공유되는 것이며 수많은 종의 생존에 매우 중대한 역할을 담당하고 있다.

예컨대 생물학자가 지능의 기본 척도로 삼는 돌고래 및 고래의 뇌와 몸체의 무게비는 인간의 그것과 대등하다. 돌고래의 지능은 매우 높지만 인간은 그 의사소통체계를 해독할 수 없기 때문에 정확하게 얼마나 높은지 측정할 방법이 없다. 우리가 돌고래에 관해 알고 있는 대부분의

---

[1] Jane Goodall, Photos by Hugo Van Lawick, *In the Shadow of Man*, Boston: Houghton Mifflin Company, 1971.
[2] Konrad Lorenz, *King Solomon's Ring*, New York: The Thomas Y. Crowell Co., 1952; *Man Meets Dog*, Cambridge, Mass.: Riverside Press, 1955; *On Aggression*, New York: Harcourt, Brace & World, Inc., 1966.
[3] 인간 이외의 생명체를 연구하는 학자로서는 동물행동학자가 과거의 박물학자를 대신하고 있다. 다른 생명체에 대한 우리의 실질적인 이해를 도운 학자는 많지만 여기서는 광범위한 충격을 준, Hediger(1950, 1955, 1961)와 Tinbergen (1952, 1958)의 저작을 들겠다.

지식은 매우 한정되고 엉성한 인공적인 환경에서 관찰된 결과이다. 우리는 구달이 침팬지를 관찰하듯이 돌고래를 자연스러운 환경에서 충분한 시간에 걸쳐 상세하게 관찰할 여건을 갖추지 못했다. 오늘날 육지 동물을 연구할 때처럼 수생 동물도 장기적으로 상세하게 관찰할 수 있는 기술은 결코 개발될 수 없을지도 모른다. 그러한 기술개발에 요구되는 선결문제가 엄청나기 때문이다.

그렇지만 동물연구를 통해 언어 없이도 동물들의 행동에 관해 알 수 있다. 자연상태에서 동물들을 연구하기 시작한 것은 비록 최근의 일이지만 나날이 보다 많은 지식을 얻고 있다. 그러나 반드시 인간 이외의 생물체에 관한 한정된 지식에 의존하지 않더라도 인간 자체의 연구를 통해 더욱 확실한 증거를 얻을 수 있다.

천재 아인슈타인은 현대 물리학에 너무나 극적인 공헌을 많이 했기 때문에 그러한 업적을 이루게 된 지적인 과정을 알고자 하는 그의 친구들과 전기작가들[4]에 의해 거듭 연구되었다. 그의 학교성적은 취리히의 공과대학(Technological Institute) 대학원 시절에 이르기까지 형편없었다. 아인슈타인의 말에 의하면 그는 언어로 사고하지 않았을 뿐만 아니라 그의 중대한 통찰이 수학적인 형식으로 이루어진 것도 아니었다. 그 대신 그는 완결된 실재(체계)를 나타내는 시각 이미지를 동반한 물리적 이미지들을 힘들게 분해하여 수학과 언어로 번역해냈다고 한다. 다행히 그는 수학(언어와 독립적으로 기능하고 뇌의 다른 부분을 중심으로 한 연장체계)이 자신의 통찰을 표현하는 데뿐만 아니라 다른 과학자들과의 의사

---

[4] Banesh Hoffmann, and Helen Dukas, *Albert Einstein Creator and Rebel*, New York: The Viking Press, Inc., 1972.

소통에 강력한 도구임을 일찌감치 발견했다.

그러나 때로는 수학조차도 그의 이론을 확립시키기에 충분하지 못했으며 그로 인해 그의 정연한 이론전개에도 불구하고 플랑크와 푸앵카레 같은 탁월하고 저명한 과학자들은 아인슈타인의 개념에 반기를 들었다. 그들은 그 수학적 이론은 인정할 수 있었지만 뇌의 다른 부분──통합적인 부분──이 거부반응을 보였음에 틀림없다. 그에 대해 아인슈타인은 친구인 장거(Heinrich Zangger) 교수에게 보낸 편지에서 "플랑크는 명백히 어떤 잘못된 선입관에 가려져 있다……"[5]고 언급하였다.

학문적 세계 안팎에서의 내 경험은 나 자신의 인생에 무엇인가 존재하며 그 방향의 선택은 어떤 의미에서 거의 예정된 것임을 인식하도록 만들었다. 언어능력은 약하지만 호기심이 강하고 실천적인 정신의 소유자인 나는 수많은 동료가 발전시킨 철학적·이론적 인류학의 주류에 휩쓸리거나 몰두하지 못했다. 그 결과 나는 다양한 프로젝트에 참여하여 기업가, 변호사, 의사(주로 정신분석의와 정신병의), 외교관, 예술가, 건축가, 기술자, 디자이너, 노동자 등과 접촉할 수 있었다. 그러한 프로젝트는 모두 실생활의 문제를 해결하기 위한 연구들이었다.

이러한 경험, 특히 교육과 관련된 경험을 통해 나는 단일 문화권 내에서조차 사람들의 학습방법은 매우 다양하다는 점을 확신하게 되었다. 다양한 직업의 사람들을 가르치는 과정에서 나는 전통적인 연구방법을 따랐더라면 발견하지 못했을 많은 정보를 수집해왔다.

나는 학습의 기적이 어떻게 이루어지는가는 잘 모르겠지만 근래 미국의 교육방법이 부적절하다는 점만은 알고 있다. 교사의 책임하에 학생

---

[5] 같은 책.

들을 수업에 참가시키고 재미를 느끼게 하고 관심을 끌도록 유도할 수는 있지만 그것을 적절한 방법이라고 말할 수는 없다. 가장 진화된 뇌를 지닌 인간은 무엇보다도 학습하는 유기체이다. 인간은 학습하도록 만들어져 있다. 문제는 어떻게 학습하고 어떤 환경 및 구조가 가장 학습에 적합한가일 뿐이다.

오늘날에는 교육이나 학교 교육의 문제점에 관해서 상당히 많이 거론(대부분의 지적은 타당성이 있다)되고 있기 때문에 그 주제를 다루기가 두렵기조차 하다. 인류학자인 내가 인간을 보는 관점은 당연히 과거에 관한 의문에 근거한다. 즉 인간은 어떤 종류의 유기체인가, 어떻게 발전해 왔는가, 인간의 감각기능은 학교에서의 학습에 어떤 방식으로 영향을 미치는가 하는 문제이다. 내가 프록세믹스(인간의 공간사용)를 연구하면서 얻은 뜻밖의 성과는 인간의 감각기능에 관한 지식으로 그 사용방식 및 교육과 연관된 의미 등이다.

공간과 공간적 경험은 2,000년 동안 건축가의 영역이었다. 건축가는 닫힌 공간뿐만 아니라 열린 공간도 창조한다. 예컨대 샤르트르·랭스·노트르담·피렌체 등의 대성당과 낭시, 베네치아의 산 마르코, 피렌체의 시뇨리아 광장이 그것이다. 그런데 내가 만약 건축가로서 교육받았다면 『숨겨진 차원』에서 다루었던 내용을 연구하고, 정리하고, 서술할 수 있는 기회는 실질적으로 전혀 없었을 것이다. 시각적인 미학에 편중된 건축학 교육에 어김없이 세뇌당했을 것이기 때문이다.

대부분의 건축가는 공간적 경험을 주로 시각적으로 사고한다. 한 건축가가 내게 설명한 바에 따르면, 그들은 공간적 경험을 설계도와 투시도의 관점으로, 즉 2차원적으로 사고한다![6] 그런데 비교적 단순해 보이는 이와 같은 진술에는 상당히 중요한 몇 가지 문젯거리가 내포되어 있다. 건축가의 특기할 만한 재능인 시각화는 건축가와 의뢰인을 분리시키고 그로 인해 말 못할 고충이 발생한다. 건축가는 도면을 보고 그것을 통해 기억을 환기시켜 그 공간을 아주 생생하게 머릿속에서 재구성할 수 있다. 그렇지만 그와 같은 능력을 지닌 의뢰인은 거의 없다. 의뢰인은 공간이 완성된 다음 실제로 거기에 있어보기 전까지는 그 공간을 경험할 수 없다. 이것은 도시계획에서 발생하는 실패의 원인을 설명해주기도 한다. 건축가가 아닌 사람들이 고속도로·다리·건물 등의 설계도만 보고 완성된 모습을 상상할 수 있는 능력은 없으며 일단 완성된 다음에는 이미 늦는다.

내 친구인 스미스(Chloethiel Smith)는 일반인을 위한 설계(건축가를 위한 설계와는 달리)에서 성공을 거둔 매우 재능 있는 건축가이다. 그녀는 동료들이 의뢰인에게 도면을 설명하는 데 애를 먹는 것을 보고 때때로 설계도와 언어를 피하고 구체적인 예시를 통하여 의뢰인이 완성된 모습을 알 수 있도록 했다. 예컨대 미국 수도에 고속도로를 내는 계획에서는 지면에 의자를 의도적으로 배치하고 트럭과 밴을 빌려 고속도로가 나는 장소에 주차시켰다. 실제로 대형 트레일러를 배치함으로써 도면이나 말로는 전달할 수 없는 현실감을 갖도록 한 것이다.

그러나 워싱턴 시를 흐르는 포토맥 강의 아름다운 경관은 제외되었다. 사람들은 타고난 성품이나 훈련에 의해 다양한 감각양태를 발달시

---

6) 여기에도 연장의 전이가 나타난다. 건축물에 대한 상을 결정하는 데는 연장의 전이 과정이 작용하고 있음을 볼 수 있다. 상을 결정하는 근거는 제도(製圖)와 투시도인데, 어떤 경우에는 건물이 완성되기도 전에 상이 결정되기도 한다. 그 이유로서 상을 결정하는 심사원들은, 모든 건축물을 일일이 둘러보기가 불가능한데다 건축물의 판단에는 2차원의 설계도만으로도 충분하다고 대답할 것이다. 만약 건축 미학이 유일한 판단기준이라면 그 말도 일리는 있을 것이다.

킨다. 그 재능과 생계를 글쓰기에 의존하는 많은 사람은 종이의 세계에서 생활하며 그 밖의 일에는 거의 관심이 없다. 사실 사람들이 무엇을 지각하고 무엇을 간과하는지는 예측하기 어렵다. 건축가로서 공간지각을 연구하는 린치(Lynch)는 MIT의 영국인 동료 애플야드(Appleyard)[7]와 함께 보스턴에서 케임브리지로 이어지는 고속도로선상의 자동차 승객들에게 창밖으로 보이는 것을 정기적으로 묘사하도록 부탁했다. 묘사 내용은 다리·지하도·교회 첨탑·표지판 등이었고 자동차·트럭·버스 등을 묘사한 사람은 하나도 없었다!

건축가와 더불어 연구하기 전에 나는 정신분석학 연구소의 정신분석의나 외교관과 가깝게 지냈다. 그 직업은 모두 언어와 매우 밀접한 관계에 있는 것으로 그들의 생계와 지위는 말하기와 쓰기의 재능에 달려 있다. 그들은 관념이나 감정까지도 언어로 치환하여 전달할 수 있다. 그들과의 의사소통을 원하는 사람은 언어를 이용하지 않으면 안 된다. 그 두 부류의 사람들과 일하면서 언어에 길들여진 나는 건축가들과 접촉하기 시작하면서 충격을 받았다. 마치 아는 바가 전혀 없는 새로운 종족과 일하는 것 같았기 때문이다. 이 집단에 다가서려면 그들의 눈을 통해서, 즉 언어가 아닌 영상을 이용할 수밖에 없다는 사실을 알게 되었다.

이러한 설명을 듣고 교육자와 교육심리학자들은 잘못된 결론으로 비약할 위험이 있다. 그들은 오랫동안 말하기에 시각적인 예시를 곁들이면 커뮤니케이션이 증진될 수 있다고 알고 있었기 때문이다. 그러한 생각의 전제는, 학습에 동원되는 감각양태가 다양할수록 배운 것을 더 잘

---

[7] Donald Appleyard, Kevin Lynch, and John R. Myer, *The View from the Road*, Cambridge, Mass.: M.I.T. Press, 1964.

기억한다는 것이다. 그러나 이러한 접근방법에 함축된 의미는 모든 사람의 중추신경계가 기본적으로 동일하며 그렇지 않다면 문제가 있다는 것이다. 이것은 사실과는 다른 이야기이다.

　나는 나 자신의 결함을 통해 많은 것을 배웠다. 청각적인 능력이 매우 떨어지는 나는 언어권의 문화를 습득하기가 상당히 어려울 수밖에 없다. 언어의 귀재인 나의 누이는 학교성적이 매우 좋았지만 그것은 단지 언어적인 재능뿐만 아니라 시각적인 직관력도 있었기 때문이다. 그녀는 한 번 본 것은 거의 모두 시각화하여 기억할 수 있었다. 시험을 치르는 동안 그녀의 머릿속은 그 자체로 커닝페이퍼가 된다. 교과서나 노트의 어느 페이지라도 그녀의 머릿속에 투사되어 며칠, 몇 주, 나아가 몇 달 전에 기록했던 것까지도 읽어낼 수 있다. 그와는 대조적으로 나의 형은 기계나 광학에는 천재에 가깝지만 언어능력에는 문제가 있어서 읽기조차 힘들어한다. 교육제도는 그를 못쓰게 만들었다. 형은 교육을 받지 못한 채로 엄청난 고난을 겪었지만 그럼에도 기적적으로 성공할 수 있었다.

　나는 건축가나 제품 디자이너와의 일을 통해 새로운 세계를 접하고 난 후에야 비로소 내 형제자매를 제대로 판단할 수 있었다. 건축가나 디자이너는 언어능력은 떨어지지만 그들만큼 재능 있고 고무적인 집단을 찾아보기가 힘들 것이다. 내 수업에 참가한 젊은 디자이너들은 무엇이 어떻게 기능하는지에 깊은 관심을 지니고 있었다. 그들은 원리를 알고자 했고 광범위한 영역의 체계를 잘 알고 있었다. 그들에게 디자인에 관한 과제를 부여하면 그들은 그것을 어떻게든 해결하고 만다. 사람이 만든 것은 어느 것이나 일찍이 디자인에 관한 과제였으며 실제 의식적으로 디자인된 것이라는 사실을 상기하는 경우는 흔치 않다. 이 책에 인쇄된 활자, 종이, 책 자체, 앉아 있는 의자, 연필, 펜, 클립, 냄비와 프라이팬, 옷, 식기, 상표, 라디오, 텔레비전, 잡지, 도시와 주택 등 모든 것이 디자인된 것들이다.

미국의 디자인은 고도로 발달된 광고기술로 인해 2차원적인 시각적 편향을 나타내고 있다. 그러한 편향은 대중을 바보로 만들 수 있으며 보기는 좋으나 실용성이 없는 제품들, 예컨대 면이 날카롭고 짜임새가 엉성하다거나, 냄새가 나쁘다거나, 소리가 요란하고 느낌이 거칠다거나 하는 제품들을 쉽게 접하도록 만든다. 우리가 그것을 속임수로는 보지 않는다 할지라도 사람들은 그림과 도안으로 속이고 있다. 건물의 설계도를 완성된 모습과 비교해본 적이 있는 사람이라면 누구나 그 불일치에 대해 할 말이 있을 것이다. 그러나 우리는 매클루언이 말하는 '구텐베르크의 혁명'(즉 인쇄술의 발명)과 연장의 전이현상에 구속되어 그러한 형태의 왜곡을 당연한 것으로 받아들인다. 인쇄된 활자와 영상이 곧 진(truth)이자 실(reality)인 것이다. 그 결과 사람들은 감각적으로 입력된 모든 것에 대해 평면적이고 천박하게 접근할 수밖에 없는 상황에 처하게 되었다. 우리는 인위적이고 대부분이 2차원적이며 단편화된, 광고와 선전으로 조종되는 세계에서 살아간다. 특히 미국에서는 실제로 매체(medium)는 메시지에 다름 아니다.

나는 공간을 연구—사람들이 어떻게 공간을 경험하고 중추신경계에서 공간적 세계의 모델을 창출하는지—하는 과정에서 내가 속한 문화가 지닌 지각의 상투성을 시인하지 않을 수 없었다. 그러한 연구들을 통해 인간이 지닌 감각적 지각의 다중적인 특성이 드러났다. 그 연구과정은 마치 흑백에서 컬러로, 모노에서 스테레오로 진전되는 듯했지만 훨씬 극적인 면도 있었다. 나의 세계는 입체적이고 깊이 있게 실감을 더해

갔다. 냄새, 맛, 감촉, 열, 소리, 근육의 감각이 충만해져서 시각과 청각이 훨씬 3차원적으로 조성되기 시작했다. 나는 디자인 학도들의 도움으로 인간은 다른 모든 유기체와 마찬가지로 모든 감각에 각각 반응할 뿐만 아니라 다감각적인 정보를 저장하고 빼내는 것도 가능하다는 사실을 깨닫게 되었다.

인간이 어떻게 공간을 지각하는지에 관한 연구, 뜻밖의 인생경험, 상상의 방식이 각기 다른 전문집단들, 의뢰인, 학생 등을 상대해야 하는 여건 등의 모든 경험으로부터 받은 충격은 내가 속한 문화의 억제된 지각적·개념적 구속으로부터 벗어날 수 있을 만큼 충분하였다.[8] 나는 내 학생 모두에게 어떻게 사물을 기억하며 사고하는 과정에서 감각을 어떻게 사용하는지 질문하기 시작했다. 물론 대부분이 자신들이 어떻게 사고하고 기억하는지 거의 생각해본 적이 없었기 때문에 질문에 답하기 위해서는 자신을 관찰하는 기나긴 과정을 거쳐야만 했다.

마침내 그들이 자신의 감각이 어떤 식으로 조성되는지에 관해 무언가 발견하기 시작했을 무렵 그들은 한결같이, 누구나 자신과 다를 바 없다는 섣부른 결론을 내리고 그 생각을 고집했다. 비상한 시각화 능력을 지닌 한 여학생은 자신이 모든 점에서 다른 사람들과 전혀 다를 바가 없다고 주장했다.

이와 같이 자신의 감각능력을 타인에게 그대로 투영하여 그 차이점을 무시하는 일반적인 태도가 흔히 선생들이 자신과 동일한 감각능력을 지니지 못한 학생들을 이해하지 못하고 참아내지 못하는 이유일지도 모른다. 사실 누구나 자신과 동일한 감각양태로 지각하고, 사고하고, 기억한

---

[8] 이 모든 사례를 통해 나의 통문화적 체험이 더욱 생생해졌다.

다는 생각을 고수하는 사람이 월등히 많다. 한 학기에 걸쳐 상급생이 디자인과의 신입생을 가르치면서 프록세믹스 실험을 행한 결과 2명의 학생은 자신들이 매우 다른 방식으로 정보를 저장하고 처리한다는 완전히 '새로운' 통찰력을 얻었다. 두 학생 모두 처음에는 자신의 감각기능을 그대로 다른 사람에게 투영시키는 습관 때문에 고초를 겪었지만 결국 그중 한 학생이 내게 와서 이렇게 말했다.

"도저히 안 되겠어요! 그는 정말 다르다니까요. 내가 언어인간이라면 그는 전적으로 시각인간이에요."

학생들이 자신의 감각능력을 정리해볼 수 있도록 나는 우선 그들이 기억에 사용하는 감각을 의존도에 따라 차례로 나열하고 그다음 기억하는 데 각각의 감각을 어떤 식으로 사용하는지 기록해보라고 했다. 시각적인 능력이 비상한 한 학생은 대륙 횡단여행을 떠날 때 한 번 지도를 보면 그 순간부터 다시는 지도를 들출 필요가 없다고 했다. 또 청각과 언어능력이 뛰어난 학생은 타이프 용지로 20장 정도(약 5,000단어)까지는 머릿속에서 작성하여 저장해둘 수 있으며 이 이상 길어지면 요점만 메모해둔다고 했다.

장거리 스키 코스라도 한 번 활강하고 나면 그 코스의 굴곡과 표면상태를 근육의 감가으로 연상시켜 기억할 수 있다는 학생도 있었다. 그는 침대에 누워서도 머릿속으로 전 코스의 활강연습을 할 수 있다. 또한 색을 아주 정확하게 기억해서 견본이 없이도 똑같은 천을 고를 수 있는 여학생과 한 번 들은 멜로디는 몇 년이 지나도 '귀로' 재현할 수 있다는 남학생도 여러 명 있었다. 어떤 친구는 악보를 보면 머릿속에서 그 음악을 듣는데, 나중에 연주회에서 실제로 그 음악을 듣게 되면 상상으로 듣던 것만 못한 적이 많다고 했다.

몇몇 학생은 조리법만 읽어도 조리된 요리의 맛을 느낄 수 있어서 식욕이 생기고 결국 과식하게 된 결과 다이어트 문제로 고민하였다. 이것은 체중 때문에 고민하는 사람 중에는 그 원인이 욕구불만 해소에 있다기보다는 고도로 발달된 미각에 있을지도 모른다는 점(체중조절에서 간과되고 있는 측면)을 시사하고 있다. 내 친구 중에 깡마른 사람이 있는데 그 원인은 단순히 음식을 싫어해서가 아니라 훌륭한 요리라도 그 맛을 상상하는 능력이 전무하다는 데 있다. 한편 처음 만난 사람의 향수, 할머니네 지하실의 축축한 저장야채 냄새, 오븐 속에서 크리스마스 칠면조를 굽는 냄새 등 냄새와 향기를 상상할 수 있는 사람도 있다.

　마지막으로 나는 학생들에게 한 가지 감각을 어느 정도 창조적으로 이용할 수 있는지 묘사해보도록 했다. 과연 종이와 연필 없이도 집을 디자인할 수 있는지 펜이나 악기 없이도 머릿속으로 작곡이 가능한지? 베토벤은 악기나 악보 같은 연장물에 의지하지 않고도 현악용으로 작곡한 부분을 '듣고' 나서 거기에 관악기를 보충하여 곡을 완성시킬 만큼 음악을 생생하게 상상하는 능력이 있었다고 전해진다. 베토벤은 자신이 귀가 멀어가고 있다는 사실을 한참 뒤에야 알 정도로 청각적 상상력이 탁월했다. 음악은 그에게 수동적인 일이 아닌 게 분명했다. 작곡을 하는 동안 그는 믿을 수 없을 만큼 방 안을 맴돌고 벽을 두드리거나 부딪곤 했다.

　노벨상을 받은 델브뤼크(Max Delbrück)는 나와 더불어 인간의 감각능력의 차이를 논하면서 요즘 예전에 좋아했던 천문학에 다시 흥미를 갖게 되었다고 말했다. 그의 시각적인 기억력은 망원경 옆에 둔 성좌표를 본 다음 하늘의 별을 보는 데 걸리는 짧은 시간도 커버할 수 없을 정도로 열악했다고 한다. 나는 말에서 그와 유사한 고충을 겪었다. 어떤 학생은 근육(자기수용적인) 감각에 의지하지 않는 한 언어나 시각적인 것으로는 실제로 아무것도 기억할 수 없다. 기억나지 않는 단어나 철자를 직접 써보도록 하는 것이 도움이 되는 것은 그 때문일지도 모른다.

내 세미나에 참가한 한 청년은 매우 지적임에도 불구하고 학교생활을 잘해내지 못한 탓에 지진아로 낙인찍혔다고 한다. 이상한 것은 성적은 평균 이상이었다는 점이다. 여러 종류의 '전문가'를 찾아보다가 결국 그의 가족 주치의가 내린 진단은 지각능력에 장애가 있을지도 모른다는 것이었다. 그것이 이유의 전부였다. 그런데 그 빈약한 한마디 단서에 의거하여 소년은 자신의 힘으로 장애를 극복하고자 노력했다.

머지않아 그는 자신의 몸에서 일어나는 일은 아무리 미미한 움직임이라도 전부 기억할 수 있고 다른 모든 감각도 이 자기수용적 감각과 연관시킬 수 있는 비범한 감각능력을 지녔다는 사실을 발견했다. 물론 그러한 기억력은 전원생활에서는 크게 도움이 되지만 도시생활에서는 별로 도움이 안 된다(그는 등굣길조차 기억할 수 없었다. 왜냐하면 등굣길에 타고 다니는 자동차는 그의 몸과 피드백이 불가능하여 반응을 느낄 수 없기 때문이다). 지금 그가 몰고 다니는 스포츠카는 충격흡수장치가 부드럽지 않은 것으로 도로표면의 굴곡을 몸으로 기억할 수 있어서 길을 찾는 데 곤란을 겪지 않는다.

대부분의 젊은 친구들은 여러 감각을 복합적으로 사용하여 청각으로 수용한 것을 언어와 음악으로 분리했는데 그것은 언어와 음악이 뇌에 저장되는 방식에 관해 지금까지 알려진 바와 일치하고 있다. 도면·기록·모델 따위에 의지할 필요 없이 머릿속에서 창조적으로 상상하는 능력은 특히 건축가에게서 볼 수 있다. 그들은 머리속으로 열댓 가지 디자인을 시도해보다가 적절한 것이 결정되면 도면에 옮긴다. 거기에 요구되는 시간은 실제로 일일이 도면을 작성하는 것에 비하면 물론 아무것도 아니다. 노동하는 철학자 호퍼(Eric Hoffer)가 성공한 비결은 머릿속에서 텍스트를 구성하여 담아두었다가 밭에서 콩을 고르는 동안 편집하여 마음에 드는 형식으로 정리되면 집에 돌아와 밤에 그것을 최종적으로 기록할 수 있었기 때문이다. 국제적인 명성을 얻은 다작의 인류학자 미드(Margaret Mead)는 그와는 정반대이다. 그러한 과정에 관해 논하면서 그녀는 머릿속에서 단편적인 소재를 개념화하지만 실제로 언어화하지는 않는다고 말했다. 요컨대 머리로 편집하는 일은 없다는 말이다.

기억력은 작가들에게는 필수적이지만 나보코프(Nabokov)[9] 같은 작가는 매우 특수한 이미지 능력이 있다.

시각적 기억에는 두 종류가 있다. 하나는 눈을 뜬 채로 머릿속의 실험실에서 교묘하게 창조된 이미지(그리고 나서 나는 애너벨을 '밀랍빛의 살결' '가느다란 팔' '갈색의 짧은 머리' '긴 속눈썹' '크고 빛나는 입술'과 같은 일반적인 단어로 떠올린다)이고, 다른 하나는 눈을 감은 상태에서 순간적으로 눈꺼풀 안쪽의 어둠을 스치는 사랑스러운 얼굴의 주관적이고 절대적인 시각적 복제, 즉 천연색의 작은 유령이다.[10]

과거 금고털이범이자 『빠삐용』이라는 놀라운 책의 저자인 샤리에르(Charrière)[11]는 모든 감각을 동원하여 과거일을 상상할 수 있는 놀라운 능력 덕분에 '악마의 섬'에서 8년에 걸친 전대미문의 독방생활을 견뎌

---

9) Vladimir Nabokov, *Lolita*, New York: G.P. Putnam's Sons, Inc., 1955.
10) 나보코프가 시각화의 두 종류, 즉 머릿속의 실험실과 눈꺼풀 '안쪽의 어둠'을 어떻게 나누고 있는지 주목하라.

냈다. 그는 독방에 있으면서 시골길을 걷고, 신선한 공기로 숨 쉬고, 꽃향기를 맡고, 얼굴에 미풍을 느끼고, 어머니의 부드러운 무릎 위에 앉아 다독거리는 손길을 느낄 수 있었다. 그러한 능력을 감옥에 가둘 길은 없다. 나중에 『빠삐용』을 저술하는 동안 감옥에서의 체험을 겪은 대로 적어 내려가는 것만으로 완벽하게 재현할 수 있었던 것도 바로 그 능력 덕분이다.

카포티(Capote)[12] 역시 언어와 대화에 관한 생생한 기억력을 지닌 사람인데, 테이프 레코더를 이용하여 하나도 빠뜨리는 일이 없도록 훈련하여 기억력을 강화했다. 헤밍웨이 또한 언어인간으로 적절한 문맥에 적확한 단어를 쓰는 것을 매우 중시했다. 마크 트웨인은 언어에 능통했을 뿐만 아니라 뛰어난 시각인간이었음에 틀림없다. 우리는 쿠퍼(James Cooper)의 질척거리는 언어구사에 대한 마크 트웨인의 예리한 비판을 통해서 그가 '청각인간'임을 알고 있다. 그는 대화에 대해 놀라운 귀를 가졌을 뿐만 아니라 비상할 정도로 생생한 시각적 이미지를 구사할 수 있었다.

인간의 타고난 재능에 더하여 문화는 항상 기억과 사고에 막대한 영향력을 행사해왔다. 예컨대 이란의 학교에서는 언어적 기억을 중시한다. 이란의 교육자들은 학생이 정보를 기억하기만 하면 그것을 저장하고 상기하는 방법은 아무래도 상관없다고 생각한다. 졸업 후의 생활전선에서도 변함없이 엄청난 정보량을 암기하지 않으면 안 된다. 비교적 하급 공무원의 경우라도 마찬가지이다. 수많은 문화체계와 마찬가지로

---

11) Henri Charrière, *Papillon*, New York: William Morrow & Co., Inc., 1970.
12) Truman Capote, *In Cold Blood*, New York: Random House, Inc., 1965.

언어에 의한 기억체계도 나머지 문화와 엮여 생활의 모든 분야에 영향을 미친다. 미국인이 이란에 가면 신용을 잃는 경우가 많은 이유는 업무를 수행할 때에도 참고자료에 의존하지 않고는 기억하지 못하므로 무엇을 '안다'고 생각되지 않기 때문이다.

동지중해 연안의 아랍 세계 어린이는 『쿠란』의 암기와 더불어 계산문제를 연습하는데 학교에서뿐만 아니라 자기 나름대로 놀이 삼아 연습한다. 베이루트 거리에서 만나는 소년들 누구나 머릿속으로 환율을 계산해내는 것을 본 나는 놀라움을 금치 못했다.

나는 1930년대 초에 나바호 인디언과 일하면서 그들이 탁월한 시각적·언어적·자기수용적 기억력을 지니고 있다는 점을 발견했다. 그들은 동시에 모든 감각을 사용하는 것은 아니지만 여러 감각을 이용하여 놀라울 만큼 상세하게 기억한다. 호피 인디언 역시 그러한 재능을 지녔는데, 특히 언어와 숫자에 더욱 강한 것으로 보였다. 그 덕분에 그들은 백인과의 거래에서 즉시 나바호족을 능가할 수 있었다.

내가 제2차 세계대전 직후 현장작업을 행했던 트루크 섬 주민들의 기억력은 주로 사회적인 교류, 특히 부정의—절대로 잊지 않는다—와 관련되어 발달한 것으로 보였다.[13] 트루크 사람들은 교육에 상당한 역점을 두고 있는데 미국이 제공한 것보다 일본의 교육제도가 그들의 요구에 훨씬 부합된다고 생각하는 것 같았다. 그러한 견해는 미래의 어느 시기가 되면 교육제도는 모든 사람에게 무차별적으로 적용되는 문화에 구속된 이론에 의해 평가되기보다는 제도의 기능이 가장 잘 발휘될 수

---

13) 내가 말하는 것은 미국의 인디언·흑인·소수민족이 당한 형태의 부정의가 아니라 트루크 사람들끼리 서로 속이는 부정의이다.

있는 적합성에 의해 검증되리라는 것을 시사하고 있다.

심리학자들은 상상력이 사람에 따라 다르다는 사실을 오래전부터 알고 있었으면서도 그것을 근거로 한 행동을 주저해왔다. 그러한 행동은 기존의 문화에 역행하는 것이기 때문이다. 예컨대 캘리포니아 공과대학의 심리학자인 레비-아그레스티(J. Levy-Agresti)는 뇌가 분열된 간질환자들(대뇌의 두 반구를 연결하는 신경의 손상으로 발병)에 관한 연구에서 말하기와 무관한 오른쪽 반구가 손에 쥐어진 보이지 않는 물체의 형태를 훨씬 잘 식별한다는 사실을 발견했다. 그녀는 '언어적 성향'(verbal minded)보다 '영상적 성향'(picture minded)이 더욱 강한 사람들도 있다는 사실을 '이론화'시켰다.[14] 그 이론의 중요성이 간과되어서는 안 될 것이다.

심리학자 가운데 루리아(Luria)처럼, 뇌손상을 입은 사람을 포함하여 특수한 재능을 지닌 사람을 대상으로 상당한 시간을 투자하여 연구하려는 사람은 드물다.[15] 달리 말하자면, 미국인은 감각적으로 균질화된 일반대중, 즉 특수한 재능이 없는 보통사람을 선호하는 경향이 있다. 또는 특수한 재능을 지닌 사람들은 연구대상에서 '제외'된다. 그 결과 미국의 심리학은 마땅히 알아야 할 인간의 다양한 능력을 최대한 규명하는 데 공헌하지 못했다. 이는 분명 잘못된 것이다. 우리의 아인슈타인들은 선구자일 뿐만 아니라 그보다 못한 사람들이 따를 수 있는 길을 열어준다. 문화는 평균적인 인간을 똑똑하게 만들기도 하지만 비범한 인간을 바보로 만들기도 한다. 언어와 수학이라는 상징을 구사하는 귀재들을 제외

---

14) 『뉴스위크』, 1960년 11월 11일자, 94쪽.
15) A.R. Luria, *The Mind of a Mnemonist*, New York: Basic Books, Inc., Publischers, 1968; *The Man with a Shattered World*, New York: Basic Books, 1972.

하고는 특수한 재능을 지닌 사람들에 관한 진지하고 상세한 연구는 드물다. 그들은 '대표적인 인간'이 아니라는 이유로 연구대상이 될 자격을 잃는다. 그러나 그러한 인간에 관한 소수의 연구로부터 인간의 감각기관이 지닌 잠재력을 알 수 있었다.

그 한 사례가 MIT의 심리학자 스트로마이어(Stromeyer) 3세에 의해 보고되었다. 그는 하버드 대학에서 가르치고 있는 한 젊은 여성을 대상으로 실험[16]을 행했다. 엘리자베스(가명)는 그녀가 본 적이 있는 것을 실상(實像)으로 투사하여 그 이미지를 바꿀 수 있는 이중의 능력―나목을 잎이 있는 상태로 본다거나 면도한 얼굴을 수염이 난 얼굴로 본다거나―을 지니고 있다. 심리학자들은 기억과 상상작용이 구별될 수 있는 것이 아님에도 불구하고 그것을 구별하기 때문에 뛰어난 상상능력을 지닌 사람을 테스트하는 데 곤란을 겪어왔다. 심리학자들은 맥락을 무시한 채 엘리자베스의 상상능력을 검사하기 위한 방법을 개발할 수밖에 없었지만, 그것은 알다시피 쉽지 않은 일이다. 그 방법으로 스트로마이어는 컴퓨터가 작성하는 입체도(CGSG: computer-generated stereograms)를 이용했다.

CGSG는 컴퓨터가 임의의 간격을 두고 작성하는 일련의 점으로 그냥 보면 점으로밖에 안 보이지만 스테레오스코프(입체경)를 통해 두 눈을 모두 사용하여 보면 배면에서 형태가 나타난다. 탁월한 시각적 기억력을 지닌 엘리자베스는 스테레오스코프를 사용하지 않고도 컴퓨터가 작성하는 두 조의 점들을 합성할 수 있었다. 즉 한 눈으로 한 조를 보고 난

---

[16] Charles F. Stromeyer, III., "Eidetikers," *Psychology Today*, Vol.4, No.6, November 1970.

다음 다른 눈으로 또 다른 한 조를 보고, 그 두 상을 마치 스테레오스코프로 보고 있는 듯이 합성시켜서 두 눈으로 동시에 본 것과 동일한 도형을 실제로 작성한다. 그녀는 1만 개의 점으로 이루어진 패턴을 한쪽 눈으로 1분간 보고 10초간 휴식한 다음 다른 눈으로 두 번째 패턴을 보았다. 스테레오스코프에 의지하지 않고 먼저 기억한 상을 눈앞에 나타난 상과 합성시킴으로써 그녀는 T라는 문자가 '다가오는' 것을 식별할 수 있었다.

이번에는 동일한 실험을 하루의 간격을 두고 행했다. 오른쪽 눈으로 CGSG를 본 24시간 후에 왼쪽 눈으로 다른 CGSG를 본 그녀는 사각형이 떠오르는 것을 볼 수 있었다. 사흘 간격을 두고 행한, 실험자도 피실험자도 그 결과를 예측할 수 없는 실험에서도 그녀는 1만 개의 점으로 이루어진 2개의 상을 기억으로부터 재구성하여 형태를 판별할 수 있었다![17] 엘리자베스를 테스트하는 데 구식의 스테레오스코프식 그림엽서를 이용하는 것도 물론 가능하겠지만, 그녀의 말대로 시간을 두고 좌우의 눈이 각각 본 이미지를 합성하여 3차원적인 입체상으로 볼 수 있다는 것을 입증할 방법은 없을 것이다. 속임수가 불가능하다는 데 CGSG 실험의 이점이 있다.

엘리자베스는 시각적으로 상상히는 비범한 능력이 있다. 그녀와 같은 사람이 얼마나 더 있는지, 어느 정도의 인구비율로 존재하는지, 또한 문화가 학교를 통해 그러한 사람들의 능력을 저하시키지나 않는지는 잘 모르겠지만, 어쨌든 어린 시절 그러한 능력을 지니고 있던 수많은 학생이 성장해감에 따라 능력을 점차 상실하게 된다.

---

[17] 『사이언티픽 아메리칸』, 1970년 3월호, 62쪽.

시각적 · 청각적인 상상능력과 기억에 관해서는 다양한 기술을 이용하여 광범위하게 연구되어왔지만 다른 형태의 기억에 관한 연구에는 소홀한 점이 있었다. 촉각, 자기수용적 감각, 온도감각(적외선 수용능력과 피부감각능력), 내부수용기적 감각 등의 기억체계 및 이것들보다는 낮은 수준인 후각의 기억체계에 관해 믿을 만한 좋은 정보가 매우 부족하다. 그러한 연구를 통해 밝힐 수 있는 것이 무엇일까? 어떤 사람들은 자유자재로 냄새를 상상하여 그것을 통해 과거의 사건을 상기할 수 있다. 후각적 기억력은 약제사 · 요리사 · 야금가에게 필수적인 것이다. 그러나 미국문화는 후각이나 촉각이라는 감각에 부정적인 가치를 두고 있다(우리가 방취제를 지나치게 사용하는 것이 그 증거다). 그렇지 않았다면 제조업자들이 그토록 나쁜 냄새가 나는 제품을 생산했을 리가 없다.

자기수용적 기억에 관한 지식은 한정되어 있다. 그러나 무용수나 운동선수나 연주가가 공연을 하면서 실제 몸의 움직임을 정확하게 재경험할 수 있다면 상당히 유익할 것이다. 그들은 그러한 능력을 통해 시즌이 끝난 후에 자신의 기술을 개선하거나 증진시킬 수 있으며, 실제로 운동장에 있지 않아도 또는 악기를 지니고 있지 않아도 연습할 수 있다.

신체적 상상능력에 의한 보다 중요하게 생각되는 또 다른 측면으로는 신체감각을 통해 주변세계를 해석하는 능력이다. 그러한 능력의 유용성은 초고압용수 밸브의 설계에 숱한 혁신을 일으킨 한 발명가의 사례로 입증되었다. 그가 성공한 이유는 밸브가 전체 수압을 지탱하는 상태를 자신의 몸으로 상상할 수 있었기 때문이다.[18] 내 친구 풀러(R. Buckminster

---

18) 이 사례는 한때 발명가로 일한 적이 있어서 발명가의 상상력을 관찰하고 논의할 수 있었던 동료에게서 들었다.

Fuller)도 몸으로 사고하는 사람임에 틀림없다. 게다가 그는 비상한 언어적 기억력을 지니고 있다. 풀러와 아인슈타인은 모두 자연의 법칙을 신체적으로 체험하는 사람이다. 사실 체계적인 사고는 명백히 신체감각적 운동피질과 연관되어 있는 기능들을 체험하는 능력, 즉 신체를 통해 이미지를 상기하는 능력과 관계가 있는 것으로 보인다.[19]

이와 같이 흥미로운 주제에 관한 자료가 『시넥틱스』[20]라는 책에 많이 서술되어 있다. 이 책은 현실적인 문제를 해결하는 상황에서 발생하는 창조적인 과정에 관한 일련의 보고서이다. 여기서 연구대상이 되고 있는 과학자와 기술자는 실험실에서 실생활의 문제들을 푸는 동안 자신의 뇌와 신체에서 일어나는 일을 낱낱이 기록했다. 그들 모두 신체를 통해 문제를 상상해내기 전까지는 새로운 해결이 불가능했다. 어떤 과학자는 자신이 진자나 용수철이 된 기분으로 상상하지 않고는 문제를 풀 수 없었다. 그와 마찬가지로 아인슈타인은 자신이 공간을 가로지르는 광자(photon)라면 어떻게 될지, 일정한 가속상태의 엘리베이터에 타고 있다면 어떤 느낌일지, 그리고 자신을 바닥으로 끌어당기는 힘이 중력인가 가속도인가 판단할 수 있을지 상상했다.

아무리 진부한 계획이라도 어느 정도의 창조적인 상상력이 없이는 불가능하나. 그러니 영어에는 현실적으로, 역동적으로 상상하는 능력 또는 머릿속에서 계획하고 내용을 재조정하는 능력을 지칭하는 보통명사나 문구가 없다.[21] 시인 · 예술가 · 작가 · 조각가 · 건축가 · 디자이너 ·

---

19) Bela Julesz, "Experiment in Perception," *Readings in Psychology Today*, Del Mar, Calif.: CRM Books, 1967.
20) William J. J. Gordon, *Synectics: The Development of Creative Capacity*, New York: Harper & Row, Publishers, 1961.

호스티스 · 요리사 · 재봉사 · 목수 모두가 제각기 발휘하는 특수한 능력의 구성요소들을 사전에 여러 의식적인 방법으로 합성할 수 있는 창조적인 상상력(각각 다른 감각들을 조합시켜서)을 지니지 않으면 안 된다. 그러나 일상생활에서 이러한 특수한 능력을 이용하는 일은 극히 드물다.

---

21) '상상하다'(imagine)라는 단어를 본래의 의미로 사용한다면 모를까 오늘날 통용되는 뜻으로는 적절한 이미지를 떠올릴 수 없다.

13 교육의 문화적 기반과 영장류적 기반

본래 유기체의 형태와 행동양식 사이에는 반드시 밀접한 관계가 있다. 한 유기체의 본성을 모르고는 그것이 지닌 최대한의 잠재력을 적절하게 개발시킬 수 없다. 이 원칙은 동물이나 인간, 또는 인간의 연장물에도 적용된다. 목수일에 정교한 수술도구를 사용한다거나, 페라리 같은 호화 승용차를 택시로 사용한다거나, 아인슈타인에게 초등학교 산수를 가르치게 한다거나, 윈스턴 처칠을 시장으로 앉힌다거나 하면 사람들은 대부분 난센스라고 생각할 것이다.

자연계에서 동물은 생존을 위해 그와 같은 형태와 기능의 완벽한 균형을 추구해왔다. 독사적으로 지기 영역을 창조한 인간도 자신이 과연 어떤 유기체인지 알고자 계속 노력하고 있다. 인간이 제도를 완성하기 위해서는 기본적으로 자신을 알아야 한다. 그러나 상식화된 현존의 지식은 거의 전부가 전승된 신념에 지나지 않는다. 인간이 자신을 아는 정도가 고작 여기에 머문 이유는 문화 탓이기도 하지만 인간의 복잡성 탓이기도 하다.

인간에 관한 지식의 기반을 세우는 작업은 물질 세계를 대상으로 하는 것보다 훨씬 어렵다. 거기에 사용되는 도구 자체가 관찰의 대상이 되는 과정의 산물이기 때문이다. 이러한 문제를 해결하기 위한 적절한 사례를 물질계에서 구한다는 것은 거의 불가능한 일이다. 아마 유사한 사례는 존재하지 않을 것이다. 우선 기록되지 않은 문화의 규칙에 통달하지 않고는 인간이라는 종에 관한 지식을 구속하는 제약에서 벗어날 수 없다. 그러한 제약은 어떠한 상황이나 맥락에서도 발견되며 인간의 상호작용이 이루어지는 곳이면 어디서나 관찰된다. 그와 같은 문제를 과연 무엇부터 연구해야 할 것인가?

문화에는 10가지 기본적인 체계가 존재하는데 무엇부터 연구해도 상관없다.[1] 가장 기본적 체계인 공간과 시간에 관해서는 다른 장에서 논의한 바 있다.[2] 그 가운데 학습도 다른 기본적인 문화체계와 마찬가지로 나머지 모든 체계와 연루되어 있다. 어떤 방식으로든 학습과 무관하거나 영향을 미치지 않을 수 없다. 무엇을 어떻게 배우는가는 문화적으로 결정된다.

유럽에서 발생한 문화는 학습을 '제도화'시켜왔는데 그 과정에서 인간의 기본 본성은 엄청난 모욕을 감내할 수밖에 없었다. 그러한 과정을 역전시켜 문화의 보이지 않는 속박에서 벗어나려면 인간의 생리학적·생물학적 본질과 더불어 인간의 기원, 즉 어떻게 오늘날의 인간으로 발달하게 되었는지에 관해 더 많이 알지 않으면 안 된다. 오늘날과 같은 거대한 제도를 발달시키기 이전의 인간은 어떤 종류의 유기체였을까?

---

[1] 10가지 기본적인 체계는 다음과 같다. 상호작용과 물질(개발), 연합과 방어, 일(생계)과 놀이, 양성성과 학습, 공간(영토권)과 시간. Edward T. Hall, *The Silent Language*, Garden City, N.Y.: Doubleday & Company, Inc., 1959.
[2] Hall, 같은 책.

시종일관한 사실이지만 인간은 영장류이며 다른 영장류와 수많은 특징을 공유하고 있다. 그러한 특징들은 가장 근본적이고 기초적인 의미에서 인간이 어떻게 배우고 교육되어야 하는가와 모두 직접적인 관련이 있다.

교육의 재건을 위한 유망한 방법 가운데 하나는 다음과 같은 네 범주의 기존 지식을 토대로 교육과정을 구상하는 것이다. 즉 인간의 신경계(학습과 연관된 부분)가 다양한 감각양태로 정보를 처리하고 저장하고 인출하는 방식, 인간의 영장류로서의 특징, 학교의 규모와 전체 경험의 관계, 문화의 실상과 각 민족이 지니고 있는 문화적 가치를 보전해야 할 필요성을 인정하는 것이다. 각각의 범주는 일견 전혀 무관한 별개의 지식으로 생각될지도 모르지만 오늘날 미국이 안고 있는 교육의 문제점을 확인할 수 있는 관건으로 여겨진다.

인간이 어떠한 종류의 유기체인지 고찰하기 위해서는 뇌라고 하는 놀랄 만한, 그러나 일부밖에 밝혀지지 않은 기관을 다시 살펴보지 않을 수 없다. 무엇보다도 뇌는 중심 기관이고 인간이라는 유기체의 모든 측면과 연관되어 있다. 그러나 유감스럽게도 뇌에 관해 현재 알고 있는 지식마저도 교육자들이 직접 이용하는 일은 거의 없었다. 신경생리학·신경해부학·정신약물학을 연관 짓는 작업은 일상생활에서는 아직 이루어지지 않고 있다. 그러나 뇌, 또는 우리의 논의와 관련된 뇌의 부분들에 관해서 미래의 교육기반에 주춧돌이 될 만큼 포괄적으로 연구하는 몇몇 사람(제각기 분야는 다르지만)이 있다. 여기서 내가 논의하고자 하는 다섯 연구자는 루리아(Luria), 래슬리(Lashley), 프리브램(Pribram), 피치(Pietsch), 맥린(MacLean)이다.

러시아의 신경생리학자 루리아[3]는 인간의 뇌가 외상을 입었을 때 어떻게 반응하고 또한 어떻게 기능을 회복하는가에 관해 정밀하게 연구하였다. 스탠퍼드 대학의 프리브램[4]은 원숭이의 뇌가 어떻게 감각적 정보를 축적하고 조직하는가에 관해 연구하고 있다. 그는 래슬리의 뒤를 이어 훨씬 진전된 연구를 수행하였다. 한편 인디애나 대학의 피치 교수[5]는 뇌의 정보 축적에 관해 새롭고 인상적인 증거자료를 제공하였고, 맥린[6]은 신경의 계통발생적 진화과정에 관한 연구에 공헌하였다.

그 밖에도 중추신경계의 연구에 일생을 바친 저명한 과학자들이 수십명 되는데 그들의 업적도 교육의 다양한 측면에 적용될 수 있다. 그러나 이 책에서 다루고 있는 수준에 일관성을 유지하기 위해서는 우선 루리아·래슬리·프리브램·피치·맥린의 연구에 한정시킬 수밖에 없다.

잠시 유럽인이 얼마나 정신(心, mind)과 뇌의 구분에 열중하고 있는지 살펴보자. 그러한 구분은 문화적 유기체로서의 인간과 생물학적 유기체

---

3) A.R. Luria, *Higher Cortical Functions in Man*, New York: Basic Books, Inc., Publishers, 1966; "The Functional Organization of the Brain," *Scientific American*, Vol.222, No.3, March 1970.

4) Karl H. Pribram, "The Neurophysiology of Remembering," *Scientific American*, Vol.220, No.1, pp.73~86, January 1969; *Languages of the Brain*(Experimental Psychology Series), Englewood Cliffs, N. J.: Prentice Hall, Inc., 1971.

5) Paul Pietsch, "Shuffle Brain," *Harper's Magazine*, Vol.244, No.1464, pp. 41~48, May 1972(a); "Scrambled Salamander Brains: A Test of Holographic Theories of Neural Program Storage,"(Abstract of paper presented at American Association of Anatomists conference, 85th session, Southwestern Medical School, University of Texas, April 3~6, 1972), *The Anatomical Record*, Vol.172, No.2, February 1972(b).

6) P.D. MacLean, "Man and His Animal Brain," *Modern Medicine*, Vol.95, p.106, 1965.

로서의 인간이라는 이 책의 핵심 문제와 관련된 것이기 때문이다. 학자들은 한동안 뇌는 생리학적 기관이며 정신은 인간이 그 기관을 조작하는 것으로 정신과 뇌를 구분해서 연구해왔다. 다음에 나오는 설명들은 특별히 정신을 배제하고 있음에도 불구하고 그 명확한 구조 때문에 일반적으로는 정신의 기능으로 오해되고 있는 것들을 밝혀주는 사례로서 선택되었다. 문화적으로 설명할 수 있는 적절한 이론이 없는 정신/뇌의 이분법은 믿을 수 없고 이해하기 어려운 개념으로 입증되었기 때문에 미국의 많은 개업의들은 그 문제를 단순히 기피해왔다.[7]

그러나 생리학적 기관은 경험에 의해 크게 변화되는 것인데 그 이전의 뇌의 프로그램을 설명할 방법이 없다. 이러한 상황은 역사의 우연한 산물(기본적으로 유럽적 전통에서 형성된 우리의 사고)로서 인류학과 심리학의 인위적인 분리와 더불어 정신의 개념을 문화의 이론에서 분리시켜 개별적으로 전개시킨 탓으로 생각된다. 우리가 **정신으로 간주해온 것은 사실 내면화된 문화이다.** 과거 400만 년 이상에 걸쳐 진화해온 정신-문화 과정은 주로 '조직화' 및 나아가 뇌에 전달되는(더불어 감각에 의해 변화되는) 과정에서의 '정보'의 조직과 관련된 것이다.[8]

---

[7] 최근에 출판된 500쪽에 달하는 *Reading in Psychology Today*(Jules7, 1967)의 색인에는 정신(mind)에 대한 항목은 하나도 없다.
[8] 감각에서 뇌로의 이행과 정신을 구조화시키는 그 기능을 이해하는 것은 인간을 이해하는 데 사실 결정적으로 중요한 고리가 되어왔다. 그것은 다양한 분야에서 끊임없이 미디어-메시지, 형식-내용이라는 주제로 연구되고 있다. 최근에 Lewin(1974)은 새끼 고양이들을 세심하게 조정된 두 환경——감각 입력을 구조화시킬 때 수평선만을 지각할 수 있도록 한 것과 수직선만을 지각할 수 있도록 한 것——에 나누어 길렀다. 그런 다음, 다른 점에서는 아주 같은 이 두 부류의 고양이들을 현실세계로 내보냈을 때, 실험기간에 새겨진 지각 습관이 그대로

스키너[9]가 말하는 강화 스케줄은 지각된 것과 지각되지 않은 것을 결정한다. 그러나 유기체와 환경의 상호작용을 구성하는 조직화뿐만 아니라 상벌을 규정하는 것은 스키너가 아니라 생활 자체일 뿐이다. 투사와 연장을 포함한 인간-환경의 상호작용 전체가 문화이다. 인류학자나 사람들이 문화에 관해 생각하고 말하는 것은 문화의 과정 그 자체와는 별개의 것으로서 초문화(metaculture)로 지칭될 수 있다(인류학은 대개 이 초문화를 다루고 있지만 지금 논의하고 있는 것과도 다른 문제이다).

맥린은 뇌에 관해 최근 상당한 주목을 받고 있는 견해를 제출하였다.[10] 의사인 그는, 인간은 하나가 아닌 3개의 뇌를 지니고 있기 때문에 3가지 본성이 나타나는데 상호간에 반드시 보조를 맞추지 않을 수도 있다는 사실을 입증하였다. 그 3가지는 오래된 파충류의 뇌, 오래된 포유류의 뇌, 그리고 신피질(neocortex)로 알려진 비교적 최근에 진화된 포유류의 뇌이다.

파충류의 뇌——뇌간(腦幹)——는 생명과 관련된 기능을 돌보며 영토본능이나 밀집에 대한 반응 따위의 공간을 가늠하는 특성을 지니고 있다. 오래된 뇌와 새로운 뇌 사이에는 변연계(邊緣系, limbic system)라고 일컫는 오래된 포유류의 뇌가 있다.[11] 변연계는 조류와 포유류의 집단생활

남아 있었다. 즉 한쪽은 의자다리, 창과 문의 측면 같은 수직선을 보지 못하고 다른 한쪽은 수평선을 보지 못했다(벽이나 수직선은 존재하지만 천장, 마루, 문 위의 가로대, 문지방 등은 존재하지 않는다). 이야말로 정신과 문화의 축도이다.

9) B.F. Skinner, *Science and Human Behavior*, New York: The Macmillan Co., 1953.

10) MacLean, 앞의 책.

11) 에서는 그것을 사회적 뇌라고 부른다. Aristide H. Esser, "Social Pollution," *Social Education*, Vol.35, No.1, January 1971.

에 필수적인 진화요인에 의해 발달한 것이다. 희로애락의 감정을 느끼고 환경을 감지해내는 기능은 변연계에 의해 가능한 것이다. 또한 변연계는 지배의 위계질서와 같이 갈수록 복잡해지는 환경에 대처하기 위해 관찰력을 정밀화시키는 중요한 역할을 담당하고 있다. 제3의 뇌, 즉 새로운 뇌인 신피질은 다른 뇌를 위에서 감싸고 있는 형태로 인간의 상징적인 행동능력과 밀접한 관계가 있다.

맥린은 앞으로 논의할 루리아와는 전혀 다른 방식으로 뇌를 연구하였다. 그는 예컨대 공간의 지각이라는 기능을 연구할 경우 그 지각의 깊이와 뇌의 종류까지 염두에 두고 고찰하며 또한 사회적 위계질서 및 집단화, 감정 등은 인간에게 아주 기본적인 것으로 대략 1억 년 전부터 인간이 오랫동안 지녀온 것임을 제시하고 있다. 이에 보충하여 기억해둘 점이 있다면 현재의 뇌는 단순히 원시적인 뇌에 또 다른 뇌가 부가된 것이 아니라 새로운 뇌가 부가됨에 따라 각각의 기능이 어우러져 진화한 결과라는 사실이다.

그러한 뇌의 기능들은 통합되어 있지만 제각기 상이한 요구에 반응한 결과로 발생기원을 달리하고 있다. 뇌의 파충류적 기반은 대략 5억 년 전에 파충류가 미래를 위해 뇌에 정보를 축적하기 시작했을 무렵 형성되었다. 만약 모든 종류의 교육·학습·문화에 공통된 측면을 유일하게 꼽는다면 그것은 미래를 위한 정보의 축적과 통합일 것이다. 이러한 기적이 이루어진 과정을 연구하기 위해 피치[12]와 프리브램[13]은 각각 도롱뇽과 원숭이를 대상으로 인상적인 실험을 했다.

---

12) Pietsch, 앞의 책.
13) Pribram, 앞의 책.

기억에 관한 역동적인 연구를 시작한 사람은 기억이 뇌의 어느 부분에 속하는지 밝히기 위해 일생을 바친 유명한 심리학자 래슬리[14]이다. 그는 쥐의 뇌를 조금씩 잘라내면서 미로 달리기와 같은 문제풀이 능력을 테스트하는 것으로 쥐의 기억력의 변화를 관찰하였다. 그 결과 대뇌피질(오래된 포유류의 뇌)을 아무리 많이 잘라내도 남은 것이 아주 조금이라도 있다면 쥐의 기억력은 변함없다는 사실을 알았다. 기억을 삭제하는 것은 불가능했다! 고지식한 일부 과학자들은 래슬리의 실험결과를 못 믿을 것으로 보았다. 그들은 사람들이 대개 그렇듯이 모든 것이 제자리에 그대로 있기를 바랐지만 생명현상이란 본래 정연한 것이 아니며 해답은 예기치 못한 곳에서 나오게 마련이다.

　래슬리의 연구결과를 뒷받침할 수 있는 모델은 20년이 지난 후 런던대학의 물리학자 가버(Dennis Gabor)가 전자현미경을 개량하기 위해 광선을 연구할 때 우연히 발견한 광학상의 홀로그램에 의해 비로소 제시되었다. 가버에게 1971년도 노벨상을 안겨준 빛의 홀로그램[15]은 다원적인 이미지(像)의 축적으로 렌즈를 사용하지 않는 3차원의 레이저 광선 사진이다. 신문잡지에서 홀로그래피를 보고 들은 사람들이 많을 것이다.[16] 홀로그램을 반으로, 4분의 1로, 또는 아무리 잘게 나누어도 그 상은 마치 쥐의 뇌에 남아 있는 기억처럼 변함이 없다. 비록 그 상이 선

---

14) Karl Spencer Lashley, *Brain Mechanisms and Intelligence: A Quantitative Study of Injuries to the Brain*, Chicago: University of Chicago Press, 1929.
15) Dennis Gabor, "Holography, 1948~1971," *Science*, Vol.177, pp.299~313, July 28, 1972.
16) Keith S. Pennington, "Advances in Holography," *Scientific American*, Vol.218, No.2, February 1968.

명하지는 않더라도 여전히 전체상을 지니고 있다.

스탠퍼드 대학의 프리브램은 홀로그래피 모델을 이용하여 처음으로 기억의 이론을 정립했다. 그도 래슬리와 마찬가지로 뇌의 여러 부분을 조직적으로 잘라내고 자극하는 실험을 행하고 있지만 쥐가 아닌 원숭이를 이용한다(지금까지 실험대상이 된 원숭이는 1,000 마리가 넘는다). 물론 원숭이는 쥐나 도롱뇽보다 인간에 가깝다. 프리브램의 실험은 매우 정밀하면서도 교묘하게 고안된 것으로 그것을 완성하는 데에는 7년이란 세월이 걸렸다. 그러나 도롱뇽과 같은 원시적인 동물에서 인간과 같은 진보된 동물에 이르기까지 계통발생학적으로 모든 동물을 망라한 연구에도 불구하고 결국 그는 기억이 이루어지는 부위를 찾아낼 수 없었다.[17]

1971년에 텍사스 주의 댈러스에서 또 한 사람의 과학자 피치가 해부학자들이 모인 자리에서 「도롱뇽의 뇌이식 : 홀로그래피 이론에 의거한 신경계의 프로그램 저장에 관한 실험」[18]이라는 제목의 강연을 했다. 피치에 의하면 홀로그램은 "……실제의 사물을 파악하는 것이 아니라 규칙을 파악하는 것이다. 그것은 즉 조화적인 연역법…… 또는 수학의 역설이라고 말할 수 있다." 이러한 개념은 물리적인 세계에서조차 아직 익숙한 것이 아니다. 홀로그래피를 이용하여 청각의 홀로그램을 만들면 원음을 음파가 아닌 광파와 같은 형태로 재생할 수 있다. 동일한 원리에 의해 특히 인간과 같이 뇌를 지닌 유기체는 필요할 경우 한 감각양태에서 다른 감각양태로 즉시 이행할 수 있다. 하나의 홀로그램에 다양한 상

---

17) 프리브램의 연구에 관한 자세한 설명은 *Scientific American*(1969)에 실린 탁월한 논문 "The Neurophysiology of Remembering"과 그의 저서 *Languages of the Brain*(1971) 참조.

18) Pietsch, 앞의 책(1972b).

을 무수히 축적할 수 있다는, 즉 입체적인 저장이 가능하다는 점은 주목할 만한 사실이다. 그렇다고 뇌의 전문적·국부적 기능이 조금이라도 저해되는 일은 없다. 지금 논의되고 있는 원리들은 래슬리의 쥐나 프리브램의 원숭이에게만 적용되는 것이 아니다. 피치에 의하면 거슬러 올라가 파블로프에게서도 그러한 증거를 발견할 수 있다.

홀로그래피적 사고는 미국교육의 내용과 제도뿐만 아니라 미국문화의 저변을 이루는 대부분의 기초적 가설과도 정면으로 대립하고 있다. 뇌에서 시각·청각·운동감각을 담당하는 부위뿐만 아니라 분노·공포·기아 등을 느끼는 개별적인 기능이 속해 있는 중심부위들을 어떻게 홀로그래피 이론으로 설명할 수 있는지 의아하게 생각하는 독자도 있을 것이다. 루리아에 의하면 그러한 기능을 하는 뇌의 각 부위는 정보의 '저장소'가 아니라 정보를 처리하고 맥락을 부여하는 중계소이다. 즉 정보를 분류하고 맥락화하고 받아들이고 내보내지만 저장하지는 않는다. 다시 피치에게로 돌아가보자.

처음에 피치는 홀로그래피 개념을 그대로 뇌에 적용하는 것에 대해 회의적이었으며 래슬리의 실험도 결론을 얻지 못했다. 마침내 피치는 홀로그래피 이론을 시험하기 위해서는 뇌의 부위들을 이리저리 이식해보는 수밖에 없다고 생각했다. 그는 마치 라스베이거스의 도박장 딜러처럼 뇌의 각 부위를 교체하는 수술을 700회나 거듭했다. 그 결과 도롱뇽은 아무리 뇌의 부위들이 뒤섞여도 여전히 자신들이 좋아하는 실지렁이를 감지하고 찾아 먹었다. 홀로그래피 이론으로 예측했듯이 뇌의 각 부위가 뒤섞여도 뇌의 프로그램은 뒤섞이지 않았다. 그 이론을 좀더 시험해보기 위해 그는 초식성인 올챙이의 뇌를 절제된 도롱뇽의 뇌에 이식했다. 3개월 동안 1,800마리의 살아 있는 실지렁이를 공급했지만 도롱뇽의 뇌에는 이질의 프로그램이 내장되었기 때문에 실지렁이와 놀지언정 단 한 마리도 먹는 일이 없었다.

피치·래슬리·프리브램의 연구는 일단 문화에 의해 프로그램화되면 개별적인 인간뿐만 아니라 문화 전체가 보수적 경향에 빠진다는 점을 우회적으로 설명하고 있다. 일단 형성된 행동은 변화시키기가 어렵고 또한 변화한다고 해도 많은 시간이 필요한 이유는 이 때문이다.

흔치 않은 경우이지만 개인이 자신의 생활을 재구성하고자 노력하는 경우를 보면 정신분석에서 의사가 환자에게 같은 일을 끊임없이 반복하도록 시킬 때와 공통된 경험을 한다. 한 번의 동작을 분석할 때마다 조금씩 다른 관점으로 조명되기도 하지만 때로는 전혀 변화가 없는 것처럼 보이기도 한다. 대개 정신치료가 더딘 이유 가운데 하나는 마음(psyche)의 다양한 부분이 기능적으로 상호연관되어 있으므로 한 가지를 변화시키기 위해서는 마음 전체를 변화시키지 않으면 안 되기 때문이다. 인류학자들은 문화의 모든 측면이 상호연관되어 있어서 한 가지를 변화시키려면 모든 것을 변화시키지 않으면 안 된다는 사실을 오래전부터 알고 있었다. 사실 내가 『침묵의 언어』[19])에서 다루었던 개념·이론·관찰의 동기가 되었던 점은 바로 문화의 이러한 특징이었다. 즉 모든 것은 상호연관되어 있고 맞물려 있으니 서로를 반영하고 있다. 드러난 문화가 마음과 뇌의 연장물이라면 내재화된 문화는 마음 그 자체이다.

교육에서 뇌의 홀로그래피와 문화의 작용이 의미하는 바는 깊고 혁명적이다. 이제 지식의 단편화, 맥락을 무시한 문제설정, 그리고 기간, 학

---

19) Edward T. Hall, *The Silent Language*, Garden City, N.Y.: Doubleday & Company, Inc., 1959.

기 따위의 시간 나누기 등을 떠나야 할 때가 왔다. 교육이 체계적(왜곡된 의미에서가 아닌 참된 의미에서)이고 포괄적으로 시행될 날이 오고야 말 것이다. 홀로그래피에 의해 제각기 다른 차원의 체계 전체를 축적할 수 있게 됨으로써 혼돈되고 일관성 없는 교육을 받아왔던 사람들은 처음부터 다시 시작하는 편이 수월할지도 모른다.

뇌는 또한 상황에 적응하기 때문에 기존의 단편적인 프로그램에 방해받지 않고 일관성 있는 새 프로그램을 받아들일 수 있다. 이러한 지식은 통문화적인 교육이나 소수민족 교육과도 깊이 관련되어 있다. 각각의 문화는 가버의 홀로그래피에 축적된 각각의 상처럼 개별적으로 다루어질 수 있기 때문이다. 모든 문화를 하나로 혼합하는 것은 도롱뇽의 골수에 올챙이의 뇌를 붙이는 격이다. 교육 프로그램을 하나로 혼합함으로써 학생들에게 다른 것을 할 수 있는 수단을 부여하지 않고 한 가지만을 강요하게 될지도 모른다. 지금까지 미국의 교육은 문화와 민족을 고려하지 않은 것으로 이와 조금도 다를 바가 없다.

루리아의 연구는 뇌에 전일적으로 저장된 기억보다는 뇌의 개별적인 특수기능을 다루고 있다. 루리아는 부분적으로 뇌장애를 지닌 수천 명을 대상으로 특수한 기능의 결손과 그 결손의 패턴을 연구함으로써 뇌가 어떻게 정보를 처리하고 어떻게 **문화와는 무관하게** 일정한 기능을 수행하도록 그 자체로 조직되어 있는지를 이해하는 데 크게 기여했다. 그러나 교육과정과 관련된 특수한 뇌기능을 설명하기 전에 기억을 새로운 각도에서 조명한 루리아의 저서 하나를 살펴보지 않을 수 없다. 그는 뇌 또는 뇌의 일부를 절제하거나 자극하는 실험 대신에 한 사람을 수십 년에 걸쳐 전반적으로 관찰했다. 루리아의 흥미를 자극한 점은 그 사람이 완벽한 기억력을 지녔고 그로 인해 흥미로운 문제가 제기되었기 때문이다.

앞으로 살펴보겠지만 뇌의 창조성은 망각의 메커니즘에 있다.[20] 사실을 기억해야 한다는 강박관념(학교 교육이 심어준)에 젖어서 사람들은 대부분 잊을 수 있다는 것이 얼마나 중요한가를 깨닫지 못한다. 망각의 중요성은 『기억술사의 정신』(*The Mind of a Mnemonist*)[21]에서 아무것도 망각하지 못하고 모든 것을 기억하는 한 남자의 일생을 통해 다루어지고 있다.

루리아는 처음 그 기억술사에 관해 연구하고자 했을 당시를 다음과 같이 서술하고 있다.

> 의미 있는 단어건 무의미한 음절이건, 숫자건 소리건…… 말이건 글이건 간에, 내가 무엇을 제시해도 그는 개의치 않았다. ……나는 그의 기억력에 한계가 없다는 사실을 인정할 수밖에 없었다.

도대체 이 남자는 어떠한 종류의 마음을 지니고 있을까? 이 기억술사는 시각화의 귀재로서 탁월한 문제해결 능력을 지닌 사람이었다. 그는 다른 사람들처럼 물체나 숫자 등으로 대상들을 통합적으로 사고할 필요 없이 머릿속에서 상을 만들어내는 능력이 있기 때문이다. 그러나 글자로 된 텍스트를 대하면 아무리 간단한 것이라도 당혹스러워했고 대개 힘든 과정을 거쳤다. 그의 시각화 능력은 너무나 생생하고 직설적이어서 활자가 불러일으키는 대립되고 모순되며 혼란스러운 이미지들과 씨름하지 않으면 안 되었기 때문이다. 다른 문제들도 있었다.

---

20) 기억과 마찬가지로 망각도 상황에 따라 크게 달라지는 성격을 지니고 있다.
21) A.R. Luria, *The Mind of a Mnemonist*, New York: Basic Books, Inc., Publischers, 1968.

예컨대 뇌에서 비교적 고도의 통합기능이 요구되는 시(단어의 직설적인 의미보다는 문맥상의 비유적인 의미를 파악해야 하는)는 그에게 가장 어려운 독서유형이었다. 추상적 개념 또한 곤혹스러운 문젯거리이다. '무한'(infinity)이나 '무'(nothing) 따위의 단어 및 개념은 그의 뇌에서 극복할 수 없는 장애가 되었다. 무언가 새로운 것을 습득하고자 할 때마다 그의 생생한 기억이 마치 신체적 장애처럼 방해가 되었다.

이 남자는 현대의 평균적인 교육이 만들어내고자 하는 아이들의 희화화된 모습이다. 학교의 요구에 그대로 따르게 되면 그 과정에서 아이들의 정신(mind)은 창조적으로 사고하거나 실생활의 문제를 해결하는 능력을 거의 경험하지 못할 수밖에 없다.

간단히 말해서 미국의 교육은 지식을 단편화하고 국부화하는 뇌, 즉 단일한 자극에 동일한 반응을 나타내도록 하는 자극-반응 기관을 전제로 한다. 모든 교육이 그러한 전제하에 시행되고 있음이 명백하다. 또 하나의 숨겨진 전제(제12장에서 논의된)는 언어와 수라는 상징을 이용하지 않고는 사고가 불가능하다는 것이다. 그러나 루리아에 의하면 뇌의 기능은 다양하다. 기억의 축적과는 대조적으로 실제로 국부화된 기능(주로 감각과 관련된 기능)도 있지만 대부분의 기능은 통합적이다.

예컨대 루리아의 연구에서 밝히고 있듯이, 밀접하게 연관된 네 기능(음성의 분석, 언어발성의 반복, 대상물의 호칭, 쓰기)은 실제로 뇌의 한 부위에 서로 인접해 있다. 뇌에서 다양한 활동이 기능적으로 또는 부위적으로 연관을 맺는 방식에 관해서는 해명되어야 할 바가 더욱 많은 것이 분명하다. 앞서 말한 여러 기능의 연관성이 밝혀지면 영어의 경우처럼 철자법(쓰기 체계)과 발음(말하기 체계)이 거의 일치하지 않는 언어에서 철자 때문에 고생하는 사람들이 많은 이유를 해명할 수 있다.

  이 방면의 연구를 계속 살펴보면 다음과 같은 사실을 알게 된다. 사고나 관념을 통합하고 표현하도록 작용하는 뇌의 전두부는 놀랄 만큼 다르지만 명백히 관련이 있는 다섯 활동——지각, 신체운동, 계획된 행동의 수행, 기억, 문제해결——에 부분적으로 관여하고 있다. 신체운동! 신체운동이 문제해결과 연관되어 있다고는 생각조차 하지 못했을 것이다. 산수문제가 풀리지 않아 안절부절못하고 있는 학생에게 똑바로 하라고 야단치는 선생을 보면 알 수 있을 것이다. 이러한 기능의 특별한 연관성이 교육과 일상생활에 미치는 중요한 의미는 아직 충분히 인식되거나 밝혀지지 않았다. 루리아의 연구성과를 진지하게 받아들인다면 교육은 대부분의 사람이 상상했던 것보다 훨씬 능동적인 학습의 장을 마련할 수 있을 것이다. 루리아에 의하면, 예컨대 아이들이 쓰기를 배울 때 단어나 소리를 입으로 중얼거리지 못하게 하면 자연스럽게 소리를 내는 경우보다 철자법의 실수가 6배나 증가한다(이것은 러시아어의 경우로 철자법과 발음의 불일치가 영어 정도로 심하지는 않다).

  신체의 운율적인 동작과 순서(한 동작에 따라 일어나는 동작)도 뇌 전두부의 전액골이 관할한다. 언젠가는 독서장애를 무용으로 치료할 날이 올 것이다. 음을 음소(음성의 구소단위)로 전환시키는 기능은 뇌의 후두엽과 두정엽에 위치하는 부분과도 관련이 있다. 이 부위는 또한 하나의 글자(문자소)를 구성하는 각 부분의 공간적 관계와 부분들을 통합하여 전체를 형성(대문자 F는 '│─ ─' 세 부분으로 구성된다)시키는 능력도 관할한다. 각 부분을 순서대로 (이어서) 통합하는 기능은 대뇌 좌반구의 앞부분에서 이루어진다. 후두골과 두정골 사이의 제3의 부위는 공간의 분석에 관계한다. 그러므로 이 부위가 손상된 사람은 좌우를 구별하거나 시계

바늘을 읽는 데 곤란을 겪는다.

뇌라는 통합적 기관은 목적 있는 행동, 의도, 프로그램 작성 등을 가능하게 해준다. 주의력과 집중력은 뇌 깊숙이 자리 잡은 오래된 부분(뇌간과 망상조직)에서 조절되는데 모두 통합화 및 개념형성과 관련이 있다. 이 점에 입각하여 제기되지 않으면 안 되는 질문이 있다. 집중력을 필요로 하지 않고 주의력만 강조하는 교육제도라면 개념형성에 어떠한 영향을 미치게 될까?

뇌와 그 조직을 살펴보면 인간이 과거에 생존을 위해 수행할 수밖에 없었던 정신작용의 모델, 또는 일련의 모델이 나타난다. 그러한 모델들은 오늘날과 같이 복잡한 세상에서 살아남는 데에도 여전히 적합하다. 예컨대 정상적으로 민감한 뇌에는 입력(input)과 직접 연결된 반응의 위계질서가 존재한다. 약한 입력이 적절하게 맥락화되면 약한 반응이 일어나고 강한 입력에는 강한 반응이 일어난다. 뇌는 코끼리 사냥총으로 모기를 쏘는 일이 없다. 그런데 이 위계적 반응의 법칙을 무시하는 일이 보통 교실에서 날마다 벌어지고 있다. 예컨대 선생은 언덕을 산으로 만들기도 하고 산을 언덕으로 만들기도 한다(죽은 사람을 깨울 정도의 벨소리도 마찬가지이다).

표면적으로는 전혀 다르게 보이는 기능이 뇌의 동일한 부분에서 밀접하게 관련된 것으로 밝혀지는 경우가 많다. 예컨대 대뇌 좌반구의 아래쪽 두정부에는 모든 유형의 계산에 불가결한 질서를 다루는 공간인지기능 및 복잡한 문법, 논리를 다루는 기능이 위치한다. 이것이 내포하는 의미는 놀라운 것이다.

우선 공간인지의 문제를 살펴보자. 가령 어느 각도에서 보아도 똑같게 설계한 수천의 학교건물이나 그와 같은 설계로 인해 방향을 가늠할 만한 단서를 찾기가 극히 힘든 학교구조가 아이들에게 미치는 영향을 고려해보자.[22] 나의 동료 한 사람은 아주 어렸을 때 전학한 지 얼마 되지 않은 낯선 고장의 학교에서 집으로 가는 길을 잃은 적이 있었다고 한다. 건물 양측이 너무나 똑같아서 무심히 다른 측면의 출구로 나가 방향을 잃었기 때문이다. 내가 들은 또 다른 사례로는, 학교에 와서 계속 울어대는 어린 학생이 있었는데 몇 주일에 걸쳐 이리저리 궁리해보아도 그 까닭을 알 수 없다가 마침내 본인에게 이유를 물으니까 화장실 가는 길을 찾을 수 없어서 그렇다고 대답했다 한다!

이러한 문제가 내포하는 더욱 심각하고 중요한 측면을 살펴보자. 아주 최근에 이르기까지 학교에서 가르치는 영문법은 일상적으로 말하는 언어와 거의 무관한 것이었다. 현실과 교실의 이러한 불일치는 문법이 시대에 뒤떨어지고 잘못된 언어분석에 근거한 것이기 때문이다. 언어의 기능과 구조에 관해 누구보다도 잘 알고 있는 기술언어학자들은 영문법 교육을 현실화시키기 위해 4반 세기에 걸쳐 노력해왔다. 그 결과 최근에야 비로소 언어과학에 기초한 변혁이 이루어지게 되었다.

여기에서 다시 한 번 짚고 넘어가야 할 문제가 있다. 즉 논리적 사고와 복잡한 문법의 습득이 뇌에서 기능적으로 연관되어 있다면 일상적으로 말하는 언어와 거의 아무런 연관성도 없는 문법체계를 공간인지가 애매한 건물에서 가르칠 경우 학생들에게 어떤 결과가 초래될 것인가?

---

22) 분명 오늘날에는 이른바 '열린' 교실이나 창 없는 학교 등, 교사들이 교육에서 여전히 더욱 심각한 오류를 개선하고자 애쓰는 모습을 볼 수 있다. 교사로서는 의자나 책상을 자유롭게 배치할 수 있는 것이 유익하고 아이들도 바닥에 앉을 수 있는 것을 좋아한다. 그러나 나의 논점은 그것이 아니라 오랜 세월 동안 모든 학교가 같은 모습을 하고 있다는 것이다.

이러한 문제를 고려한다면 기술언어학자들의 순수이론적 연구(일반인에게는 지나치게 이론적으로 보이겠지만)에 부여되는 소량의 보조금은 결코 낭비라고 할 수 없다. 뇌의 구조적 위계질서에 의한 기능들을 뒤죽박죽으로 만든 것이야말로 상식이 이토록 비상식적으로 된 원인일지도 모르겠다.

일단 손상된 뇌는 어떻게 기능을 회복하는가? 그리고 그 과정에서 배울 수 있는 것은 무엇인가? 루리아는 다음과 같은 사실을 발견했다.

······훈련이나 습관화를 통해 뇌활동 조직을 변화시키면 뇌는 분석과정을 거치지 않고도 숙달된 작업을 수행하게 된다. 말하자면 그 작업이 피질부분의 신경회로망에 근거한 전형적인 반응을 불러일으킬 수 있다. 그런데 이때 이용되는 피질부분은 작업이 익숙해지기 이전에 분석장치의 도움을 필요로 하던 원래의 피질부분과는 전혀 다른 것이다.[23]

말하자면 사람들은 훈련을 통해 뇌가 지닌 본래의 분석능력을 회피하고도 일을 수행할 수 있다는 이야기이다. 그럴 수 없었다면 문화 및 문화로 인해 생겨난 교육제도는 발전하지 못했을 것이다. 과학은 평균적인 인간을 뛰어난 인간으로 만들 수 있다고 말한 적이 있다. 뇌의 관점에서 보면 교육-과학-문화는 모두 마찬가지이다. 일단 훈련되면 분석과정을 거치지 않고도 익숙해진 일을 처리할 수 있는 뇌의 능력은 축복이자 저주이다. 인간은 그러한 능력에 의해 시간을 절약하고 생각할 수

---

[23] A.R. Luria, "The Functional Organization of the Brain," *Scientific American*, Vol.222, No.3, March 1970.

없을 정도로 일을 단순화시킬 수 있지만 긴장되거나 변화가 요구되는 경우에는 그 능력이 엄청난 핸디캡으로 작용할 수 있다.

학교나 대학, 조직에서 벌어지는 일은 대부분 그와 같은 뇌의 회피능력에 기반을 두고 있다. 그러한 견지에서 특히 대중사회에서 중요한 점은 뇌의 분석적인 기능이 강하게 나타나는 사람들에게 그러한 능력을 충분히 발휘할 수 있도록 여건을 완비해주는 일이다.

이상과 같은 사실은 중추신경계가 다양한 감각양태를 구사하여 정보를 저장하고 인출하는 방식 및 그러한 조직과 인간이 만든 제도의 관계를 부분적으로 설명해준다. 그런데 영장류로서의 인간은 어떠하며 그러한 인간의 전력과 학교의 규모는 어떤 관계가 있을까? 다행히 집단의 규모가 그 집단 및 집단의 기능에 미치는 영향에 관해서는 경험적으로나 과학적으로 다소 밝혀진 바가 있다.

세계적으로 기업집단, 운동팀, 군대를 대상으로 한 연구를 통해 집단이 기능하는 데 이상적인 규모가 있음을 알 수 있다. 8명에서 12명 정도로 이루어진 규모가 이상적인데, 인간이 영장류로서 작은 집단에서 생활하면서 진화했다는 점을 상기한다면 당연한 것이다. 또한 이 특정 규모가 가장 생산적이고 효과적인 데에는 인정하지 않을 수 없는 몇 가지 이유가 있다.[24]

8명에서 12명 정도는 서로를 파악하기에 적절한 규모이므로 각자의 재능을 최대한 발휘할 수 있다. 이를 초과한 집단에서는 개인 간의 커뮤니케이션이 다루기 힘들 정도로 복잡한 양상을 나타내므로 그 집단에

---

24) Lionel Tiger, *Men in Groups*, New York: Random House, Inc., 1969. 또한 Antony Jay(1971)에 의한 보편화와 Ardrey(1970), pp.321~331 참조.

속한 사람들은 카테고리로 분류되어버리고 개인으로 존재할 수 없게 된다. 8명에서 12명 정도의 집단이 처리할 수 없는 일이란 본래 너무 복잡하여 세분되지 않으면 안 될 일이라고 볼 수 있다. 집단의 규모가 커지면 일에 대한 개인의 참여도와 책임감이 떨어지고 유동성이 없어지며, 지도력은 자연스럽게 발휘되기보다는 인위적이고 정치적인 것이 된다. 바커(Barker)[25] 교수는 캔자스 주의 시골 학교를 대상으로 한 연구에서 그러한 문제점을 밝히고 있다.

'8명에서 12명 법칙'을 어기는 일은 얼마나 다반사인가? 집단의 규모가 문제의 전부는 아니지만 중요한 것임에는 틀림없다. 우리는 아이들과 젊은이들을 대규모 학습환경으로 몰아넣음으로써 끊임없이 차별화하고 있다. 집단의 규모와 그 구성원의 상호작용 사이의 연관성에 관해서는 할 말이 매우 많지만 우선 학습에 관한 중요한 측면, 즉 영장류로서의 인간이라는 측면을 살펴보자.

캘리포니아 주의 워시번(Sherwood Washburn) 교수가 영장류의 행동을 관찰한 내용은 교육에 시사하는 바가 크다. 그는 다양한 영장류 집단이 자연스러운 상태에서 자고, 먹이를 구하고, 쉬고, 사귀고, 노는 등에 소비하는 시간을 상세하게 기록했다. 어린 영장류는 대부분의 시간을 놀이로 보내는데 놀이를 통해서 적응과 생존의 중요한 기능을 수행한다. 우리 문화는 놀이를 중요시하지 않았기 때문에 이에 관한 연구도 최근에야 시작되었다. 워시번[26]은 다음과 같이 말한다.

---

25) 학교의 규모가 일의 수행에 미치는 영향에 관해서는 Roger G. Barker, *Ecological Psychology*, Stanford, Calif.: Stanford University Press, 1968 참조.

놀이는 모든 포유류의 발육에 중요하다. ……발육기의 원숭이는 여러 해 동안 수천 시간을 힘과 정열을 다해 놀이에 투자한다. ……어린 영장류에게 놀이란 즐거운 일이며 거의 셀 수 없이 반복하는 기쁨을 통해 성인의 기능을 습득하게 된다……. 놀이(정서적·반복적·본능적 놀이)를 통해 아이들은 자기가 속한 문화의 성인생활을 준비한다. 교육과 생활의 분리는…… 영장류의 역사로 보면 새로운 현상이다. 미국의 학교 교육에는 성인생활이라는 관점이 부재한다……. 학교에서는 내적인 학습충동…… 문화의 일부가 되고자 하는 충동이 훈육(discipline)으로 대체된다. 영장류의 생물학에 관한 심각한 몰이해로 인해 학교는 가장 지적인 영장류를 따분하고 소외된 피조물로 전락시키고 있다.

인간의 성숙에 놀이가 얼마나 중요한지 이해하지 못함으로써 빚어진 결과는 엄청나다. 놀이는 학습에 불가결할 뿐만 아니라 (다른 충동과는 달리) 그 자체가 학습의 대가이기 때문이다. 따라서 지나치게 구조화된 근대교육의 최대의 결함으로 여겨질 수 있는 점은 교육과정의 어떤 측면에도 놀이를 허용하지 않는다는 사실이다.

워시번은 또한 영장류가 주로 배움을 얻는 대상은 성인이 아닌 동년배라는 사실을 밝히고 있다. 그러나 이 원칙에 따라 세워진 학교는 거의 없다. 대규모 학급을 지도하는 교사는 훈육주임이 될 수밖에 없다. 이러한 의미에서 학교생활은 성인의 관료제도를 이해하기 위한 최적의 준비과정이다. 즉 학교는 배우는 장소라기보다는 누가 상관이고, 상관행세

---

26) S.L. Washburn, "Primate Field Studies and Social Science," In Laura Nader and Thomas W. Maretzki(eds.), *Cultural Illness and Health*, Washington, D.C.: American Anthropological Association, 1973(a).

는 어때야 하며, 질서는 어떻게 지켜져야 하는지를 가르치는 장소가 되었다.

다시 우리의 영장류적 본성을 살펴보자면, 인간은 지극히 활동적인 종으로 진화했고 끊임없이 몸을 움직이려는 욕구가 늘 강하게 작용한다. 예정된 시간표에 따라 획일적으로 책상에 붙잡아 앉히는 것은 하루에 100마일까지 달릴 수 있는 영장류를 대접하는 도리가 아니다. 아마도 인간은 지구상에서 가장 강건하고 적응력이 뛰어난 종일 것이다. 지구를 지배해왔으며 다른 모든 동물을 쫓고 죽일 수 있는 인간의 능력이나 활동욕구를 고려한다면 학교에서 아이들을 다루는 방식은 미친 짓이나 다름없다. 가만히 앉아 있지 못하는 아이들은 과격하다는 딱지가 붙고 비정상아로 취급되어 약물치료를 당하기 일쑤다(비정상아는 오히려 가만히 앉아 있을 수 있는 아이들일지도 모른다. 그 또한 인류가 이루어낸 엄청난 적응능력 덕분이다).

우리의 학교는 인간이 문명과 그 핵심을 이루는 제도의 발달과정에서 어떻게 본성의 가장 강력한 측면을 무시하고 부정해왔는가를 단적으로 보여주는 삽화이다. 그러나 그 방식을 언제까지 지속할 수 있겠는가? 오늘날 아이들은 이러한 모순을 예전같이 받아들이지 않으려는 경향을 보인다. 부모들조차 교육의 모든 측면을 비판적으로 바라보기 시작했다. 그러나 유감스럽게도 교육이 절실히 필요로 하는 새로운 차원에 부응할 만한 교육자가 거의 없다.

지금까지 우리는 모든 교육의 기반이 되지 않으면 안 되는 생물학적 근거를 이루는 영장류로서의 인간의 역사와 인간이라는 유기체의 생리학적·신경학적 구조에 관해 논의했지만 문화와, 교육이 문화에 깊이 근거하고 있다는 사실에 관해서는 아직 언급하지 않았다. 미국의 백인은 대개 전형적으로 북유럽적 전통에서 유래하는 환경에서 성장한다. 이러한 사실이 나머지 민족에게는 문제가 된다. 교육자(백인)들은 예전의 선교사들이 그랬듯이 다른 사람들에게 무차별적으로 부과하는 문화 제국주의적 행위를 무의식적인 형태로 수행하고 있기 때문이다.

문화의 구조와 교육의 구조는 어떤 맥락으로는 상통하는 것으로서 어느 한쪽을 연구하면 다른 한쪽도 알 수 있다. 내가 같다고 말하는 바는 문화와 교육의 내용이라기보다는 학습의 조직화, 가르치는 방법, 학습 환경, 사용하는 언어, 가르치는 사람, 운영의 규칙 그리고 제도 그 자체에 관한 것이다. 이와 같이 문화와 동일한 교육의 특징들은 교육자가 교실을 개방하거나 폐쇄하거나, 규율을 방임하거나 엄격히 하거나, 수업을 빨리 진행하거나 천천히 진행하거나, 교과 과정을 개정하거나 등의 혁신을 일으켜도 거의 변하지 않는 경향이 있다. 이 점은 매우 중요한 측면인데도 흔히 간과되고 있다.

예컨대 애리조나 주의 러프 록(Rough Rock)에서 나바호족이 운영하는 학교[27]의 교실 분위기는 미국의 대부분의 교실 분위기와는 전혀 다르다. 어린 학생들은 훨씬 독립적이고 통솔되거나 제재를 받는 경우도 적다. 수업 진행방식을 상세하게 대조해본 결과 백인 학교보다 느리다는 사실이 밝혀졌다. 그 사실은 내가 40년 전에 나바호족과 지내면서 경험한 바와 일치한다.

우리 서구인은 자신들이 구현하는 현실이 신이 만든 세계의 표상이기나 한 듯이 다른 현실은 열등하고 미개한 사고체계에 의해 생겨난 미신

---

27) J. Collier, M. Lartsch, and P. Ferrero, *Film Analysis of the Rough Rock Community School* (MS), 1974.

이나 왜곡된 산물에 불과하다고 확신한다.[28] 따라서 우리는 '다른 사람들을 무지로부터 해방시키고 우리처럼 만들 권리'를 부여받았다고 생각한다. 유럽인과 미국인 모두 물질세계에 관한 지식과 현란한 기술의 성공에 가려져 자신들의 복잡한 생활상을 제대로 파악하지 못하고 자신들과 동일한 수준까지 기계적 연장물을 진화시키지 못한 사람들에 대해 그릇된 우월감을 과시한다. 과학은 우리의 신종교이며 어떤 측면으로는 지금까지의 종교들과 마찬가지로 인간에게 도움이 된 경우도 많다. 그러나 과학이 받들어 모셔지고 과학적 의견과 의식(儀式)이 도그마로서 통용되고 있는 실정이다.

우리의 학교 교육에도 분명 그와 같은 비판이 가해질 수 있다. 더 이상 헛수고를 하고 싶지는 않지만 인류학적인 관점에서 몇 가지 짚어볼 문제가 있다. 예컨대 학생들의 학습의욕 결핍에 대한 우려를 많이 듣게 되는데, 그것은 인간의 학습충동이 얼마나 강한지 일반적으로 모르고 있기 때문이다. 성적 충동과 학습충동은 이질적이기 때문에 상대적으로 밖에 그 강도를 측정할 수 없지만 인간의 생활에 미치는 영향력을 고려할 때 매우 유사한 점이 있다.[29] 성은 종의 존속을 확보해주지만 개인의 생존에 불가결한 것은 아닌 반면 학습은 개인과 문화와 종의 존속을 확보하는 데 절대적으로 필요하다. 인간은 학습을 통해 성장하고 성숙하며 진화한다. 그런데 미국의 교육은 인간의 모든 활동 가운데 가장 가치

---

28) 이 점은 서구인에게만 국한된 것이 아니다. 대개의 문화는 자신의 체계가 우월하다는 신념에 넘친다. 그러한 확신은 과거에는 가치 있고 의미가 있었겠지만 그 유용성은 사라진 지 오래다.
29) 성적 충동과 학습충동을 비교하는 것은 폐와 간을 비교하는 것과 유사하다. 둘 다 생존에 필수적이지만 각기 다른 기능을 수행한다.

있다고 볼 수 있는 활동을 고통스럽고, 지루하고, 진부하고, 단편적이고, 정신과 영혼을 위축시키는 경험으로 바꾸어놓고 말았다.

미국 교육의 참담한 현실을 설명할 수 있는 하나의 관건은 지나치게 비대해진 관료화 정책으로 공립 초중학교를 거대한 공장으로 만들고 인구가 적은 주에서조차 대학을 초대형 규모로 증설시키는 상황을 보아도 알 수 있다. 관료제의 문제점은 본래의 주목적이 관료제 자체의 존속과 비대화로 바뀌어버리는 경향이다. 이에 대한 대책을 아무리 강구해보아도 대개 소용이 없다. 관료제에는 **영혼도, 기억도, 양심도 존재하지 않는다**. 앞으로 교육이 나아갈 길에 걸림돌이 있다면 그것은 다름 아닌 지금과 같은 관료제이다. 여태껏 관료제에 대한 대책은 아무런 효과를 보지 못했고 그 비대화는 여전하다. 더욱이 교육자들은 초조직화라는 저항할 수 없는 유혹에 쉽사리 빠져든다. 어쨌든 미국에서 교육이란 최대의 산업인 것이다.

우리는 개인을 희생하여 조직을 숭배해왔으며 그 과정에서 개인은 맞지 않는 틀을 강요받게 되었다. 이 모든 일은 자의적이며, 조직이 자의적이라는 사실은 개인에 맞도록 조직을 변화시킬 수도 있다는 말이다. 교육의 배후에 있는 목적에 관해 말하자면 재정적인 성공을 지나치게 강조해왔다는 점을 들 수 있다. 학교 건물에 투자된 돈을 생각해보라! 그와 같은 투자가 없었어도 교육은 나름대로 수행되었을 것이다.

이제 교수와 교사의 교과업무는 철저하게 규정되어 있는 까닭에 자신들의 능력을 충분히 발휘할 수 없게 되었다. 교육철학의 지도적 이념에는 교사의 업무가 학생들에게 축적된 지식을 전달하는 것이라는 문화적으로 조성된 신념이 잠재되어 있다. 그러나 많은 사람들이 교수의 강의를 듣는 일보다는 남을 가르치는 일을 통해서 더 많은 것을 배운다. 현행의 제도하에서 대부분의 대학은 엄청난 비용을 들여 교수를 교육하는 장소가 되었다. 앞서 언급했듯이 영장류는 동년배로부터 대부분의 지식을 습득하며 인간도 예외가 아니다. 사실 인간의 진화과정에 비추어 볼 때 가르친다는 개념은 지극히 역사가 짧다.

 미국의 교육 패턴은 고도로 논리정연하고 수리능력이 탁월한 학생들만이 큰 혜택을 받도록 되어 있다. 그 결과 두뇌와 재능이 떨어져서가 아니라 그 특별한 재능이 교육제도와 부합되지 않기 때문에 좌절을 맛보거나 무리하게 노력하다가 배제되는 학생들이 많다. 그런데 그 제도는 매사추세츠 주의 초대 교육청장인 만(Horace Mann)이 프로이센 군대를 모델로 하여 만든 것에 불과하며 시대에 매우 뒤떨어진 것이다.[30] 또한 학교 교육의 목표가 학년에 따라 다르다. 고등학교까지의 교육이념은 누구에게나 '성공'의 기회를 부여하고 그 과정이 방해받지 않도록 하는 것이다. 대학은 성공한 학생들을 위해 존재하고 낙오자가 나오지 않도록 하는 것이며, 대학원은 이 모두를 겸하고 있다.

 대부분의 중등교육에는 흥미로운 철학이 함축되어 있는데 그것은 교육의 장으로서는 빈약한 학교가 사회의 훌륭한 대리기관이 되고 있는 이유를 설명해준다. 첫째, 학교의 모든 일은 시계와 달력에 의해 이루어진다. 대학에서조차 귀청을 울리는 벨은 시간을 알려주는 것뿐만 아니라 모든 것을 관장하는 행정당국의 존재를 상기시킨다. 수업시간의 길이는 과목에 따라 달리 요구되는 시간의 길이와 무관한 것임은 물론이고 벨이 울리는 순간의 수업상황과도 상관이 없다(겨우 수업분위기가 조성

---

[30] 호레이스 만은 조직에 대한 절대적 신봉자로서 프로이센 군대야말로 인간을 만들기 위해 인류가 생각해낸 가장 완벽한 조직이라고 생각했다.

될 즈음 벨이 울리는 경우도 있다). 학생은 무엇보다도 먼저 시간표는 신성한 것이고 모든 것을 규제한다는, 문화적으로 중요한 점을 배운다.

둘째, 관료제는 현실적인 것으로 가볍게 여겨서는 안 된다는 점이 매우 강조된다. 조직은 모든 것에 우선한다. 학교를 졸업하고 직장에 들어가면 선생이 상관으로 바뀐 것을 제외하고는 실제적으로 학교와 달라진 바가 전혀 없다는 사실을 깨닫고 실망하는 사람들이 많다.

셋째, 교육은 승자와 패자가 있는 게임이며 이 게임은 학교 밖의 세계나 공부하는 과목과는 거의 무관하다는 점이다. 과목을 나누는 방식이나 가르치는 방식은 대개 순전히 자의적이며 내용과의 일관성은 무시된다.

넷째, 규모가 중시된다는 점이다. 작은 학교보다는 큰 학교가 좋다고 여긴다(시설 면에서도 많은 혜택을 받는다). 따라서 아무리 통학길이 멀어져도, 또한 큰 학교보다는 작은 학교(600명 이하)가 행복하고 생산적이며 사회적으로 의식 있고 책임감 있는 시민을 육성하기에 더욱 적합하다는 결정적인 증거에도 불구하고 통합화에의 압력이 끊이지 않고 있다. 바커(Barker)[31]는 학교의 규모가 학생들의 정서적인 성숙 및 교내활동 참여도에 미치는 영향을 연구했다. 규모가 큰 학교의 학생들에 비해 작은 학교의 학생들이 더욱 적극적으로 교내활동에 참여하고 의의를 부여하며, 타인에게 보다 관용적이고, 보다 친밀하고 지속적인 교우관계를 맺고, 그룹활동도 보다 효과적이며, 의사소통도 원활하고, 책임을 맡은 경우는 6배나 되며(큰 학교에서는 책임을 맡아본 경험이 전혀 없는 학생이 29퍼센트인 데 비해 작은 학교에서는 2퍼센트에 불과하다), 결석률은 낮고, 신뢰도는 높으며,

---

31) Roger G. Barker, *Ecological Psychology*, Stanford, Calif.: Stanford University Press, 1968.

보다 자발적이고 능률적이며, 의사표현이 분명하고, 학업에서 발견하는 의의도 더욱 크다고 한다. 달리 말하자면 자신의 생활에 만족하고 모든 면에 능력 있는 보다 훌륭한 시민은 규모가 작은 학교에서 배출된다.

여기에서 간과되기 쉬운 점은 통합화 현상이 학교에 국한되어 있지 않고 기업과 정부를 비롯한 모든 방면에서 나타난다는 사실이다. 모든 것——자동차, 비행기(747기나 707기), 건물(세계무역센터, 시어스 타워, 존 핸콕 빌딩), 도시 등——이 대형화되고 있다. 우리는 자이언트 시대에 살고 있다. 그러나 인간의 욕구에 관해 지금까지 알려진 바는 이와 다른 방향이다. 오늘날의 상황은 질병이나 다름없지만 누구나 지니고 있기 때문에 대수롭지 않게 생각할 뿐이다. 그로부터 당연히 야기되는 문제는, 규모와 더불어 취약성 또한 커지게 되며 결국 갤브레이스(Galbraith)가 지적했듯이,[32] 환경을 '관리'하지 않으면 안 되는 지경에 이르게 됨으로써 경직화가 심해지고 개인을 억압할 수밖에 없게 된다는 사실이다.

미국의 교육제도가 전제하고 있는 또 하나의 주도적인 원칙은 백인들의 제도가 세계에서 가장 훌륭하며 누구에게나 일률적으로 적용할 수 있는 것이기 때문에 아메리칸 인디언이든, 도심의 흑인이든, 푸에르토리코인이든, 에스파냐계 미국인이든, 멕시코계 미국인이든, 그들이 속한 문화에 상관없이 부과되어야 한다는 것이다. 다행히 미국의 소수민족계 사람들이 자기 아이들의 교육에 관해 발언권을 요구하기 시작했다. 그중에서도 가장 두드러진 경우가 애리조나 주 러프 록(앞서 언급했던)과 뉴멕시코 주 라마에 있는 나바호족 학교이다. 두 학교 모두 이사진

---

32) John Kenneth Galbraith, *The New Industrial State*, Boston: Houghton Mifflin Company, 1967.

과 경영진이 인디언으로 구성되어 있으며 전통적인 나바호 언어와 문화를 '백인'의 정규과정에 포함시키고 있다. 이로 인해 두 학교 모두 주정부와 인디언사무국의 교육관계자들로부터, 또한 중서부 및 동부 교육계의 '거물급들'로부터 격렬한 공격을 받아왔다.

과거에는 국가나 문화를 고려하지 않고 자국의 교육제도를 통째로 수출하는 경우—예컨대 프랑스는 시리아·레바논·인도차이나에, 일본은 태평양의 위임통치령에—가 많았다. 그러나 일단 정착하여 기능하기 시작한 제도들은 매우 안정되어 개혁하기 힘든 것으로 입증되었다. 설사 개혁이 가능하다고 해도 그 저항은 세상에서 가장 완강하고 저항적인 집단이라고 일반적으로 생각되는 전통사회의 농부들을 능가할 것이다. 일리치(Illich),[33] 홀트(Holt),[34] 헌던(Herndon),[35] 코졸(Kozol),[36] 헨토프(Hentoff)[37] 등이 그토록 다루기 힘겹게 느꼈던 점이 바로 교육의 기반을 이루는 그와 같은 타성적인 안정성이다.

---

33) Ivan Illich, *Celebration of Awareness: A Call for Institutional Revolution*, Garden City, N.Y.: Doubleday & Company, Inc., 1970(a); "Why We Must Abolish Schooling," *New York Review of Books*, Vol.15, No.1, July 2, 1970(b).
34) John Holt, *How Children Fail*, New York: Pitman Publishing Corporation, 1964; *How Children Learn*, New York. Pitman Publishing Corporation, 1967; *The Underachieving School*, New York: Pitman Publishing Corporation, 1969.
35) James Herndon, *The Way It Spozed to Be*, New York: Simon & Schuster, Inc., Publishers, 1968.
36) Jonathan Kozol, *Death at an Early Age*, Boston: Houghton Mifflin Company, 1967.
37) Nat Hentoff, *Our Children Are Dying*, New York: The Viking Press, Inc., 1966.

현행의 일반적인 신념에서 벗어나 새로운 관점으로 인간을 생각해본다는 것은 아무리 권위 있는 근거에 입각한 것일지라도 위험천만한 일이며 여지없이 어리석은 짓으로 간주될 수도 있다. 인간의 과거를 연구하고 인간과 관련된 동물들의 행동을 조사하는 일을 통해 인간의 본성— '인간은 놀이하는 동물이다' 따위—에 관한 새로운 통찰을 얻을 수도 있다. 놀이는 성장에 따라 요구되는 생활의 패턴을 내재화시키는 데 가장 중요하고 기본적인 메커니즘의 하나로서 아이들이 어떻게 배우는가에 관한 대부분의 신념이나 그에 따른 교육관행과 모순되는 것이다. 인간은 지구상에서 가장 뛰어난 놀이꾼일 뿐만 아니라 엄청난 활동능력을 지니고 진화한 종이다. 제한된 장소에 눌러앉히는 것은 인류라는 종에게 가할 수 있는 최악의 형벌임에도 불구하고 학교가 학생들에게 요구하는 바는 이에 다름 아니다.

교육되는 기관(뇌)에 관해 언급하지 않고는 교육을 논할 수 없다. 정보의 기억이나 통합에 사용되는 감각양태가 학생에 따라 다르다는 사실뿐만 아니라 뇌 자체에 관한 새로운 정보를 통해 교육의 전 과정이 어떻게 이루어져야 하는지를 제시하는 놀라운 사실이 밝혀지고 있다. 언젠가는 뇌와 정신의 관계에 관한 통찰력 있고 통합적인 연구성과가 교육에 충격적인 영향을 미칠 날이 올 것이다. 그 충격이 혁명을 일으키기를 참으로 기대해본다. 학교에서는 뇌가 다른 무엇보다도 망각을 주로 하는 기관이라는 사실을 거의 인정하지 않는다. 뇌의 홀로그래피적인 통합능력이야말로 문화란 무엇이며 왜 사람들은 일단 행동양식이 내재화되고 나면 그것을 변화시키기가 힘든가를 설명해준다.

자의식과 문화의식은 불가분의 관계로서 어느 정도의 자의식이 없다면 문화의 무의식적인 면을 초월할 수 없다. 다른 문화를 체험하는 일을 적절히 활용할 수 있다면 시야가 넓게 트이게 되며 자국에서의 일상적인 조건하에서는 거의 불가능한 자아발견의 기회를 제공해준다. 성숙과 자아발견의 기회가 모두 그렇듯이 새로운 문화체험 역시 생각만 해도 다소 두려움을 느낄 수 있다. 물론 모든 것이 자신이 겪고자 하는 선택의 깊이에 달려 있다. 왜냐하면 문화적 자아를 파악할 수 있는 기회는 모든 분야를 막론하고 찾아볼 수 있기 때문이다.

예컨대 언어를 발음하는 미묘한 차이로부터 개별적인 인격에서 크게 유리되어 있거나 충분히 발달되지 않은 부분에 이르기까지, 즉 사람들이 움직이는 방식(템포와 리듬), 감각을 사용하는 방식, 사람끼리 친해지거나 유대를 맺는 방식, 감정을 표현하고 느끼는 방식, 남성과 여성에 관해 각자 지니고 있는 이미지, 위계적 관계에 대처하는 방식, 사회체계의 정보유통방식, 일과 놀이를 정의하는 방식, 정신을 구조 짓는 방식(이드·에고·슈퍼에고의 관계 따위), 자아의 자리매김 등 그 밖에 숱한 분야를 들 수 있다. 이 모든 것은 지극히 개인적인 것인 동시에 문화에 의해 규제되는 것들이다.

행동연쇄, 정황적 틀, 연장물과 그 사용방식 따위의 구조적 특징도 개개인에게 깊은 영향을 미치고 있다. 그렇지만 그 영향력은 문화가 개인의 정신형성을 시배힘으로써 사람들이 사물을 바라보고, 정치적으로 행동하고, 결정을 내리고, 우선순위를 정하고, 생활을 엮어가고, 그리고 무엇보다도 사고하는 방식에 결정적인 영향력을 행사하는 것에 비하면 그다지 심각하다거나 직접적이라고 말할 수 없다.

14 문화의 비합리성

 자신 및 타인의 비합리성에 대처하고 그것을 설명하기는 그다지 쉬운 일이 아니다. 비합리성은 생의 본질적인 부분으로 여겨지기 때문이다. 게다가 유감스럽게도 비합리성은 논리에도 밀리지 않는다. 이것은 우리가 논리와 비합리성을 마치 양극을 이루는 특별한 짝이나 되는 듯이 항상 나란히 지칭하는 이유를 고려해볼 때 수긍이 가는 사실이다. 그 이유는 소크라테스·플라톤·아리스토텔레스에서 비롯된 서양문화의 소산인 논리의 개념으로 설명할 수 있다.[1] 인간은 '논리'에 의해 저맥락의 패러다임을 따라가면서 관념, 개념, 정신적 과정을 검증하게 된다.

 나는 일생을 통해 일본이나 나비호 같은 이질의 문화를 체험할 기회가 많기 때문에 논리가 신성불가침한 것이라고는 결코 생각되지 않는다. 왜냐하면 그들 모두 서양의 논리체계를 사물을 판단하는 데 효과적이고 믿을 만하며 수용할 만한 방식으로 여기지 않지만 나는 그들 문화

---

[1] 논리가 처음으로 체계적으로 설명된 책은 아리스토텔레스의 『오르가논』(*Organon*)이다.

의 정신적 과정에서 아무런 문제점을 발견하지 못했기 때문이다. 두 문화 모두 올바른 판단에 이르는 방법이나 그 판단의 타당성을 검증하는 방법이 매우 신뢰할 만하며 서양의 선형적이고 맥락도가 낮은 논리적 틀에 비해 훨씬 광범위하며 포괄적인 틀을 사용하고 있다.

다른 문화의 타당성을 체험해보지 않고는 자신의 문화를 평가할 수 있는 근거를 갖지 못하기 때문에 자신의 문화적 자아를 진정으로 이해할 수 없다. 다른 집단을 이해하는 하나의 방법은 그 집단에 속한 사람들의 정신을 이해하고 인정하는 것이다. 그렇지만 그것이 쉬운 일은 아니며, 사실 굉장히 힘들지만 문화를 이해하기 위해서는 필수적인 일이다. 자신이 속한 체계의 장단점을 일별할 수 있다는 점도 그러한 자세를 통해 얻게 되는 부산물이다. 나는 경험을 통해 논리를 전적으로 믿어서는 안 되며 자신의 문화에서 통용되는 사고방식을 기준으로 다른 문화에 속한 사람들을 대해서는 더욱 안 된다는 점을 배웠다.

문제의 핵심은 서양의 철학이나 신념이 사물의 본질을 정신적으로 추구한 관념적 소산, 즉 허상(picture)이라는 점에 있을지도 모른다. 그 허상은 관념이나 해석에 불과한 것인데도 연장의 전이로 인해 마치 실재(reality)인 양 여겨지고 있다. 그러한 허상과 해석은 인간 정신의 구조를 반영하며 또한 정신이 문화의 산물로서 작용하는 방식에 관해 많은 것을 말해준다는 의미에서 어느 정도 현실적이다. 그러나 그것은 정신 그 자체도 현실세계도 아니며 푸앵카레(Poincaré)의 말대로 '관습'에 불과하다. 그런데도 그러한 관습은 어떤 행동의 근거가 될 수 있는 중요한 모델이 된다. 그렇다고 그것을 실재와 혼동해버린다면 관습을 초월할 수 없으며 그 관점을 제외하고는 검증할 길이 없어진다.

또한 서양철학은 언어가 아니면 기능하지 못하며, 정확하고 지혜로운 언어를 구사하기 위해서는 특정한 언어체계 그 자체가 인간의 사고과정에 작용하는 바를 이해하지 않으면 안 된다. 이를 위해서는 워프(Whorf)[2]가 명확하게 밝혀놓았듯이 언어가 어떻게 사고를 구조화하는가를 알아야 하며, 나아가 맥락을 포함하는 방식을 파악하지 않으면 안 된다. 왜냐하면 철학은 그것을 창출해낸 사람들에게만 의미를 지닐 수 있으며, 다른 사람에게서도 의미를 가지려면 나름의 내재적·외재적 맥락화에 의해 끊임없이 변경될 수밖에 없기 때문이다. 중국의 철학자 공자의 사상과 개념이 중국인과 서양인에게 부여하는 의미는 다르다. 그러한 견지에서 우리가 합리적이라고 생각하는 논리도 서양의 매우 한정된 맥락으로만 의미가 있을 뿐이다.

결국 의미가 있고 없고는 어쩔 수 없이 문화에 의해 결정되며 그러한 평가를 내리는 맥락에 크게 의존한다. 따라서 사람들이 다른 문화를 접하는 경우 진정으로 서로를 이해하기가 어려운 것이다. 역사를 통해 볼 때 이 점이야말로 일부나마 평화협정을 지연시킨 원인이 되었을지도 모른다는 생각이 든다.

몇 해 전에 내가 애리조나 주의 나바호 및 호피 인디언과 일할 당시 이질적인 세 체계(나바호·호피·백인) 사이의 문화적 차이로 인해 분쟁과 오해가 끊일 날이 없었다. 어느 쪽도 다른 쪽을 이해하지 못했다. 1920년대에 오라이비 지방의 한 백인 교장은, 메사 기슭에 X가족 소유의 휴경지가 있었는데 그것을 방치해둔 채 Y가족과 Z가족이 20마일이나 걸어서 굳이 자신들의 토지를 경작하는 이유를 아무래도 이해할 수

---

2) Benjamin Lee Whorf, *Language, Thought, and Reality*, New York: The Technology Press of M.I.T. and John Wiley & Sons, Inc., 1956.

없었다. 마침내 그는 그들의 일에 간섭함으로써 분쟁을 야기시켰고 분쟁이 고조되자 그 자리를 떠날 수밖에 없게 되었다.

백인 문화와의 접촉이 잦아지면서 이미 침식될 대로 침식된 호피 문화는 가까스로 명맥을 유지하고 있었다. 그 백인 교장의 논리는 무의식적인 이기적(self-serving) 사고에서 비롯된 것으로 인디언에 대한 우월감을 만족시켜주었다. 그가 우월하다고 생각하는 합리성이란 1마일과 20마일을 비교하는 그것이기 때문이다. 그는 호피 체계의 '논리'가 체계의 온전성과 그에 수반된 모든 관계의 유지에 입각하고 있다는 점을 이해하지 못했다. 호피족의 사회적·종교적 제도의 구조를 혼란시킨 것은 이치에 합당한 일이 아니다. 선조가 물려준 토지를 경작하는 일은 설사 불편한 점이 있더라도 평화를 위해 지불하는 작은 대가에 불과하다고 여기는 호피족은 백인 정부의 간섭이 있기 전에도 힘들게 평화를 유지해왔다.

나바호족의 경우에도 왜 백인이 1930년대에는 양의 감소정책을, 이전에는 그들의 말(馬)에 대한 절멸정책을 폈는지 그 의도를 도저히 헤아릴 수 없었다.[3] 나바호족의 관점으로는 그러한 모든 일이 광기로밖에 보이지 않았다. 융통성 없는 백인들은 나바호족의 말에 대한 집착이나 경마를 즐기는 일에 무의식적으로 상당한 위협을 느꼈다. 백인들은 그들의 아름다운 말을 절멸시킴으로써 나바호족의 생활에서 중요한 부분

---

[3] 나바호족의 말은 에스파냐 정복자들이 상륙했을 때 유일하게 남아 있던 북미의 훌륭한 토종말이었다. 이 거칠고 자그마한 동물(아랍말과 바바리말의 혈통을 반반씩 가진)은 정복을 위한 전투용으로 길러졌다. 나바호 지역에 이보다 좋은 말은 없었다. 남미에는 나바호 포니와 친족으로 목우와 폴로 게임에 이용되는 팜파스(pampas) 말이 있다.

역시 파괴했던 것이다.

이와 같이 해괴한 광기는 다른 문화와 접촉하는 경우에만 볼 수 있는 일이 아니다. 어떤 문화에서나 그러한 현상이 흔히 나타나는데 특히 미국처럼 복잡한 문화의 경우에는 비합리성이 다양한 형태로 나타나며 그것을 열거하자면 모든 사람을 공격하게 되는 사태가 발생할 수밖에 없다.

나는 비합리성을 분류함으로써 사람들의 감정을 상하게 할 의도는 없으며 오히려 다양한 비합리성에 직면하여 경우에 따라 겪게 될지도 모르는 곤란을 제시하고자 한다. 비합리성에는 비교적 대처하기 힘든 유형도 있지만 전혀 대책이 없는 유형도 있다.

정황에 따라 발생하는 비합리성은 신경증적인 비합리성에 비해 대처하기가 수월하지만 문화적인 비합리성보다는 다루기가 어렵다. 아마도 그것은 비합리성이란 것이 내부에서는 비합리적으로 보이는 경우가 거의 없기 때문일 것이다. 그러나 가장 정상적인 행동이라도 제도를 유지하기 위해 사용되는 수단이 결과적으로 파멸을 초래할 경우 완전히 미친 짓으로 판명될 수 있다. 언어로 표현되지 않는 부분을 무시하고 지나치게 지성만을 추구한 나머지 나타나는 비합리성도 있다. 예컨대 17세기의 데카르트적 사고는 논리를 신성시함으로써 서양의 사고에서 지배적인 위치를 점하게 되었다.

순전히 개인적인 차원에서조차 자기 인격의 한 부분에서는 의미 있는 일이 다른 부분에서는 전혀 무의미한 일이 되는 경우를 경험해보지 않은 사람은 없을 것이다. 비합리성은 정상적인 행동에서도 중요한 부분을 이루고 있다.[4] 서구인들은 이러한 사실에 익숙해져야 할 때가 왔다. 타인뿐

---

4) 서구인으로서 나는 나 자신의 문화적 입장에서 말할 수 있다고 생각한다. 세계의

만 아니라 자기 자신에게서도 발견되는 비합리적인 현상을 거부할 것이 아니라 보다 건전한 태도로 모든 인간, 모든 제도, 모든 문화, 그리고 모든 관계에는 납득이 안 되는 일 또는 기대에 어긋나는 일이 존재할 수밖에 없다는 사실을 인정하지 않으면 안 된다. 때로는 이러한 요소들이 중요하지 않을 수도 있지만 압도적인 영향력을 행사할 수도 있다.

비합리적, 비생산적, 자기패배적, 역효과적 현상을 관찰해보면 적어도 여섯 가지 정황 또는 차원의 분류가 가능하다. 물론 다음과 같은 분류는 시론에 불과하다.

첫 번째 유형은 **정황적 비합리성**으로, 충동구매로부터 도로가 막힐 경우 나타나는 운전사의 태도에 이르기까지 어떤 상황으로 인해 뜻하지 않은 행동이 유발되는 것을 말한다. 현대의 기술이나 사회과학적 연구의 많은 부분이 상황에 따른 결함을 이해하고 개선하는 방향으로 진행되고 있으며, 이에 따른 상황개선을 통해 그러한 연구나 기술에 대한 우리의 신뢰감도 증가했다. 예컨대 고속도로의 톨게이트 진입로에 대한 교통정책을 들 수 있다. 심리학자들은 도로에 횡선을 그음으로써 운전 속도를 서서히 감소시킬 수 있다는 사실을 발견했다. 진입로 초입에서 요금대로 다가갈수록 횡선의 간격을 서서히 좁힘으로써 감속을 유도한 것은 매우 효과적이었다.

두 번째 유형은 **맥락적 비합리성**으로 어떤 맥락의 논리를 다른 맥락에 적용하거나 투영시키는 데에서 비롯된다. 기술적인 대화를 중시한 나머지 교실의 논리체계를 사회에서도 그대로 적용시킬 경우 대화의 흐름을

다른 지역, 다른 문화권에서 성장한 사람들은 각기 자신의 문화가 지닌 비합리성의 형태를 연구하지 않으면 안 된다.

궁색하게 끊어놓을 수 있다. 한 맥락의 논리나 규칙을 다른 맥락에서 사용할 때 발생하는 맥락적 비합리성은 지식인과 학자들이 상황을 자신에게 유리하게 조작하기 위해 흔히 이용하는 일반적인 형태이다.

신경증적 비합리성은 정신분석학의 연구성과에 잘 정리되어 있다. 인간은 누구나 자기 자신의 이상이나 행복에 덕될 것이 없는 행동을 하는 인격적인 측면이 있다. 그리고 그러한 측면을 달리 어쩔 수 없는 일이라고 생각한다. 우리 생활에서 상당히 이성적으로 행동하는 측면도 있겠지만 문제는 권력, 돈, 재산, 섹스, 자식, 일과 놀이, 직업, 폭력 등에 관계된 일이다. 신경증적 비합리성은 보편적인 현상으로 정신내부의 문제를 다루어본 적이 있는 많은 정신과의나 정신분석학자들이 인간병리의 원인을 탐구하기를 중단하는 경향이 있을 정도로 다루기가 매우 힘들다.

그러나 문화에는 외부에서 보면 비합리적으로 보일 수밖에 없는 행동을 많은 사람이 하도록 작용하는 힘이 존재한다. 사실 문화 그 자체는 단순히 신경증적이 아니라 정신병적인 것이며 사람들의 광기도 문화에 책임이 있다고 영국의 정신분석학자 레잉(Laing)[5]은 주장한다. 역시 정신과의인 나의 친구 오스먼드(Humphry Osmond)는 이렇게 말한다.

"아마도 자기가 속한 문화에 적응하지 못하는 사람들은 자신을 괴롭히는 무언가에 항상 노출되어 있기 때문에 신경증이나 정신병에 걸리거나 비정상이 되기 십상이다."

관료적·제도적 비합리성이 발생하는 이유는 인간이 만든 모든 제도, 즉 어떤 문화의 관료제든 그 자체에 엄청난 역기능을 내포하고 있기 때

---

[5] R.D. Laing, *The Politics of Experience*, New York: Ballantine Books, 1967.

문이다. 그 비능률적인 경향은 맹목적으로 절차를 고집해온 당연한 결과일 수도 있지만 관료제 자체의 자기보전을 위한 필요성이나 압력단체에 대한 위약성에 기인할 수도 있다. 그 원인들이 결합될 경우 관료제는 천하무적이다.

관료제는 인간이 만든 다른 어떤 체계에 못지않게 연장의 전이에 좌우된다. 인류에 봉사할 목적으로 만들어진 것이지만 그 봉사기능은 이내 잊히고 관료적 기능과 존속만이 그 자리를 메우고 있다. 누구나 경험담을 말할 수 있을 것이다. 가정을 붕괴시키고 의뢰심을 기르는 복지제도, 빈민에게 타격을 가하고 중산계층의 노동의욕을 빼앗는 과세, 비경제적이고 비능률적이며 차별적이고 구태의연한 건축규준, 간호사가 잠자는 환자를 깨워 수면제를 먹이는 병원, 아무런 소용이 닿지 않는 장소의 댐 등 끝없이 나열할 수 있다.

관료제는 그 본질상 양심도, 기억도, 정신도 없으며 자기봉사적이고 비도덕적으로 영원히 존속한다. 이보다 더 비합리적일 수는 없다. 관료제는 그 자체의 규칙에 따라 기능하며 누구에게도, 미국의 대통령에게조차도 머리를 조아리는 법이 없기 때문에 변혁이 거의 불가능하다. 관료제를 유지시키는 요인으로는 관습, 인간의 나약성, 권력에의 의지 등이 있다. 내가 관료제로 일컫는 것에는 대기업, 자선복지단체, 교육기관, 교회, 그리고 모든 차원의 행정기관이 포함된다. 역설적이게도 대개 관료기구의 직원은 임무를 올바로 수행하려는 양심적이고 책임감 있는 사람들이지만 사태를 개선시킬 힘이 없으며 또는 스스로 없다고 생각한다. 무엇보다도 심각한 사태는 모든 중요한 문제를 해결하기 위해서 바로 그 제도에 의존하지 않을 수 없다는 사실이다. 관료제에 대한 해결책은 반드시 모색되어야 한다. 혁명의 원인은 정치지도자에 의해 자행된 사회부정의에 국한된 것이 아니다. 관료제가 비둔해지고 비능률적인 것이 되어 민중의 요구에 부응할 수 없을 때 정부는 붕괴한다.

문화적 비합리성은 모든 사람의 삶에 깊숙이 스며 있다. 우리는 문화적인 차단막에 가려져 있기 때문에 우리의 세계관은 통상적으로 자기가 속한 문화에 의해 부과된 한계를 초월하지 못한다. 사실 우리는 문화가 부과한 프로그램에 얽매인 상태이다. 이론적으로 비합리성이 가장 적은 문화는 환경과 적절히 조화된 문화일 것이다. 적어도 서양인들은 다음과 같은 환상을 지니고 있다. 이 세상 어딘가 이국적인 곳에 옷도 입지 않고 성적·물질적 구속으로부터 해방되어 단순하고 소박한 삶을 영위하는 사람들이 있으리라는 환상이다. 기술적으로 진보한 나라에 의해 파괴된 문화 가운데 적어도 그와 같은 균형에 접근한 것으로 보이는 문화도 포함되어 있다.

에스키모족은 인간관계나 환경에 대해 매우 세련된 기술적·행동적 반응을 발달시킨 사례로 자주 인용된다. 에스키모의 생활에 관한 초기 기록을 보면 그것이 사실임을 확신하게 된다. 하지만 나는 그들의 문화가 다른 문화에 의해 거의 손상되지 않았을 당시 기록된 신화와 꿈에 대한 분석에 깊은 감명을 받으면서도 동시에 그들 역시 내면적으로는 대부분의 인류와 마찬가지로 자신의 문화에 적응하고자 노력하는 과정을 밟아온 것이 아닌가 하는 쓸쓸한 생각이 들었다. 문화의 분석에서 나타나는 표면적인 문제점은 사람들이 문화를 구성하는 다양한 사실, 수준, 차원에 적합하지 않을 수도 있는 다소 전형적인 상(像)을 나름대로 고수하고 있다는 사실이다.

오늘날 미국인들은 아직도 프로테스탄트 윤리의 속박을 벗어버리지 못하고 힘겹게 살아간다. 시간을 신성시하며 생활이 단편화되는 것을 용인하는 태도는 놀라울 정도이다. 연장의 전이가 나타나는 과정 전체가 너무나 비합리적이다. 자민족중심주의는 반드시 비합리적인 요소를 지닐 수밖에 없으며, 그러한 현상이 확산되는 이상 막을 도리가 없다. 개인적으로는 이따금 편견을 버리기도 하지만 집단 전체의 변화는 더디며, 하나의 편견을 버리면 곧 또 다른 편견이 뒤따르는 경우가 많다.[6]

개인적 비합리성은 그 사람 특유의 정신역학에서 비롯된 결과로 여겨지는 반면, 문화적 비합리성은 광범위하게 공유되고 있기 때문에 흔히 정상적인 현상으로 여겨지고 있다. 자원이 고갈되고 있는 이 시대에 소비나 자원에 대한 우리의 태도와 소비억제에 대한 명백한 무관심은 결코 정상이 아니다. 그러나 모든 사람이 그러한 광기를 공유하고 있고 우리의 제도나 지도자로부터는 아무런 처방도 얻을 수 없기 때문에 환경론자들의 장렬한 노력에도 불구하고 실질적으로는 아무런 저지도 받지 않고 있다. 어쨌든 속수무책이 아닌가!

인간을 이해하고, 문화를 이해하고, 세계를 이해하고, 비합리성을 해명하는 모든 일은 동일한 과정의 불가분한 측면이다. 그 이해의 길을 가로막는 장애물은 각자의 문화에 근거한 패러다임이다. 문화는 내재적 차단막, 즉 우리의 사고를 통제하고 문화적 과정의 해명을 방해하는 드러나지 않고 표현되지 않은 전제를 드리우고 있기 때문이다. 그러나 문화가 아니면 인간은 인간이 아니다. 따라서 그 문화에 속한 사람들의 협조 없이 개별적으로는 문화의 어떤 측면도 해명할 수 없다.

유감스럽게도 여러 이유(일부는 정치적 이유) 때문에 미국에서는 문화

---

6) Edward T. Hall, "Race Prejudice and Negro-White Relations in the Army," *American Journal of Sociology*, Vol.3, No.5, March 1947.

간의 접촉 면에서 연구하기가 갈수록 어려워지고 있다. 최근에 보기 드물게 통찰력 있는 에스파냐계 동료의 말에 의하면, 특히 뉴멕시코 주의 에스파냐계 미국문화에 관한 사회과학자들의 연구보고에 나타나는 진술은 대부분 틀리거나 맥락을 무시한 형편없이 왜곡된 것으로 거의 예외 없이 '견강부회'라는 것이다. 그는 그러한 진술이 앵글로계 지식인의 관점으로 에스파냐계 미국문화를 해석한 것으로 마치 독신 남자가 누이의 아이들을 훈육하는 방식과 다를 바가 없다고 말한다. 그러한 연구를 책임지고 있는 사람들은 대개 앵글로계 미국인의 사회과학적 방법론으로 훈련되어 있을 뿐만 아니라 뚜렷한 연구동기를 지니고 있기 때문에, 그 사회과학적 연구방법 자체에 근본적인 오류가 있는 것으로 간주할 수밖에 없다.

그 오류는 다음과 같은 두 전제에 근거하는 것으로 보인다. 즉 외부인도 수개월 또는 수년 만에 외국의 문화를 충분히 이해하고, 설명하고, 서술할 수 있다는 생각과 자신의 문화를 초월할 수 있다는 생각이다. 이론과 실천 모두에 나타나는 이와 같은 오류는 당초 유럽인들에게 자명한 것이 아니었다. 그들은 자신들의 방법이 우월하고 정확하다고 확신하기 때문에, 그 스테레오타입을 강화하고 그것을 통해 그들이 연구대상으로 삼아온 문화에 속하는 사람들의 생활과 제도를 직접 체험하지도 않고 세계의 모든 문화를 유럽인 일반에게 설명하였다. 그러한 스테레오타입은 연구자와 일반인 모두가 공유하는 것이기 때문에 그와 같은 외국 문화의 해석은 대개 액면 그대로 수용된다.[7] 나는 은연중에라도 그 분야의 사회과학자들이 재능이 없다거나 성실하지 못하다고 암시할

---

[7] 문화에 속박되는 경향은 인류학자에 국한되지 않고 다른 분야의 과학자도 마찬

생각은 전혀 없으며, 다만 그들도 일반대중과 다름없이 유럽문화 특유의 관점으로 다른 문화를 다루고 있다는 점을 지적할 따름이다.

나는 미국의 국무성에서 다른 나라 정치·문화체계의 실상을 파악하고자 할 때마다 그러한 과정을 되풀이하는 것을 보았다. 탁월한 중국전문가로 알려진 서비스(John Service) 같은 사람도 문화적·정치적 장애에 좌초할 수밖에 없었는데 용기나 재능이 그만 못한 외교관들이 그 점을 의식할 리가 없다. 그러므로 거의 예외 없이 어떤 정보를 공개할 것인지는 물론 워싱턴에 보고할 것인지 아닌지도 그들이 직접 경험하는 것과는 무관하게 관례나 유행에 따라 결정되고 있다. 그러한 왜곡은 대부분의 경우 고의적인 것이 아니라 무의식적인 것이다.

내가 아는 한 문화적 속박의 딜레마에서 벗어날 길은 없다. 일반적으로 자기가 속한 문화를 초월하기 위해서는 먼저 삶을 이루는 모든 측면—생활하고, 보고, 말하고, 분석하고, 서술하고, 삶을 변화시키는 방식—에 관한 숨겨진 주요 원칙과 표명되지 않은 전제를 밝히지 않으면 안 된다. 문화는 전일적이고 계통적(각각의 측면이 다른 모든 부분과 기능적으로 상호연관된 체계를 구성하는)이며 고도로 맥락화되어 있기에 외부에서 그것을 설명하기가 어렵기 때문이다.

단순히 부분적이고 개별적인 내용에 입각한 이해 역시 불가능하다. 한 문화를 이해하려면 그 전 체계가 어떻게 통합되는지, 주요한 체계와

가지이다. 사실 대부분의 과학자들은 일상생활과 전문분야의 이론과 방법을 전혀 별도로 여기고 있다. 왜냐하면 과학은 학교와 실험실에서 배운 것이기 때문이다. 과학교사는 '과학'과 일상생활에 세심한 이분법을 적용하는데 이는 타당할 때도 있지만 그렇지 않을 때도 있다. 교실, 실험실, 그리고 과학이 만들어낸 모든 것에는 문화의 낙인이 찍혀 있다. 영국과 미국 사이에도 그 실험실을 살펴보면 많은 점에서 미묘한 차이가 있다.

그 동력은 어떻게 기능하며 상호연관되어 있는지를 파악하지 않으면 안 된다. 이를 통해 다음과 같은 명백한 결론이 도출된다. 즉 다른 문화와의 비교 없이 그 자체만으로는 내부에서나 외부에서나 한 문화를 제대로 설명할 수 없다. 이중문화권에 속한 사람들이나 문화끼리 접촉하는 상황에서는 그러한 비교의 기회도 잦아진다.

그 밖에도 젊은 세대에게 무언가를 어떻게든 설명해야 할 경우, 또한 오늘날과 같이 전통적인 문화제도가 붕괴되기 시작한 시점에서 문화의 숨겨진 구조를 해명할 기회가 주어지고 있다. 결코 간단한 일이 아니지만 우리 자신과 우리가 만든 세상—그리고 그 세상이 만든 우리—을 이해하는 일은 오늘날 인류가 직면하고 있는 단 하나의 가장 중요한 과제일 것이다.

15 동일시와 문화

"인생은 통합과 분리의 끊임없는 과정이다."
• E.T.H.

탄생에서 죽음에 이르기까지 인간의 일생은 대개 고통을 수반하는 분리에 의해 구분된다. 역설적으로 분리는 언제나 새로운 단계의 통합과 동일성, 그리고 정신적 성장을 형성한다. 이를 통해 인간 정신내부의 과정과 문화의 과정이 통합되는 접합점을 발견하는 누구에게나 의미를 지닌 문제가 제기된다. 아무도 태어나고 죽는 일에 스스로 개입할 수 없음에도 불구하고 그것은 자신을 둘러싼 환경으로부터 분리되는 자연스럽고 불가피한 일이다. 탄생과 죽음이라는 분리 사이에 수많은 분리가 일어나고 그때마다 새로운 인식이 수반된다.

유아는 한동안 자기 몸과 어머니의 젖가슴을 구별하지 못하며 자기자신과 자신이 속한 소우주를 통합체로 경험한다. 그러나 이 원조석이고 단순한 단계에서조차 삶은 늘 평온한 것이 아니다. 예컨대 젖이 나오지 않거나 어머니가 젖을 주지 못하는 사정으로 허기를 경험하게 될 경우 아기는 자신의 세계가 다스릴 수 없는 부분에 대해 좌절과 분노를 표시하는 것을 일반적으로 관찰할 수 있다. 결국 아기는 자신과 어머니가 하나가 아닌 분리된 존재임을 알게 된다. 그러나 이 분리의 체험은 대개 명확한 것이 아니며 우리가 일찍이 생각하던 것보다 훨씬 막연하고 애매한 것이다(경계가 존재한다고 해도 그곳이 어딘지 확실하게 알 수 없을 때 사람들은 곤란을 겪는다).

예컨대 설리번[1]은 유아가 어머니의 몸이 분리된 존재임을 깨닫고 나서도 자신의 감정까지 분리시키는 데에는 오랜 시간과 단계를 거친다는 견해에 입각해서 자아의 발달에 관한 많은 이론을 세웠다. 어머니의 마음이 부드럽고 편안하고 넉넉하면 아기의 기분도 좋지만 어지럽고 불안하면 아기의 정서는 그러한 어머니의 상태를 반영한다. 어머니 또는 중요한 사람의 감정과 자신의 감정을 분리시키는 과정은 오랜 시간이 걸릴 수도 있으며, 본인은 부정할지도 모르겠지만 어느 정도는 결코 완전히 분리되지 않는다.

휴스(Hughes)[2]는 자신의 명저 『자메이카의 열풍』(*A High Wind in Jamaica*)에서 등장인물인 에밀리가 자아를 발견하는 과정 묘사를 통해 동일성-분리 과정에 관한 가슴에 와닿는 사례를 서술하고 있다. 에밀리는 형제자매들과 함께 해적의 포로가 되어 해적선단의 마지막 배에 타고 있었는데, 몇 주일간 배에서 지내는 동안 구석구석 돌아보지 않은 곳이 없었다. 그리고 단조로운 일상이 계속되었다. 휴스의 묘사는 다음과 같다.

그리고 나서 에밀리에게는 상당히 중요한 사건이 발생했다. 자신이

---

[1] Harry Stack Sullivan, *Conceptions of Modern Psychiatry*, New York: William Alanson White Psychiatric Foundation, 1947.
[2] Richard Hughes, *A High Wind in Jamaica*, New York: New American Library, 1961(b).

누구인지 갑자기 깨닫게 된 것이다.

왜 그 일이 5년 전도 5년 후도 아닌 바로 그날 오후에 일어나야 했는지 생각할 수 있는 아무런 이유가 없다.

그녀는 뱃머리 오른쪽의 권양기 뒤에서 소꿉장난을 하고 있었다(그녀는 권양기에 악마발톱 모양의 문고리를 걸어놓았다). 이윽고 싫증이 나자 막연히 꿀벌과 여왕벌을 머릿속에 그리면서 생각 없이 배 후미 쪽으로 걸어갔다. 그때 갑자기 '내가 나구나' 하는 생각이 그녀의 머릿속을 스쳤다.

그녀는 그 자리에 죽은 듯이 멈춰 서서 눈앞에 들어오는 자신의 모습을 샅샅이 관찰했다. 그녀가 볼 수 있는 것은 그녀의 프록코트 앞부분과 보려고 들어올린 양손 정도였지만, 느닷없이 그 작은 몸이 자신임을 깨닫기에는 그런대로 충분한 것이었다.

그녀는 다소 비웃듯이 웃기 시작했다. 그녀가 생각한 것은 이러했다. '자! 이렇게 너는 모든 사람의 마음을 끌게 되겠지, 그러나 지금은 벗어날 수 없어, 어쩌면 아주 오랫동안, 이런 미친 장난에서 벗어나기 전에 어른이 되고 나이를 먹게 될 테니까!'

이 결정적인 순간을 누구에게도 방해받고 싶지 않은 그녀는 결심한 듯이 자신이 좋아하는 장소이 돛대 꼭대기의 장대로 오르기 위해 밧줄사다리를 타기 시작했다. 그녀는 팔과 다리를 움직일 때마다 비록 단순한 동작이지만 자신의 의지에 기꺼이 따르고 있다는 사실을 깨닫고는 신선한 경이감을 느꼈다. 물론 생각해보면 전에도 늘 그랬지만 전에는 그것이 얼마나 놀라운 일인지 결코 깨닫지 못했다.

장대에 걸터앉은 그녀는 자신의 일부인 두 손을 올려 그 피부를 세심히 살피기 시작했다. 그리고 프록코트를 들추어 어깨를 드러내고

가만히 옷속을 들여다보면서 자신의 몸이 연장되는 것을 확인하고 어깨를 으쓱 올려서 볼에 대보았다. 움푹한 어깨의 따스한 속살이 얼굴에 닿자 마치 친구의 부드러운 손길처럼 느껴졌다. 그러나 볼과 어깨로 전달되는 감각은 손길을 주는 쪽과 받는 쪽을 분간할 수 없는 것이었다.

브래드버리(Bradbury)[3]의 『민들레술』(*Dandelion Wine*)에도 살아 있다는 느낌을 매우 생동감 있게 묘사한 장면이 있다. 지금과 같은 우리 문화에서 진정으로 살아 있기 위해서는 어른이 되지 않으면 안 되며, 어른이 된다는 것은 수많은 도전과의 만남을 의미하고, 그러한 과정에서 충격에 충분히 익숙해지기 위해서는 '엄마품을 떠나' 부모로부터 독립된 자아를 확립해야만 한다. 그 과정의 완수는 사람에 따라 그리고 문화에 따라 다르다. 부모, 조부모, 나아가 조상과의 유대가 단절되지 않고 유지 또는 강화되는 문화도 많다. 예컨대 중국, 일본, 유럽 중부의 전통적인 유대계 가족, 아랍의 촌민, 북남미 대륙의 에스파냐계 민족, 뉴멕시코 주의 푸에블로 인디언, 그 밖에도 이루 언급할 수 없을 정도다. 그러한 문화에 속한 사람들은 유년기와 결별을 고하고 보다 넓고 현실적인 어른의 세계로 진입하기는 하지만 정상적인 환경에서조차 자신이 속한 공동체로부터 독립된 동일성(identity)을 확립하지는 못한다.

어머니의 젖가슴, 부모의 정서, 자신이 속한 집단으로부터의 분리에 관해 간략하게 살펴보았는데 그 밖에도 분리의 위기는 수차례 다양한 형태로 존재할 수 있으며 때로는 민족 전체를 포함하는 대규모의 분리

---

[3] Ray Bradbury, *Dandelion Wine*, New York: Bantam Books, Inc., 1959.

가 일어날 수도 있다. 서양에서는 다윈의 진화론에 입각한 새로운 세계관을 위해 『성경』의 창조신화에 대한 믿음을 포기했다. 그러나 그 창조신화로부터의 분리과정은 결코 완수될 수 없을지도 모른다. 지금 이 순간에도 캘리포니아에서는 교육과정에서 '창조론자들'에게 '대등한 기회'를 부여해야 한다는 논쟁이 고조되어 학술지인 『사이언스』의 지면까지 침해당하고 있는 실정이다.

대부분의 교양인에게는 이러한 모든 사건이 자연스럽고 정상적이며 익숙하게 여겨질지도 모르지만, 나는 최근 동일시에 관한 이론을 연구하면서 인간세계의 문화는 그 구성원이 '엄마품을 떠나는' 경우와 그렇지 못한 경우로 구분될 수 있다는 점에 비로소 생각이 미치게 되었다. 그러한 문화적 차이가 우리 생활에 미치는 영향력을 측정하기는 어렵지만 매우 중요한 점임에는 틀림없다.

내가 생각하기에 집단생활을 하는 인간은 분리에 대해 저항감을 갖지만 사람은 살아가면서 이룩해야 할 일보다는 떠나야 할 일이 더욱 많다. 또한 인생의 중요한 전략 가운데 하나는 비록 비규정적이고 무의식적이라 할지라도 무엇을 포기할 것인가를 결정하는 일이다. 예컨대 상상가능한 모든 종류의 욕구, 신경증적인 심리작용(neurotic dynamism), 야망, 탐욕, 물질에 대한 집착, 부모와 함께하는 가정적 안정, 권력욕, 지배욕, 성마른 성격, 색정, 타종교의 배척과 특정 종교에 대한 광신, 민족주의, 편협한 과학적 견해 등 이 밖에도 수없이 열거할 수 있다.

인간의 제어할 수 없는 심리작용은 대부분 습관에 의해 기능한다는 이유만으로도 그로부터 자아를 분리하는 일이 용이하지 않다는 점을 인정하지 않으면 안 된다. 여기에 언급한 일들은 몇 가지 사례에 불과하다.

구두를 사고 싶은 충동이나 단것을 거부하지 못하는 무기력에는 알코

올 중독과 공통된 점이 있다. 그것은 행동적인 측면에서 특정한 부분에서는 자기 자신과 환경을 구분하는 명확한 경계를 가늠하는 능력이 없다는 점이다. 그것은 마치 숨겨진 촉수가 몸에서 나와 사탕 또는 술로 뻗치는 것처럼 자신도 모르는 사이에 환경적으로 깊숙이 새겨진 심리작용이다. 인간은 자신과 맞서서 씨름하고 투쟁하고 애태우고 화낼 수는 있지만 아기가 어머니의 젖가슴 또는 감정에 무기력하듯이 환경으로 연장되어 분화되지 않은 자아의 일부와 가망 없는 투쟁을 벌일 수도 있다. 또는 무의식적으로 알코올에서 종교로, 담배에서 음식으로 이행하는 사람도 있지만 속박된 상태는 변함없이 지속된다.

동일성-분리-성장의 다이너미즘으로 지칭될 수 있는 바는 경계불명료증으로도 분류될 수 있는 것으로 한결같지는 않으며 실제 그 내용은 매우 다양하다. 어머니의 자궁으로부터 분리되는 탄생과 육체로부터 분리되는 죽음은 자연의 섭리인 반면 분화된 다이너미즘으로서의 자아의 성장과 발달은 자연스러운 존재현상이기는 해도 생사의 불가피성을 지닌 것은 아니다(반드시 자아가 발달하여 정신의 특정 부분에 집중되어야 하는 것은 아니다). 아이들은 자아의 발달과 무관하게 달을 만질 수 없다는 사실을 곧 깨닫게 된다.

탐욕이나 질투 같은 심리작용 및 가정이나 엄마의 따스한 품을 떠남으로써 야기되는 불안의 심리작용은 대개 신경증적인 것이지만 **문화적인 것**일 수도 있다. 인간은 태어날 때부터 이 두 유형의 분리로 인한 불안을 모두 극복하지 않으면 안 되는 상황에 처해 있다.

중독은 본래 생화학적인 작용이지만 신경증적 요인이 포함될 수도 있는 생리학적 문제임에 틀림없다. 그렇지만 다른 형태의 경계불명료증에 비해 심각하지 않다거나 다루기 쉬운 것으로 생각해서는 안 된다.

경계불명료증에는 감각이 정상적으로 기능하지 않는 증상, 즉 지각이상도 포함된다. 그 한 가지 증세는 자기 몸의 경계가 확장되거나 수축되는 느낌으로 자신이 방 전체를 채우고 있는 듯 지각되는 경우이다(상상이 아닌 실재로 지각된다). 이러한 지각의 왜곡현상은 청각의 왜곡현상(환청 따위)과 마찬가지로 감당하기 힘든 정신적 장애가 될 수 있다. 오스먼드(Osmond)[4]와 시얼레스(Searles)[5]는 전혀 다른 분야의 정신의학자들이지만 정신분열증으로 일컬어지는 정의하기 어렵고 충분히 이해되지 못한 복잡한 장애를 지각기능의 이상으로 다룸으로써 그 이해에 크게 기여하였다.

이와는 전혀 다른 맥락에서 최근의 연구로 밝혀진 바에 따르면 정신분열증의 진단에는 보편적으로 인정되는 타당한 판단기준이 없으며 정상과 이상의 구분도 실상과는 거의 무관하게 인위적으로 이루어진다고 한다. 데이비드 로젠한 교수가 미국 각지의 정신병동을 대상으로 3년에 걸쳐 연구한 내용[6]을 다시 언급하고자 한다. 로젠한과 그의 동료들은 병원에 가서 단지 'thud'(쿵), 'empty'(텅 빈), 'hollow'(움푹한) 따위의 단어를 중얼거리는 목소리를 들었다고 말했을 뿐이다. 그들의 병력은 사실이 아니었음에도 불구하고 정신병원에서는 직접 확인하지도 않고 그들을 예외 없이 정신이상(정신분열증)으로 진단했다. 여기서 알 수 있듯이 정신의료계에 종사하는 사람들의 대부분이 이른바 정신의 이상과

---

4) Humphry Osmond, "The Relationship Between Architect and Psychiatrist," In C. Goshen(ed.), *Psychiatric Architecture*, Washington, D.C.: American Psychiatric Association, 1959.
5) Harold Searles, *The Non-Human Environment*, New York: International Universities Press, 1960.
6) 『사이언스』, 1973년 1월호.

정상을 구분하기 위하여 적용할 수 있는 **타당한 경계**(valid line)란 애매하기 짝이 없는 것이다.

지각이상은 정신이상에 국한된 것이 아니라 **정황**에 따라, 특히 강한 스트레스나 흥분, 또는 약물의 영향으로 일어날 수도 있다. 리처드 휴스는 또 다른 저서[7])에서 정상적인 남자가 스트레스로 인해 몸의 경계가 애매해지는 정신분열증세와 동일한 고통을 느끼게 되는 장면을 탁월하게 묘사하고 있다.

어거스트는 습지에서 축축이 젖어 돌아와서는 바로 총기실로 들어갔다. 그는 젖은 방수복을 입은 어깨에 죽은 아이를 짊어지고 과거의 시간과 사람들의 추억으로 가득한 따스하고 친근한 방에서 찬찬히 사방을 둘러보았다.

그의 눈길이 이동하다가 한구석에 세워둔 낚싯대 다발에서 멈췄다. 견고한 손잡이는 금이 간 명대(明代) 도자기에 마치 화살통의 살처럼 꽂혀 있었지만 그는 낚싯대의 가느다란 끝머리가 마치 촉수처럼, 그것도 자신의 촉수처럼 실룩거리는 느낌을 받았다. 그 위의 벗겨진 벽면에 걸려 있는 박제된 수달피 마스크가 싱긋 웃었다. 둥근 석탄난로 위에서 계속 끓고 있는 주전자로부터 나오는 미세한 증기는 선반 위의 갈색 차주전자와 빵덩어리, 칼, 잼항아리를 생생하게 끌어들이는 듯했다. 요컨대 그의 총과 낚싯대, 그리고 가구나 주전자, 빵덩어리까지도 갑자기 '자신'의 살아 있는 촉수가 된 것이다. 자기 자신과 오랫

---

7) Richard Hughes, *The Fox in the Attic*, New York: Harper & Row, Publishers, 1961(a).

동안 아껴왔던 자신의 총기실은 이제 하나로 연결된 생명체가 된 듯했다. 잠깐 동안 '그'는 더 이상 자신의 피부 안에 갇혀 있는 것이 아니라 확장되어 이제 사면의 벽이 자신을 이루는 표피가 되었다. 적대적인 낯선 '세계'는 벽 바깥에서야 전개되는 것이다.

지각의 왜곡, 몸의 경계불명료, 외부자극의 혼입(환청이나 환상)과 같은 현상은 문화적인 것이 분명하다. 평원(Plains) 인디언은 전사나 주술사가 되기 위해서는 반드시 환각을 보아야 한다. 문화는 언제나 사물과 사물을 구분하는 경계선이 어디에 그어져야 하는가를 규정해왔다. 그 경계선은 자의적임에도 불구하고 일단 습득되고 내재화되면 실재하는 것으로 다루어진다. 서양에서는 정상적인 섹스와 강간을 구분하는 경계선이 뚜렷한 반면에 아랍에서는 여러 이유로 인하여 그 두 사건을 구분하기가 훨씬 어렵다.

언어에서도 그러한 예를 볼 수 있다. 미국 북부지방의 중산층 영어를 구사하는 사람들은 'pen'(펜)의 단모음 'e'와 'pin'(핀)의 단모음 'i'를 구별하여 발음하지만 남부의 동해안지방 사람들은 구별 없이 발음하기 때문에 "펜을 달라"고 하면, "쓰는 펜, 아니면 찌르는 펜?" 하고 되묻게 된다. 그러한 예는 '백인' 영어와는 문장구성을 비롯한 여러 면에서 구사방식이 다른 '흑인' 영어에서도 볼 수 있다. 흑인은 백인이 인식 또는 구별하지 못하는 여러 가지 화법을 구사한다. 예컨대 흑인들은 '암시하는 바'(signifying)가 있을 때와 없을 때를 구별한다. 암시란 말하는 사람이 듣는 사람에게 대화에서 드러나는 내용과는 다른 메시지를 간접적으로 또는 비유적으로 전달하는 방식으로 대개 당사자끼리만 통하는 의미이다. 고유한 흑인 문화를 고수하고 있는 흑인들은 변용된 문화를 지닌 중상층 흑인들과는 달리 대화 중에 톡톡 두드리거나, 이상한 소리를 내거나, 이리저리 몸을 놀리거나, 큰 소리로 말하거나, 탄성을 지르거나, 허튼소리를 한다.[8]

백인들도 '암시'하는 경우가 있지만 그에 상응하는 단어가 있는 것은 아니다. 또한 말하는 바에 두 가지 또는 그 이상의 의미가 함축되는 경우나 더욱이 두 번째 의미가 대화내용상 보다 절실한 경우에도 다시 반문하면 부정될 때가 많다.

뉴멕시코 주 북부의 에스파냐계 지역에서 이루어진 연구보고서에 의하면 그들이 정신의 이상과 정상을 구분하는 경계선은 앵글로계 지역에서처럼 분명하지 않다. 앵글로계 사회에서는 정신의 건강상태를 정황과는 다소 무관한 개인의 자질로 여기는 반면 에스파냐계 뉴멕시코 주민들은 인간의 행동을 거의 정황에 따른 것으로 보는 경향이 있다. 한 '개인'이 정신적으로 이상하다는 생각은 에스파냐계 사람들에게는 낯선 개념이다. 한 개인이 특이하게 행동하거나 난폭해지는 경우는 일련의 특정한 환경에 의한 것으로 보기 때문에 그 사람을 정신이상으로 규정하는 대신 좋지 않은 환경에서 격리시키고자 애쓴다.

서구에는 아직도 피부색과 인종으로 개인을 구분하는 사람들이 있지만 유럽에서는 사회계층에 따라 사람들을 나누는 경향이 훨씬 강하다. 또한 서구사회에서는 보다 깊은 의미에서 개개인을 구분하는 선을 긋고 모든 사회적 관계와 제도를 구성하는 기본적인 존재(entity)를 개인으로 일컫는다. 그러한 단위로서의 '인간'은 서로 경쟁관계에 있으며 종교는

---

[8] Claudia Mitchell-Kernan, "Signifying and Marking: Two Afro-American Speech Acts," In John J. Gumperz, and Dell Hymes(eds.), *Directions in Sociolinguistics*, New York: Holt, Rinehart & Winston, Inc., 1972.

인간의 영혼을 관리하기 위해 서로 경쟁한다. 그러나 푸에블로 인디언의 경우에는 혈족이 생존의 단위이기 때문에 그러한 것들이 적용될 수 없다. 집단을 기본적인 단위로 보는 푸에블로의 관점은 그러한 집단에서 자란 경험이 없는 보통 유럽인에게는 이해하기가 전혀 불가능하지는 않겠지만 어려운 것이 사실이다.

푸에블로 인디언에게는 사람들 사이의 경쟁이라는 개념이 불쾌하고 낯설기 때문에 백인의 학교에서 배우는 모든 것이 파괴적이며 존재 그 자체의 핵심을 위협하는 것이 된다. 그 경쟁은 하나의 정신을 이루고 있는 부분들끼리의 경쟁이나 마찬가지여서 그를 통해 개인이 얻을 수 있는 것은 고통뿐이다. 푸에블로 인디언은 보다 거대한 그물을 펼쳐왔기 때문에 백인이 자의적으로 인디언을 그들의 맥락에서 분리시키는 것은 그들을 파괴하는 것이나 다름없다. 그런데도 백인은 의식하건 못하건 간에 전력을 다해 그러한 일을 반복해왔다.

일정한 경계 안에 들어오는 것은 문화적으로 결정될 수밖에 없기 때문에 완전히 자의적이라고 할 수 있다. 서양인은 하나의 표피에 감싸이고 뼈와 근육으로 구성된 하나의 체계에 의해 지탱되는 각 존재의 집합을 하나의 존재, 즉 '개인'으로 일컫는다. 여기에서 다음과 같은 생각을 하게 된다. 즉 정신의 한 부분(개인)이 기능하는 방식은 일반적인 신념에 따라 개개인을 구분하는 경계를 정하는 일과는 전적으로 다르다는 점이다. 말하자면 현행의 지식이 인격의 경계선에 관해 사실과 일치하지 않는 상을 제시해주고 있기 때문에 사람들 사이에 적지 않은 문제가 유발된다는 것이다.

내가 설명하려고 하는 과정은 정신분석학자들 사이에서 '동일시'(identification)[9]로 알려져 있는 바와 일치하지는 않지만 관련이 있으며 문화를 초월하는 과정에서 매우 요긴한 개념이다.

현재 정신의학자들은 동일시가 과연 무엇이며 어떻게 작용하는지에 관해 의견일치를 보지 못한 상태이다. 그에 관한 나의 논의는 독자적으로 정신분석을 연구하는 과정에서 나 자신이나 가까운 사람들을 관찰함으로써 개인적으로 발견한 사실에 국한될 것이다. 그러한 맥락에서 이 논의에서는 두 형태의 동일시, 즉 특정 개인의 다소 독특하고 특징적인 개인적 다이너미즘으로서의 동일시와 주요한 문화적 현시로서의 동일시를 다루고자 한다. 이와 같은 구분은 내가 자라난 교육환경에 기인하는 것이며 모든 분류가 그렇듯이 이 경계선도 매우 자의적인 것이다. 그러한 구분이 전혀 불가능하거나 부자연스럽게 여겨지는 문화가 있는가 하면 더 많은 경계선이 요구되는 문화도 있을 수 있다. 한 개인이 여러 이유로 인해 부적절한 방식으로 경계선을 그음으로써 야기되는 문제 또한 이 동일시로 설명된다. 왜냐하면 사람들은 일상적인 교류 과정에서 현실적으로 발생하는 바와 일치하지 않는 구분을 짓기도 하기 때문이다.

이 장의 초두에서 나는 엄마품을 떠나는 일에 관해 이야기하면서 성인이 되려는 젊은이들이 부모와 독립해서 자신의 동일성을 확립해야 한다는 의미를 추론해보았다. 말하자면 나는 분리의 과정을 '어린아이'의 관점에서 생각해본 것이다(내가 말하는 '어린아이'는 발육단계적인 의미라기보다는 속성적인 의미로 사용한 것이다). 서양에서는 정신의학의 일반적인 이론이나 임상적 치료가 모두 유년기의 친자관계에 초점을 맞추고 있

---

9) W.W. Meisner, "Notes on Identification Origins in Freud," *Psychoanalytic Quarterly*, Vol.39, pp.563~589, 1970.

다. 사실 우리는 이 관계가 성장한 후의 생활에서 기본적인 패턴을 형성시킨다고 보고 어린 시절의 복잡한 친자관계 및 형제관계를 분석하기 위해 막대한 시간과 비용을 소비하는 경우가 많다.

그러한 모든 분석은 관점에 따라서는 효과가 있기도 하겠지만 어릴 때 겪은 일은 어차피 과거지사이며, 때로는 그러한 일들을 아는 것이 도움이 될 수도 있겠지만 누구도 자신의 부모를 바꾸거나 아이들을 다루는 부모의 태도를 바꿀 도리는 없는 것이다. 그러므로 나는 정신질환을 일으키는 다른 원인을 생각해볼 수밖에 없다. 그 원인은 현대 상황에 의해 악화됨으로써 갈수록 확산되고 있다.

과거에 프로이트 학파가 '성인의 유아성'으로 파악하던 증상과는 대조적으로 최근에 성인의 정신건강에서 중요하게 인식되기 시작한 증상으로는 성인으로 다가가면서 그것을 자각하는 아이들을 둔 중년의 부모가 자식과의 관계에서 겪는 심리적 긴장과 불안, 그리고 슬픔 등이 있다. 1960년대에는 '세대차'[10]에 관한 이야기를 많이 했지만 왜 부모가 자식들의 행동에 그토록 화를 내게 되는지에 관해 적절하고 통찰력 있게 설명한 것은 거의 찾아볼 수 없다. 그 해답은 개인적 동일시와 문화적 동일시가 존재한다는 점, 그리고 그 두 가지가 일치하지 않는다는 점에서 찾아야 한다.

세대차에 의해 제기된 문제를 검토하기 전에 동일시에 관한 정의를 더욱 명확히 해보자. 동일시는 개인의 신분(identity)을 증명하는 문서로부터, "존은 그의 회사와 거의 동일화되었다" "관중은 배우와 그가 연기

---

10) Margaret Mead, *Culture and Commitment: A Study of the Generation Gap*, Garden City, N.Y.: Natural History Press/Doubleday, 1970.

하는 햄릿을 동일시했다"와 같은 표현에 이르기까지 수많은 의미를 지니고 있다. 학생들 가운데에는 무의식적으로 자신의 부모를 향한 감정을 그대로 선생님에게 전이시켜 마치 부모를 대하듯 선생님을 대하는 경우도 있다. 한 사전은 동일시를 정신분석학의 관점에서 "다른 사람의 감정이나 반응을 자신의 것으로 전이시키는 반응……"[11]으로 정의하고 있다.

그러한 정의들은 내가 친자관계(개인적 동일시)나 다른 문화에 속한 개인들 사이의 교류(문화적 동일시)를 고찰하면서 염두에 두었던 바—클라인(Klein)[12]이 정의한 '투영적 동일시'의 의미에 가장 가깝다—를 제대로 전달해주지 못한다. 그러므로 동일시라는 용어에, '분리된'(dissociated) 자아의 부분이나 인격의 측면에 대해 지니고 있는 감정들과 그것들을 다루는 방식을 포함시켜 더욱 상세하게 논의할 필요가 있다.

분리(dissociation)란 어린 시절에 자신에게 매우 중요한 사람들에 의해 이런저런 이유로 인정받지 못했던 행동패턴·충동·욕구·다이너미즘 등을 의미하는 설리번의 용어이다.[13] 여러 이유로 깊은 적의감을 지니게 된 아이는 자신의 어린 동생을 괴롭히고 싶은 욕구를 느낄 수 있는데 그것을 행동에 옮기다가 엄마나 다른 사람에게 발각되면 아이는 심

---

11) 이 사전의 설명은 프로이트의 생각을 지나치게 단순화시킨 나머지 본래의 의미를 크게 왜곡시켰다. 프로이트가 말하는 동일시는, 그가 대상물이라고 명명한 것(즉 사람이나 행동의 양상)이 자아 또는 자아의 구조 속에 자아를 구조적으로 수정하는 방법으로 내재화되는 것이다. 이 경우 강조점은 내재화라는 말이다. Meisner, 앞의 책.
12) Melanie Klein, *The Psychoanalysis of Children*, London: Hogarth Press, Ltd., 1951.
13) Sullivan, 앞의 책.

한 벌을 받고 죄책감과 수치심을 느끼게 된다. 그러나 그러한 벌과 죄책감은 동생을 괴롭히는 아이의 잠재적 욕구와는 무관하기 때문에 그 욕구는 고스란히 남아 있게 된다. 그러므로 설리번에 따르면, 괴롭히는 행위는 계속(욕구가 남아 있기 때문에)되지만 아이는 그것을 자아와 분리시켜서 자존심이 유지될 수 있도록 한다. 기회가 생길 때마다 괴롭히는 일이 계속되지만 그것은 의식을 벗어난 분리된 행동이기 때문에 '내가 한 짓이 아닌' 것으로 여기게 된다.

문화나 맥락에 따라서는 어떤 행위가 자아의 외부에서 작용하는 힘이나 인격, 또는 영향력에 기인하는 것처럼 분리현상을 설명하는 경우도 있다(플립 윌슨 쇼에서 자신의 모든 행동은 악마가 시킨 짓이라고 말하는 제럴딘의 경우). 분리된 충동에 지배되어 행동하는 경우 자신을 제외하고는 누구나 그 행동을 식별할 수 있다. 어떤 인간관계에서 인색한 사람이 스스로는 줄곧 관대하다고 생각할 수도 있는 것이다. 마찬가지로 사람들과 사귀기 힘든 사람이 그러한 결함을 위선적인 친근감이나 과잉의 명랑성으로 보상할 수도 있다(그것은 미국인에게 보편적인 문화적 특색으로 세계적으로 알려져 있다). 또한 어린 시절에 부모로부터 늘 조심하라는 주의를 받고 자란 사람은 매사에 조심성과 경각심을 지녀야 한다고 느끼며 산다. 그렇지만 그런 사람들에게서 겉으로는 깔끔히지만 속으로는 칠칠치 못한 경우를 흔히 보게 된다. 왜냐하면 칠칠치 못하다는 생각은 인격에서 분리되기 때문에 스스로 그렇게 여길 수 없기 때문이다.

그와 같은 분리를 겪은 부모는 자신의 아이—대개 동성의 자식—가 자기와 동일한 분리과정이나 어려움을 겪고 있는 것을 보면 걱정하거나 화를 내는 등 필요 이상으로 아이에 대해 엄하게 구는 경향이 있다. 그 부모는 자신도 모르게 아이를 자기와 동일하게 생각하는 것이다

(사람들은 분리된 부분에 관해서는 스스로 매우 엄격한데, 그들 자신이 자기 부모처럼 행동하기 때문이다).

부모는 자식을 자신처럼 다룰 뿐만 아니라 무의식적으로 자신의 정신적 경계 내에 포함시키기 때문에 아이는 부모의 연장물이 된다. 그것은 제2장에서 설명한 연장의 전이과정을 포함하여 많은 것을 의미하고 있다. 그 과정은 우주와 자아가 아직 분리되지 않은 인생의 단계, 즉 유아기에 배가 고픈데도 어머니의 젖을 먹지 못할 경우의 아기의 반응을 연상시킨다.

자식에 대한 동일시가 부모가 겪는 불안과 고뇌의 원인이라는 사실을 알고 나면 부모는 새로운 자세로 자식을 대할 수 있다. 즉 고뇌하는 아이와의 깊숙한 '감정이입'을 통해 자연스러운 관심으로 아이를 보살피면서 동시에 아이를 자신으로부터 해방시켜 독립적인 인격으로 대하는 것이다. 부모는 자신이 겪는 곤란이 실은 자식 때문이 아니라 자기 자신의 분리된 부분 때문이며 동일시 과정에 기인한다는 점을 인식하는 것이 중요하다. 그러한 관점으로 보면 왜 부모자식 간에 문제가 생기는지, 또한 왜 아이들이 자신의 동일성을 확립하고자 애쓰는 바로 그 시기에 부모의 동일시로 인한 압박을 견디면서 영문도 모르는 채 깊은 원망을 품게 되는지 쉽게 이해가 된다. 그러한 문제들은 '엄마품을 떠나는' 문화에서조차 풀기 힘든 과제인 것이다.

지금 논의되고 있는 과정에서 흥미로운 점은 그것이 자식과의 관계에 국한되지 않고 주위에서 곤란을 겪고 있는 친구나 동료와의 관계에도 적용될 수 있다는 것이다. 그들이 겪고 있는 좌절감의 일부는 자기 인격의 분리된 측면에 대처할 수 없는 자신을 향한 분노와 동시에 자아의 중요한 부분의 경험이 거부됨으로써 생기는 패배감에서 유래하기도 한다.

무력감의 또 다른 원인은 일상에서 자신이 생각한 대로 일이 풀리지 않을 경우(예컨대 기계적 장치, 자동차, 사회관계, 컴퓨터 등부터 우체국이나 전화국 같은 관료기구에 이르기까지) 사람들이 보통 느끼게 되는 감정이 될 수도 있다. 아무리 애써도 그리고 어떤 방법을 강구해보아도 시스템이 묵묵부답일 경우 사람들은 화가 날 수밖에 없다. 우리 사회에서 보게 되는 일부 소수집단의 분노는 단지 흔히 겪는 부당한 대우 때문만이 아니라 시스템을 자신들에게 유리하게 작동시킬 수 없기 때문에 유발되는 것이다. 아들의 문제를 동일시하는 아버지처럼 그들은 어떤 버튼을 어떻게 눌러야 할지 모르는 것이다.

지금까지 분리의 부정적인 측면을 다루었지만 사랑·온정·연민·창조성과 같은 긍정적인 측면도 마찬가지로 분리될 수 있다. 내가 아는 어떤 어머니는 자신의 아이뿐만 아니라 주위의 모든 사람에 대해 성공의 기미만 보여도 아주 신경질적이며 시기심을 나타낸다. 그것은 자기와 관련된 사람들의 성공이 상대적으로 자신의 가치를 감소시키는 것으로 여겨지기 때문이다. 미국과 같이 경쟁적인 문화에서는 그러한 환경의 아이들이 겪는 핸디캡을 어렵지 않게 상상할 수 있다. 어머니의 그러한 측면이 내재화된 아이들은 자신의 분리된 성공욕구를 처리해야 할 뿐만 아니라 성공한 사람들을 대할 때에도 곤란을 겪게 된다.

이제 개인의 차원을 넘어서 집단을 살펴보기로 하자. 역설적이게도 여기에 서술된 동일시의 과정은 마치 원자핵을 결합시키는 힘처럼 여러 문화를 하나로 결합시키는 가장 강력한 접착제 역할을 한다.

지금까지 논의된 것으로 미루어 문화의 중요한 부분은 의식의 차원 밑에 안전하게 숨겨져 있음을 알 수 있다. 예컨대 왜 사람들은 타인에게 그토록 집요하게 집단의 관습을 준수하도록 하는 것일까? 그리고 그렇지 못할 경우 왜 그토록 불안해하고 걱정하는 것일까? 이 문제와 관련하여 한 장면이 연상되는데 그것은 어머니가 숟가락으로 아기에게 음식을 떠먹이는 것으로, 그때 어머니가 취하는 여러 행동양식을 살펴보면 엄청난 정신적 에너지와 집중력을 느끼게 된다. 예컨대 어머니가 아기의 입 모양을 스스로 짓는 모습과 같이 아기에게 원하는 동작을 자신이 그대로 행하는 것이다. 이 경우 어머니는 자신이 행하는 바를 의식하지 못할 수는 있지만 그 행위 자체는 분리된 것이 아니다. 이것은 개인적 유형의 동일시와 문화적 유형의 동일시의 한 가지 차이점이다. 그러나 일반적으로 동일시의 과정은 그 유형을 막론하고 보통 자각되지 않으며 무의식적이다.

  나는 최근에 매우 지적이고 세련된 여성이 딸의 문제로 고뇌하고 있는 모습을 보았다. 그 딸 역시 상당히 재능 있고 지적이지만 어머니에게 매우 중요하다고 생각되는 예의를 지키지 않는다는 것이었다. 두 사람의 행동을 상당 시간에 걸쳐 관찰한 결과 그들이 받는 고통의 감정을 이해하게 된 나는 내 친구인 그 어머니에게 다음과 같이 내 의견을 과감히 말했다. 그녀가 딸과의 사이에 겪고 있는 것은 동일시의 문제로 두 사람의 인격은 어떤 의미에서 뒤섞여 있기 때문에 두 사람 모두에게 고통스러운 것이다. 나는 그녀에게 제안하기를, 딸이 무슨 일을 하든지 간에 자신의 인생은 자신만이 살 수 있는 것이기 때문에 딸을 배제시킨 자신만의 새로운 경계선을 그을 필요가 있다고 했다.

  또 하나의 사례는 내가 개인적으로 관련된 것이다. 나는 인간관계에서 인격적으로 크게 문제가 있는 동년배의 한 남자로 인해 상당히 난처한 지경에 빠진 적이 있다. 그 문제의 원인은 여러 가지로 복잡하지만 적어도 한 가지 측면을 들자면 그가 자신의 이미지에 대해 지니고 있는 애매성과 관계가 있다. 그 때문에 그는 무슨 일을 하건 타인을 지배하지 않으면 불안을 느낀다(극도의 나르시시즘으로 인해). 그는 주변의 관심이 자기에게 집중되지 않으면 안 될 뿐만 아니라 일상생활의 자질구레한 일에 미치기까지 누구에게나 할 수 있느니 없느니 참견하지 않을 수 없다. 나는 스스로 놀랍고 화가 나게도 그의 문제를 동정하기는커녕 패배감과 불안감을 느끼는 나 자신을 발견했다. 게다가 우리는 적어도 당분간은 끊을 수 없는 관계였다.

이 점에 대해 그는 비난보다는 동정을 받아야 할 사람이라고 생각하는 독자도 있을지 모르며 그것이 맞는 말일 수도 있다. 그러나 문제는 내 친구가 아닌 나 자신의 감정이다. 내 불안의 원인은 상식적인 방법으로는 그에게 어떠한 설득이나 영향력도 미칠 수 없다는 점에 있었다. 해결책이 없었다. 우리의 관계가 다소 좋아질 수 있었던 것은 그와의 문제는 다름 아닌 나 자신의 동일시 문제이며 내 불안의 원인이 실제로는 상대가 아닌 나에게 있었다는 사실을 깨닫고 나서이다. 나는 그와 나를 뚜렷하게 구분하지 못하고, 그를 나 자신의 고집불통이고 다소 미움받는 무능한 분신으로 여겼던 것이다.

동일시 증세의 역설적인 부분은, 그것이 해결되기 전에는 어떠한 우정이나 사랑도 불가능하며 미움만이 존재한다는 점이다. 타인을 타인으로 받아들이고 자기 자신을 자유롭게 하기 전까지는 신경증적이고 의존적인 사랑이라면 가능할지 몰라도 다른 인간을 진정으로 사랑하는 것은 불가능하다. 참된 사랑은 오직 자아로부터 우러나올 수 있는 것이기 때문이다.

지금 논의하고 있는 과정은 예상보다 훨씬 일반적이다. 그리고 의식에서 벗어난 행동을 유지시키는 기능은 변화와 이성이 미치지 않는 곳에 안전하게 감춰져 있기 때문에 무의식적인 범주에 해당하는 인간의 행동은 고도의 지속성을 지니게 된다.

자기가 속한 문화에 이성적으로 잘 적응하는 사람들은 대부분 자신의 인생을 구성하게 되는 다양한 집단을 지배하는 비공식적인 규칙을 따라 제 기능을 발휘할 수 있다. 말하자면 그들은 타인의 동일시 요구에 대해 고도의 민감성과 책임감을 지닌다. 그러한 사람들은 누구와도 잘 지내고 인생에 파문을 일으키지 않으며 어떠한 집단에 속하게 되더라도 그 비공식적인 문화에 놀라운 일관성으로 적응한다. 이것은 다른 문화, 다른 민족끼리 만나는 경우에도 마찬가지다. 이론적으로는 다른 문화에 속한 사람들이 만난다 해도 아무런 문제가 있을 수 없다. 대부분의 만남은 쌍방의 우정과 선의에서 비롯될 뿐만 아니라 양측의 각자 다른 신념, 관습, 습속, 가치관 등에 관한 지적인 이해를 전제하고 있기 때문이다.

그러나 아무리 피상적인 입장에서라도 함께 일하기 시작하면 문제가 발생한다. 수년간 친밀한 관계를 유지해온 사이라도 상대방의 체계를 효과적으로 이용할 수 없는 경우가 많다! 나 자신을 비롯한 여러 사람들이 관찰해온 그 문제들은 너무나 지속적이고 변화시키기 힘든 것이어서 심리학적인 관점으로밖에 설명할 수 없다. 즉 사람들은 문화적 유형의 동일시로부터 벗어나지 못하고 있으며, 그것을 인식하지 못한 채 다른 사람을 자신의 통제 불가능하고 예측불허한 부분으로서 체험하게 된다.

나는 몇 해 전에 이란에서 그러한 일들을 자주 본 적이 있다. 당시 이란에서는 자신과 밀접한 관계가 아니면서 자신보다 권력이나 영향력이 약한 사람들과 접촉할 경우 그들을 괴롭히는 것이 흔히 사회적으로 용인된 교제 양식이었다. 그러나 미국인들은 어떤 설명으로도 그들의 행동이 당연한 것이라는 점을 납득할 수 없었으며, 힘있는 사람이 힘없는 사람을 공개적으로 괴롭히는 장면을 보면서 극도의 불쾌감을 떨쳐버릴 수 없었다. 나는 또한 일본에서 미국 기업인들이 일본인의 성공과 미국인의 실패에는 아랑곳없이 일본인에게 미국식 기업경영을 주장하고 있는 동일시 과정의 사례도 목격한 적이 있다.

미국에서는 이민족 간에 생기는 또 다른 형태의 동일시를 보게 된다. 미국은 다양한 집단이 흔히 수세대에 걸쳐 함께 생활하고 있는 곳으로 그들에게는 이미 외국여행에서 찾아볼 수 있는 서로간의 호의(그러한 호의는 순식간에 사라지고 만다)가 남아 있지 않다. 그 대신 세대 간의 갈등이 존재하는 가족에서 볼 수 있는 형태의 깊은 정서적 유대가 존재한다. 다시 말하지만 그러한 감정과 행동은 모든 집단에 중요하게 작용하는 동일시의 요인으로밖에 설명할 수 없다. 사실 상당한 대가를 치르지 않고는 다른 사람을 기꺼이 있는 그대로 인정하는 사람은 극히 드물다. 여기저기서 다소 나아진 측면도 있지만 아직까지는 "그와 나의 문제는 내 탓이야"라는 말을 듣기가 매우 힘든 실정이다.

아마도 문화의 가장 중요한 심리적 측면―문화와 개인적 인격을 연결하는 다리―은 동일시 과정일 것이다. 그 과정은 변화가 더딜 경우에는 바람직하게 작용하지만 현대의 상황과 같이 급속한 변화의 시대에는 파탄의 원인이 된다. 또한 다른 문화를 이해하고 세계의 모든 사람과 효과적인 관계를 맺는 데 커다란 장애가 되게 마련이다. 이제 인간은 문화를 초월하여 고된 여행을 떠날 채비를 하지 않으면 안 된다. 무의식적인 문화의 속박으로부터 점차적으로 자신을 해방시키는 일이야말로 인간이 해낼 수 있는 가장 위대한 분리이기 때문이다.

참고문헌

Adair, John, See Worth.
Andreski, Stanislav, *Social Sciences as Sorcery*, New York: St. Martin's Press, Inc., 1973.
Appleyard, Donald, Kevin Lynch, and John R. Myer, *The View from the Road*, Cambridge, Mass.: M.I.T. Press, 1964.
Ardrey, Robert, *Social Contract: A Personal Inquiry into the Evolutionary Sources of Order and Disorder*, New York: Atheneum Publishers, 1970.
Audy, J.R., "Significance of the Ipsefact in Ecology, Ethology, Parasitology, Sociology, and Anthropology," In A.H. Esser(ed.), *Behavior and Environment: The Use of Space by Animals and Men*, Proc. of an internat. sympos, at 1968 Meeting of AAAS, at Dallas, Tex., New York and London: Plenum Press, Inc., 1971.
Barker, Roger G., *Ecological Psychology*, Stanford, Calif.: Stanford University Press, 1968.
_____, and Phil. Schoggen, *Qualities of Community Life*, San Francisco: Jossey-Bass, Inc., Publishers, 1973.
Bateson, Gregory, "The Message: This Is Play," In *Group Processes: Transactions of the Second Conference*, New York: Josiah Macy, Jr. Foundation Publications, 1956.
_____, D.D. Jackson, J. Haley, and J.H. Weakland, "Toward a Theory

of Schizophrenia," *Behavioral Science*, Vol.1, pp.251~264, 1956.

Bellow, Saul, "Machines and Story Books," *Harper's Magazine*, Vol. 249, pp.48~54, August 1974.

Benedict, Ruth, *Chrysanthemum and the Sword: Patterns of Japanese Culture*, Boston: Houghton Mifflin Company, 1946.

_____, *Patterns of Culture*, Boston: Houghton Mifflin Company, 1934.

Bennis, Warren G., "Searching for the 'Perfect' University President," *The Atlantic*, Vol.227, No.4, April 1971.

Berlin, Brent, See Raven.

Bernstein, Basil, "Elaborated and Restricted Codes: Their Social Origins and Some Consequences," In John J. Gumperz and Dell Hymes(eds.), The Ethnography of Communication, *American Anthropologist*, Vol.66, No.6, Part II, pp.55~69, 1964.

Birdwhistell, Ray L., *Kinesics and Context*, Philadelphia: University of Pennsylvania Press, 1970.

_____, *Introduction to Kinesics*, Louisville, Ky.: University of Louisville Press, 1952.

Birren, Faber, *Color, Form and Space*, New York: Reinhold Publishing Co., 1961.

Bishop, Peter O., See Gouras.

Blake, Peter, *God's Own Junkyard*, New York: Holt, Rinehart and Winston, Inc., 1964.

Bloomfield, Leonard., *Language*, New York: Henry Holt & Company, Inc., 1933.

Boas, Franz, Introduction, *Handbook of American Indian Languages*, Bureau of American Ethnology, Vol.40, 1911.

Boorstin, Daniel J., *The Americans: The Democratic Experience*, New York: Random House, Inc., 1973.

Bradbury, Ray, *Dandelion Wine*, New York: Bantam Books, Inc.,

1959.
Breedlove, Dennis, See Raven.
Bronowski, J., *The Ascent of Man*, Boston: Little, Brown & Company, 1974.
_____, "The Principle of Tolerance," *The Atlantic*, December 1973.
Brown, Claude, *Manchild in the Promised Land*, New York: The Macmillan Co., Publishers, 1965.
Buder, Stanley, "The Model Town of Pullman: Town Planning and Social Control in the Gilded Age," *Journal of the American Institute of Planners*, Vol.33, No.1, pp.2~10, January 1967.
Calero, H.H., See Nierenberg.
Calhoun, John B., "Population Density and Social Pathology," *Scientific American*, Vol.206, No.2, February 1962.
Capote, Truman, *In Cold Blood*, New York: Random House, Inc., 1965.
Castaneda, Carlos, *Journey to Ixtlan*, New York: Simon & Schuster, Inc., 1972.
_____, *A Separate Reality*, New York: Simon & Schuster, Inc., 1971.
_____, *The Teachings of Don Juan: A Yaqui Way of Knowledge*, Berkeley: University of California Press, 1968.
Charrière, Henri, *Papillon*, New York: William Morrow & Co., Inc., 1970.
Chomsky, Noam, *Language and Mind*, New York: Harcourt, Brace & World, Inc., 1968.
_____, *Aspects of a Theory of Syntax*, Cambridge, Mass.: M.I.T. Press, 1965.
Churchill, Hugh B., *Film Editing Handbook: Technique of 16mm Film Cutting*, Belmont, Calif.: Wadsworth Publishing Co., Inc., 1972.
Cole, Michael, See Scribner.

Cole, Robert E., *Japanese Blue Collar*, Berkeley: University of California Press, 1973.

Collier, J., M. Lartsch, and P. Ferrero, *Film Analysis of the Rough Rock Community School* (MS), 1974.

Condon, W.S., "Communication and Order, the Micro 'Rhythm Hierarchy' of Speaker Behavior," In J.T. Harries and E. Nickerson, *Play Therapy in Theory and Practice*, In press.

_____, "Synchrony Demonstrated Between Movements of the Neonate and Adult Speech," *Child Development*, In press, submitted July 1973.

_____, and W.D. Ogston, "A Segmentation of Behavior," *Journal of Psychiatric Research*, Vol.5, pp.221~235, 1967.

_____, and L.W. Sander, "Neonate Movement Is Synchronized with Adult Speech: Interactional Participation and Language Acquisition," *Science*, Vol.183, No.4120, January 11, 1974.

Crowe, Beryl L., "The Tragedy of the Commons Revisited," *Science*, Vol.166, pp.1103~7, November 28, 1969.

De Grazia, Sebastian, *Of Time, Work and Leisure*, New York: Twentieth Century Fund, 1962.

Dennison, George, *The Lives of Children*, New York: Random House, Inc., 1969.

De Tocqueville, Alexis, *Democracy in America*, New York: Harper & Row, Publishers, 1966.

Diamond, I.T., and W.C. Hall, "Evolution of the Neocortex," *Science*, Vol.164, pp.251~262, April 18, 1969.

Dillard, J.L., *Black English: Its History and Usage in the United States*, New York: Random House, Inc., 1972.

Dore, Ronald, *Japanese Factory*, Berkeley: University of California Press, 1973.

Drucker, Peter, "Schools Around the Bend," *Psychology Today*, Vol.6, No.1, June 1972.

_____, *Technology, Management and Society*, New York: Harper & Row, Publishers, 1970.

Dubos, René, *Man, Medicine, and Environment*, New York: Frederick A. Praeger, Inc., Publishers, 1968.

_____, *Man Adapting*, New Haven, Conn.: Yale University Press, 1965.

Eibl-Eibesfeldt, I., "Similarities and Differences Between Cultures in Expressive Movements," In R.A. Hinde(ed.), *Non-Verbal Communication*, London: Cambridge University Press, 1972.

Eiseley, L., "Activism and the Rejection of History," *Science*, Vol.165, p.129, July 11, 1969.

Ekman, Paul, "Universals and Cultural Differences in Facial Expression of Emotion," In *Nebraska Symposium on Motivation*, 1971, J. Cole(ed.), Lincoln: University of Nebraska Press, 1972.

_____, and W.V. Friesen, "Nonverbal Leakage and Clues to Deception," *Psychiatry*, Vol.32, No.1, pp.88~106, 1969.

_____, and Phoebe Ellsworth, *Emotion in the Human Face*, New York: Pergamon Press, 1972.

Ellsworth, Phoebe, See Ekman.

Esser, Aristide H., "Social Pollution," *Social Education*, Vol.35, No.1, January 1971.

Ferrero, P., See Collier.

Freud, Sigmund, *New Introductory Lectures on Psychoanalysis*, New York: W.W. Norton & Campany, Inc., 1933.

Friesen, Wallace V., See Ekman.

Fromm, Erich, *Sigmund Freud's Mission*, New York: Harper & Brothers, 1959.

_____, *The Forgotten Language*, New York: Rinehart & Company, 1951.

Fromm-Reichmann, Frieda, *Principles of Intensive Psychotherapy*, Chicago: University of Chicago Press, 1950.

Fuller, R. Buckminster, *Untitled Epic Poem on the History of Industrialization*, New York: Simon & Schuster, Inc., Publishers, 1970.

_____, *Operating Manual for Spaceship Earth*, Carbondale, Ill.: Southern Illinois University Press, 1969.

Gabor, Dennis, "Holography, 1948~1971," *Science*, Vol.177, pp. 299~313, July 28, 1972.

Galbraith, John Kenneth, *Economics and the Public Purpose*, Boston: Houghton Mifflin Company, 1973.

_____, *The New Industrial State*, Boston: Houghton Mifflin Company, 1967.

_____, *The Affluent Society*, Boston: Houghton Mifflin Company, 1958.

Gilliard, E. Thomas, "Evolution of Bowerbirds," *Scientific American*, Vol.209, No.2, pp.38~46, August 1963.

_____, "On the Breeding Behavior of the Cock-of-the-Rock(Aves, *Rupicola rupicola*)," *Bulletin of the American Museum of Natural History*, Vol.124, 1962.

Goodall, Jane, Photos by Hugo Van Lawick, *In the Shadow of Man*, Boston: Houghton Mifflin Company, 1971.

Gordon, William J.J., *Synectics: The Development of Creative Capacity*, New York: Harper & Row, Publishers, 1961.

Gouras, Peter, and Peter O. Bishop, "Neural Basis of Vision," *Science*, Vol.177, pp.188~189, July 14, 1972.

Hall, Edward T., "Art, Space and the Human Experience," In Gyorgy

Kepes(ed.), *Arts of the Environment*, New York: George Braziller, Inc., 1972.

_____, "Human Needs and Inhuman Cities," In The Fitness of Man's Environment, *Smithsonian Annual II*, Washington, D.C.: Smithsonian Institution Press, 1968, Reprinted in *Ekistics*, Vol.27, No.160, March 1969.

_____, *The Hidden Dimension*, Garden City, N.Y.: Doubleday & Company, Inc., 1966(a).

_____, "High-and Low-Context Communication," Paper presented at the annual meeting of the American Anthropological Association in Pittsburgh, Pennsylvania, November 1966(b).

_____, *The Silent Language*, Garden City, N.Y.: Doubleday & Company, Inc., 1959.

_____, "Race Prejudice and Negro-White Relations in the Army," *American Journal of Sociology*, Vol.3, No.5, March 1947.

Hall, W.C., See Diamond.

Halprin, Lawrence, *The RSVP Cycles*, New York: George Braziller, Inc., 1969.

Hardin, Garrett, *Exploring New Ethics for Survival: The Voyage of the Spaceship "Beagle,"* New York: Viking Press, 1972.

_____, "The Tragedy of the Commons," *Science*, Vol.162, pp.1243~48, December 13, 1968.

Hediger, H., "The Evolution of Territorial Behavior," In S.L. Washburn (ed.), *Social Life of Early Man*, New York: Viking Fund Publications in Anthropology No.31, 1961.

_____, *Studies of the Psychology and Behavior of Captive Animals in Zoos and Circuses*, London: Butterworth & Co. (Publishers) Ltd., 1955.

_____, *Wild Animals in Captivity*, London: Butterworth & Co.

(Publishers) Ltd., 1950.

Henry, Jules, *Culture Against Man*, New York: Random House, Inc., 1963.

Hentoff, Nat, *Our Children Are Dying*, New York: The Viking Press, Inc., 1966.

Herndon, James, *The Way It Spozed to Be*, New York: Simon & Schuster, Inc., Publishers, 1968.

Herskovits, M.J., and Herskovits, F.S., *Trinidad Village*, New York, Alfred A. Knopf, 1947.

_____, *Suriname Folk-lore*, New York: Columbia University Press, 1936.

Hinde, R.A.(ed.), *Non-Verbal Communication*, London: Cambridge University Press, 1972.

Hockett, C.F., "The Problem of Universals in Language," In Joseph H. Greenberg(ed.), *Universals of Language*, Cambridge, Mass.: M.I.T. Press, 1966.

Hoffer, Eric, *Working and Thinking on the Waterfront*, New York: Harper & Row, Publishers, 1969.

_____, *True Believer*, New York: Harper & Brothers, 1951.

Hoffmann, Banesh, and Helen Dukas, *Albert Einstein Creator and Rebel*, New York: The Viking Press, Inc., 1972.

Holden, Constance, "Psychologist Beset by Feelings of Futility, Self-Doubt," *Science*, Vol.173, No.4002, p.1111, September 17, 1972.

Holt, John, *The Underachieving School*, New York: Pitman Publishing Corporation, 1969.

_____, *How Children Learn*, New York: Pitman Publishing Corporation, 1967.

_____, *How Children Fail*, New York: Pitman Publishing Corporation, 1964.

Horney, Karen, *Our Inner Conflicts: A Constructive Theory of Neurosis*, New York: W.W. Norton & Company, Inc., 1945.

_____, *The Neurotic Personality of Our Time*, New York: W.W. Norton & Company, Inc., 1937.

Hsu, Francis L.K., *Americans and Chinese*, Garden City, N.Y.: Natural History Press, 1970.

Hughes, Richard, *The Fox in the Attic*, New York: Harper & Row, Publishers, 1961(a).

_____, *A High Wind in Jamaica*, New York: New American Library, 1961(b).

Illich, Ivan, *Celebration of Awareness: A Call for Institutional Revolution*, Garden City, N.Y.: Doubleday & Company, Inc., 1970(a).

_____, "Why We Must Abolish Schooling," *New York Review of Books*, Vol.15, No.1, July 2, 1970(b).

Jay, Antony, *Corporation Man*, New York: Random House, Inc., 1971.

Johnson, Virginia E., See Masters.

Johnson, Wendell, *People in Quandaries: The Semantics of Personal Adjustment*, New York: Harper & Brothers, 1946.

Johnston, James C., and J.L. McClelland, "Perception of Letters in Words: Seek Not and Ye Shall Find," *Science*, Vol.184, pp.1192~93, June 14, 1974.

Joyce, James, *Finnegans Wake*, London: Faber & Faber, Ltd., 1939.

_____, *Ulysses*, New York: Random House, Inc., 1934.

Julesz, Bela, "Experiment in Perception," In *Readings in Psychology Today*, Del Mar, Calif.: CRM Books, 1967.

Jung, C.G., *Psychological Types*, New York: Harcourt, Brace & Company, 1923.

Kawabata, Yasunari, *Snow Country*, New York: Alfred A. Knopf, 1957.

Keene, Donald, "Speaking of Books: Yasunari Kawabata," *New York Times* Book Review, December 8, 1968.

Kesey, Ken, *One Flew over the Cuckoo's Nest*, New York: The Viking Press, Inc., 1962.

Kilpatrick, F.P., *Explorations in Transactional Psychology*(contains articles by Adelbert Ames, Hadley Cantril, William Ittelson, and F. P. Kilpatrick), New York: New York University Press, 1961.

Klein, Melanie, *The Psychoanalysis of Children*, London: Hogarth Press, Ltd., 1951.

Kluckhohn, Clyde, and Dorothea Leighton, *The Navajo*, Cambridge, Mass.: Harvard University Press, 1946.

Korzybski, Alfred, *Science and Sanity: An Introduction to Non-Aristotelian Systems and General Semantics*(3rd ed.), Lakeville, Conn.: Int. Non-Aristotelian Library Publishing Co., 1948.

Kozol, Jonathan, *Death at an Early Age*, Boston: Houghton Mifflin Company, 1967.

La Barre, Weston, "Paralinguistics, Kinesics and Cultural Anthropology," In T.A. Sebeok, A.S. Hayes, and M.C. Bateson(eds.), *Approaches to Semiotics*, The Hague: Mouton & Co., N.V., Publishers, 1962.

_____, *The Human Animal*, Chicago: University of Chicago Press, 1954.

Labov, William, *The Social Stratification of English in New York City*, Washington, D.C.: Center for Applied Linguistics, 1966.

_____, Cohen, Paul, Clarence Robins, and John Lewis, *A Study of the Non-Standard English of Negro and Puerto Rican Speakers in New York City*, Vol.II, pp.76~152, New York: Dept. of Linguistics, Columbia University, 1968.

Laing, R.D., *The Politics of Experience*, New York: Ballantine Books,

1967.

Land, Edwin H., "Experiments in Color Vision," *Scientific American*, Vol.200, No.5, May 1959.

Lartsch, M., See Collier.

Lashley, Karl Spencer, *Brain Mechanisms and Intelligence: A Quantitative Study of Injuries to the Brain*, Chicago: University of Chicago Press, 1929.

Leighton, Dorothea, See Kluckhohn.

Lettvin, J.Y., H.R. Maturana, W.S. McCulloch, and W.H. Pitts, "What the Frog's Eye Tells the Frog's Brain," *Proc. Inst. Radio Engrs.*, Vol.47, p.1940, 1959.

Lewin, Roger, "Observing the Brain Through a Cat's Eyes," *Saturday Review/World*, October 5, 1974.

Leyhausen, Paul, "On the Function of the Relative Hierarchy of Moods (as Exemplified by the Phylogenetic and Ontogenetic Development of Prey-Catching in Carnivores)" (1965), In Konrad Lorenz and Paul Leyhausen, *Motivation of Human and Animal Behavior*, New York: Van Nostrand-Reinhold Co., 1973.

Liebow, Elliot, *Tally's Corner*, Boston: Little, Brown & Company, 1967.

Lorenz, Konrad, *On Aggression*, New York: Harcourt, Brace & World, Inc., 1966.

_____, *Man Meets Dog*, Cambridge, Mass.: Riverside Press, 1955.

_____, *King Solomon's Ring*, New York: The Thomas Y. Crowell Co., 1952.

Luria, A.R., *The Man with a Shattered World*, New York: Basic Books, 1972.

_____, "The Functional Organization of the Brain," *Scientific American*, Vol.222, No.3, March 1970.

_____, *The Mind of a Mnemonist*, New York: Basic Books, Inc.,

Publischers, 1968.

_____, *Higher Cortical Functions in Man*, New York: Basic Books, Inc., Publishers, 1966.

Lynch, Kevin, See Appleyard.

Malcolm X, and Alex Haley, *The Autobiography of Malcolm X*, New York: Grove Press, Inc., 1965.

Martin, Malachi, "The Scientist as Shaman," *Harper's Magazine*, Vol.244, No.1462, pp.54-61, March 1972.

Masters, William H., and Virginia E. Johnson, *Human Sexual Response*, Boston: Little, Brown & Company, 1966.

Maturana, H.R., See Lettvin.

May, Rollo, *Power and Innocence*, New York: W.W. Norton & Company, Inc., Publishers, 1972.

_____, *The Meaning of Anxiety*, New York: The Ronald Press Company, 1950.

McClelland, J.L., See Johnston.

McCormick, Charles T., *Handbood of the Law of Evidence*, St. Paul, Minn.: West Publishing Company, 1954.

Mc Culloch, W.S., See Lettvin.

McHale, John, *World Facts and Trends*, New York: Collier Books, 1972.

MacLean, P.D., "Man and His Animal Brain," *Modern Medicine*, Vol.95, p.106, 1965.

McLuhan, Marshall, *Understanding Media*, New York: McGraw-Hill Book Co., Inc., 1964.

_____, *The Gutenberg Galaxy*, Toronto: University of Toronto Press, 1962.

_____, "The Effect of the Printed Book on Language in the 16th Century," In *Explorations in Communication*, Boston: Beacon

Press, Inc., 1960.

Mead, Margaret, *Culture and Commitment: A Study of the Generation Gap*, Garden City, N.Y.: Natural History Press/Doubleday, 1970.

Meier, Richard, "Information Input Overload: Features of Growth in Communications-Oriented Institutions," *Libri* (Copenha-gen), Vol.13, No.1, pp.1~44, 1963.

Meisner, W.W., "Notes on Identification Origins in Freud," *Psychoanalytic Quarterly*, Vol.39, pp.563~589, 1970.

Melville, Herman, *Billy Budd*, New York: New American Library, 1961.

Mitchell-Kernan, Claudia, "Signifying and Marking: Two Afro-American Speech Acts," In John J. Gumperz and Dell Hymes(eds.), *Directions in Sociolinguistics*, New York: Holt, Rinehart & Winston, Inc., 1972.

_____, *Language Behavior in a Black Urban Community*, Berkeley: Monographs of the Language-Behavior Research Laboratory, No.2, February 1971.

Montessori, Maria, *The Montessori Method*, New York: Frederick A. Stokes Company, 1912.

Morsbach, Helmut, "Aspects of Nonverbal Communication in Japan," *Journal of Nervous and Mental Disease*, October 1973.

Myer, John R, See Applcyard.

Nabokov, Vladimir, *Lolita*, New York: G.P. Putnam's Sons, Inc., 1955.

Nierenberg, G.I., and Calero, H.H., *How to Read a Person Like a Book*, New York: Pocket Books, 1973.

Nutini, Hugo, "The Ideological Bases of Levi-Strauss's Struc-turalism," *American Anthropologist*, Vol.73, No.3, June 1971.

Ogston, W.D., See Condon.

Osgood, C.E., "Language Universals and Psycholinguistics," In Joseph H. Greenberg(ed.), *Universals of Language*, Cambridge, Mass.:

M.I.T. Press, 1966.

_____, and Thomas A. Sebeok(eds.), *Psycholinguistics: A Survey of Theory and Research Problems*, With A. Richard Diebold. *A Survey of Psycholinguistic Research*, 1954~1964, Blloomington, Ind.: Indiana University Press, 1965.

Osmond, H., "The Relationship Between Architect and Psychiatrist," In C. Goshen(ed.), *Psychiatric Architecture*, Washington, D.C.: American Psychiatric Association, 1959.

Pennington, Keith S., "Advances in Holography," *Scientific American*, Vol.218, No.2, February 1968.

Pietsch, Paul, "Shuffle Brain," *Harper's Magazine*, Vol.244, No.1464, pp.41~48, May 1972(a).

_____, "Scrambled Salamander Brains: A Test of Holographic Theories of Neural Program Storage," (Abstract of paper presented at American Association of Anatomists conference, 85th session, Southwestern Medical School, University of Texas, April 3~6, 1972), *The Anatomical Record*, Vol.172, No.2, February 1972(b).

Pirsig, Robert, *Zen and the Art of Motorcycle Maintenance*, New York: William Morrow & Co., 1974.

Pitts, W.H., See Lettvin.

Polanyi, M., "Life's Irreducible Structure," *Science*, Vol. 160, pp. 1308~12, June 21, 1968.

Portmann, Adolf, *Animal Camouflage*, Ann Arbor: University of Michigan Press, 1959.

Powers, William T., "Feedback: Beyond Behaviorism," *Science*, Vol.179, pp.351~356, January 26, 1973.

Pribram, Karl H., *Languages of the Brain* (Experimental Psychology Series), Englewood Cliffs, N. J.: Prentice Hall, Inc., 1971.

_____, "The Neurophysiology of Remembering," *Scientific American*,

Vol.220, No.1, pp.73~86, January 1969.

Provine, William B., "Geneticists and the Biology of Race Crossing," *Science*, Vol.182, pp.790~796, November 23, 1973.

Raven, Peter H., Brent Berlin, and Dennis E. Breedlove, "The Origins of Taxonomy," *Science*, Vol.174, pp.1210~13, December 17, 1971.

Roe, Anne, and G.G. Simpson(eds.), *Behavior and Evolution*, New Haven, Conn.: Yale University Press, 1958.

Rosenhan, D.L., "On Being Sane in Insane Places," *Science*, Vol.179, pp.250~258, January 19, 1973.

Rossi, Peter H., "Ripe for Change"(review of Anthony G. Oettinger and Sema Marks, *Run, Computer, Run*, Cambridge, Mass.: Harvard University Press, 1969), *Science*, Vol.167, p.1607, March 20, 1970.

Sander, L.W., See Condon.

Sapir, Edward, *Selected Writings of Edward Sapir in Language, Culture and Personality*, Berkeley: University of California Press, 1949.

_____, "Conceptual Categories in Primitive Languages," *Science*, Vol.74, p.578, 1931.

_____, *Language: An Introduction to the Study of Speech*, New York: Harcourt, Brace & Company, 1921.

Schlegloff, Emanuel, "Sequencing in Conversational Openings," *American Anthropologist*, Vol.70, No.6, pp.1075~95, December 1968.

Schoggen, phil., See Barker.

Scribner, Sylvia, and Michael Cole, "Cognitive Consequences of Formal and Informal Education," *Science*, Vol.182, pp.553~559, November 9, 1973.

Searles, H., *The Non-Human Environment*, New York: International Universities Press, 1960.

Sebeok, Thomas, See Osgood.

Shannon, C., "Prediction and Entropy of Printed English," *Bell System Technical Journal*, 30, pp.50~65, 1951.

Singer, P., "Philosophers Are Back on the Job," New York *Times Magazine*, June 7, 1974.

Skinner, B.F., *Beyond Freedom and Dignity*, New York: Alfred A. Knopf, Inc., 1971.

_____, *Science and Human Behavior*, New York: The Macmillan Co., 1953.

Slovenko, Ralph, "The Opinion Rule and Wittgenstein's Tractatus," *Etc.: A Review of General Semantics*, Vol.24, No.3, pp.289~303, September 1967.

Smith, H.L., JR., "Descriptive Linguistics and Language Teaching," In E.W. Najam(ed.), Materials and Techniques for the Language Laboratory, *International Journal of American Linguistics*, Vol.28, No.1, Part II, 1962.

Spitz, René A., "The Derailment of Dialogue: Stimulus Overload, Action Cycles, and the Completion Gradient," *Journal of the American Psychoanalytic Association*, Vol.12, No.4, October 1964.

Stewart, W.A., "Sociolinguistic Factors in the History of American Negro Dialects," *The Florida FL Reporter*, Vol.5, No.2, pp.1~4, 1967.

_____, "Urban Negro Speech: Sociolinguistic Factors Affecting English Teaching," In R. Shuy(ed.), *Social Dialects and Language Learning*, Champaign, Ill.: National Council of Teachers of English, 1965.

Stromeyer, Charles F., III., "Eidetikers," *Psychology Today*, Vol.4, No.6, November 1970.

Sullivan, Harry Stack, *Conceptions of Modern Psychiatry*, New York: William Alanson White Psychiatric Foundation, 1947.

Szent-Györgyi, A., "Dionysians and Apollonians," *Science*, Vol.176, p.966, June 2, 1972.

Tiger, Lionel, *Men in Groups*, New York: Random House, Inc., 1969.
Tinbergen, Niko, *Curious Naturalists*, New York: Basic Books, Inc., 1958.
_____, "The Curious Behavior of the Stickleback," *Scientific American*, Vol.187, No.6, December 1952.
Toffler, Alvin, *Future Shock*, New York: Bantam Books, Inc., 1970.
Trager, George L., "Paralanguage: A First Approximation," *Studies in Linguistics*, Vol.13, pp.1~12, 1958.
Thrnbull, Colin M., *The Forest People*, New York: Simon & Schuster, Inc., 1961.
Van Zandt, Howard F., "Japanese Culture and the Business Boom," *Foreign Affairs*, January 1970.
Wang, William, "The Chinese Language," *Scientific American*, Vol. 228, No.2, February 1973.
Warren, Richard M., and Roslyn P. Warren, "Auditory Illusions and Confusions," *Scientific American*, Vol.223, No.6, December 1970.
Washburn, S.L., "Primate Field Studies and Social Science," In Laura Nader and Thomas W. Maretzki(eds.), *Cultural Illness and Health*, Washington, D.C.: American Anthropological Association, 1973(a).
_____, "The Promise of Primatology," *American Journal of Physical Anthropology*, Vol.38, No.2, pp.177~182, March 1973(b).
_____, "Evolution of Primate Behavior," In Francis O. Schmitt(ed.), *The Neurosciences: Second Study Program*, pp.39~47, New York: The Rockefeller University Press, 1970.
Whorf, Benjamin Lee, *Language, Thought, and Reality*, New York: The Technology Press of M.I.T. and John Wiley & Sons, Inc., 1956.
Wiener, Norbert, *The Human Use of Human Beings*(2nd, rev. ed.), Garden City, N.Y.: Doubleday Anchor Books, 1954.
Wigmore, John Henry, *A Treatise on the Anglo-American System of*

Evidence in Trials at Common Law (3rd edition, ten volumes), Boston: Little, Brown & Company, 1940.

Wildavsky, Aaron, *The Politics of the Budgetary Process*, Boston: Little, Brown & Company, 1964.

Worth, Sol, and John Adair, *Through Navajo Eyes: An Exploration in Film Communication and Anthropology*, Bloomington: Indiana University Press, 1972.

찾아보기

|ㄱ|
가버, 데니스 266, 270
가와바타 야스나리 162~164
  『설국』 162, 163
  『잠자는 미녀』 163
강화 스케줄 264
개발 160
갤브레이스, 존 케네스 29, 286
건축 199
  ~공간 200
게토 23, 209
경계불명료증 310, 311
경어 100, 102
경험 34, 141
고라스, 피터 171
고맥락 176
  ~ 문화 69, 86, 98, 116, 118, 137, 161
  ~ 정황 164
  ~ 체계 155, 161, 180, 181
  ~의 의사소통 147
고전 아랍어 58
골족 157

공간 21, 39, 43, 47, 72, 88, 94, 95, 143, 199, 241, 245, 260
  ~의 언어 94
  ~의 지각 265
  ~적 경험 241
  ~적 요구 142
공격성 193, 194
과잉정보 132
과학 276, 282
관료기구 44~46, 321
관료제 26, 40, 46, 197, 283, 285, 298, 299
광자 257
교미 장소 50
교육 265, 269, 273, 276, 278, 281, 285
  ~의 문제점 241
교호심리학자 146, 202
구달, 제인 236, 237, 239
구애행위 211, 213
구어 아랍어 58
구텐베르크의 혁명 245

찾아보기 | 345

권력 16
기계적 체계 69
기록체계 88
기본적 의사전달체계 191
기본적 체계 260
기본적인 원형적 정황 191
기술언어학자 56, 275, 276
기술적인 체계 65
기억 242, 254~256, 266, 267, 270, 273
　~의 이론 267
　시각적 ~ 250
기층문화 72
길리아드, E. 토머스 49, 50
까막잡기의 비유 84

|ㄴ|
나바호 문화 185
나바호 인디언 111, 122, 123, 252
나바호족 35, 122, 123, 252, 281, 286, 294
『나바호족』 35
나보코프, 블라디미르 250
낙오현상 209
내면화된 문화 263
내재적 맥락화 169
내재화된 문화 269
내재화된 통제과정 52
논리 25, 291~295
놀이 190, 260, 278, 279, 288
뇌 64, 95, 96, 103, 249, 261~264, 267~269, 288
　인간의 ~ 55
니체, 프리드리히 137
닉슨, 리처드 153, 155, 162

|ㄷ|
다윈 309
다이너미즘 73, 310, 316
닫힌 악보 108
대상물 128
대화의 탈선 208
던킨 도넛 165, 166
데카르트적 사고 295
델브뤼크, 막스 248
동물행동학 199, 238
동시동작 105~109, 111, 113, 118, 212
동시성 105~108, 113, 115~118
동일성 305, 308, 310, 320
동일시 315~318, 320, 321, 323, 325
　개인적 ~ 317, 318
　~ 과정 320, 325
　문화적 ~ 317, 318
동작 112, 113, 115, 116
　~의 동시성 117, 118
동작학 110, 112
되먹임 56
뒤보스, 르네 179
듀이, 존 139, 202
드러나지 않은 문화 90, 269
드러난 문화 269

드러커, 피터 189

|ㄹ|
라 바르, 웨스턴 164, 166
라보브, 윌리엄 59
라틴아메리카 40, 52
래슬리, 칼 261, 262, 266~269
러플 바 섬 26
레비-아그레스티, J. 253
레이턴, 도로테아 35
레잉, R.D. 28, 29, 297
로렌츠, 콘라트 190, 238
로젠한, 데이비드 194, 195, 311
루리아, A.R. 55, 253, 261, 265, 268,
　　270~273, 276
리듬 111, 113~118, 289
리비도적 에너지 19
린네, 칼 폰 175
린치, 케빈 243

|ㅁ|
마오쩌둥 137
마음(psyche) 269
마틴, 말라치 61
만, 호레이스 284
망각 271, 288
매컬로크, 워런 171
매클레런드, J.L. 169
매클루언, 마셜 30, 35, 51, 245
　『미디어의 이해』 148
맥락 76, 88, 90, 96, 99, 102, 119,
126, 127, 129, 132~135, 138,
143, 146, 152, 153, 161, 168, 178,
181, 182, 185, 268, 293, 319
　~도 132, 133, 146
　~짓기 126, 138, 139, 141, 143
맥락화 132, 167, 169, 293
　~ 과정 126
맥린, P.D. 261, 262, 264, 265
메이, 롤로 209, 210, 220
멕시코-아메리카 전쟁 224
멜빌, 허먼 215, 218
　『빌리버드』 215
모노크로닉 37, 47
　~한 사람 210, 211
　~한 시간 37, 39, 41
　~한 조직 46
모델 31~33
몬드리안, 피에트 117
몸 105
　~의 동작 105
　~의 싱크로나이저 107
몸짓 72
무어, H. 54
무의식 74, 214
　~의 총보 115
　~의 패턴 213
　~적인 양식 77
　~적인 문화 47, 325
　문화적 ~ 74, 214, 223
문화 16, 17, 23, 24, 31, 36, 37, 44,
69, 70, 125, 128, 129, 146, 152,

182, 196, 205, 207, 229, 232, 260, 264, 265, 276, 280, 281, 288, 289, 291, 292, 297, 300, 302, 303, 319
~의 맥락도 136, 137
~의 모델 33, 36
~의 무의식적인 체계 232
~의 양식 95
~의 패러독스 89
~의식 288
~적 자아 289, 292
~체계 229
비공식적인 ~ 324
문화와 기계 80
물질문화 51, 152
미국문화 133, 136, 151, 154, 165, 191, 211
미국식 관료체제 40
미국의 교육 272, 282, 284
미드, 마거릿 250
민속 분류법 174

|ㅂ|
바커, 로저 144~146, 278, 285
『생태학적 심리학』 144
백인 문화 137, 294
버드휘스텔, 레이 L. 105, 107, 112
『동작학 입문』 105
번스타인, 바실 134
베니스, 워런 213
베토벤 248
베트남전쟁 23, 29

벨로, 솔 136, 137
변연계 264, 265
보디랭귀지 71, 120
보애스, 프란츠 229, 230
복수전 206
부(副)문화 219, 230
부(負)되먹임 75, 87
부차문화 120
분류체계 174, 175
분류학 173, 174
분리 305, 306, 308~310, 318, 321
불확정성 179
 ~ 원리 179
브래드버리, 레이 308
블룸필드, 레너드 229
비렌, 파버 138
비숍, 피터 171
비언어적 사고활동 236
비언어적 의사소통체계 16, 119, 120
비언어적 형식 111
비합리성 291, 295, 296
개인적 ~ 300
맥락적 ~ 296
문화적 ~ 299, 300
신경증적 ~ 297
정황적 ~ 296
제도적 ~ 297

|ㅅ|
사고의 선형성 25
사피어, 에드워드 34, 35, 56, 57, 229

사회조직 152
산업혁명 21
상상력 253
상이한 시간체제 21
상호작용 202~204, 260
생계 260
샤리에르, 앙리 250
　『빠삐용』 250
서비스, 존 302
선택 197
　~의 법칙 185
설리번, 해리 스택 131, 197, 203, 306, 318, 319
성장 310
성적 충동 191, 201, 282
성적 통제 52
세대차 317
센트-죄르지, 얼베르트 176, 177, 179
소수민족 22
소크라테스 25, 189, 291
순서 197
『숨겨진 차원』 110, 122, 207
슈, 프랜시스 181
슈퍼에고 203, 289
슐레글로프, 이마누엘 218
스케줄 41, 42, 86
스키너, B.F. 180, 264
스톤헨지 32
스트로마이어 3세, 찰스 254
스피츠, 르네 208~210

슬로벤코, 랠프 154
시간 21, 43, 47, 72, 86, 88, 191, 192, 260
　~을 다루는 방식 192
　~체계 191, 192
시얼레스, 해럴드 311
신피질 95, 170, 264, 265

| ㅇ |
아랍 문화 224
아리스토텔레스 291
　『오르가논』 291
아메리칸 인디언 69, 194, 286
아이슬리, 로렌 136
아인슈타인, 알베르트 58, 65, 66, 239, 240, 257
안드레스키, 스타니슬라프 61
애플야드, 도널드 243
앵글로계 미국인 219~221, 223, 224, 301
야키족 205
양성성 260
양시 43, 102
양식의 차이 98
언어 19, 34, 35, 57, 58, 64, 72, 89, 235
　~ 코드 134
　~학습 184
언어와 수학 64
에고 203, 289
에로스 203

에서, 아리스티드 264
에스키모인 42
에스키모족 299
에스파냐계 미국문화 301
에스파냐계 미국인 23, 213, 219~
   222, 286
에임스, 애들버트 146
에크먼, 폴 112, 113
M-타임 37, 38, 41, 42, 44
   ~ 체계 40, 41, 44, 45
연장물 15, 19, 20, 47, 49~51, 53,
   54, 58, 64~70, 80, 88, 147, 148,
   164, 173, 202, 248, 259, 269, 289
   기계적 ~ 69, 282
   ~ 체계 232, 235
   ~의 전이 53
   ~의 진화 51
   인간의 ~ 70, 88, 204, 259
연장의 전이 19, 54, 57, 58, 60~62,
   65, 70, 117, 118, 142, 153, 216,
   235, 236, 242, 245
   ~과정 58, 62
연장체계 68
연합 260
열린 악보 107, 108
영장류의 행동 278
영토권 260
영토보전본능 193
영토보전행위 191
예시적 행동 225, 226
오스먼드, 험프리 297, 311

우상숭배 54
워런 (팀) 167, 168, 178
워시번, 셔우드 278, 279
워터게이트 사건 29, 155, 162
워프, 벤저민 리 56, 57, 128, 293
원한이라는 패턴 206
웨스트, 메이 228
위계적 행위 191
위너, 노버트 67
위장 170
유럽 문화 223
융, 카를 26, 33
의미 132
의사소통 89, 99, 106, 112, 135, 186
   ~방식 201
   ~수단 94, 228
   ~체계 72, 76, 80, 114, 126, 146, 238
   ~행위 191
의태 170
이드 203, 289
이텔슨, 윌리엄 146
인간과 환경 142, 143
인간의 신경계 71, 74, 75, 87, 261
인간의 정신 66, 208
인류학 196, 231
일리치, 이반 63, 287

|ㅈ|
자기수용적 기억 256
자민족중심주의 300
자아 59, 142

자연선택 50
자의식 288
저맥락 176
　~ 문화 69, 86, 138, 161, 181, 207, 217
　~ 체계 148, 149, 154, 155, 173, 180, 181
　　~의 의사소통 147
　　~적 양상 101
적합성 197
전통 59
정교한 코드 135
정보 69, 204, 268, 288
　　~과잉 125, 126, 149
정신(mind) 232, 262, 272, 288, 292
　　~내부의 상호작용 203
정신분석 269, 316
정신분석학 180, 297, 318
정신의 지도 77
정신의학 196, 208
정원사새 49
　　~의 진화 50
정체성 66, 97
정황 129, 130, 144, 146, 183, 190, 197, 206, 295, 312
　　~언어 183, 185~190
　　~적 틀 183, 186, 187, 197, 199
　　~적 행동 189, 190, 192, 194, 196, 197
제1차 세계대전 209
제2차 세계대전 173, 196, 252
제도 19, 21, 162

제한된 코드 134
조이스, 제임스 53, 54, 137
　『피네건의 경야』 53
존스턴, 제임스 169
죽음의 본능 19
중국문화 181, 226
중단성교 208
중동 문화 223
지능 238
지라드 사건 160
지성 128, 170
지위 129, 130, 142
진화론 309
집단 무의식 33
짝짓기 213

|ㅊ|
차세츠키 55, 56
창거, 하인리히 240
창조신화 309
체계 84, 85
초문화 264
촘스키, 노엄 64, 132
『침묵의 언어』 122, 192, 269

|ㅋ|
카무플라주 170
카스타네다, 카를로스 204
카포티, 트루먼 251
캘로운, 존 200
커뮤니케이션 126, 132, 133, 190,

220, 228, 232, 243
컴퓨터의 위험성 67
코졸, 조너선 63, 287
코르지브스키, 알프레드 54
콘던, W.S. 106~110
쿠퍼, 제임스 251
크로우, 베릴 30
클라인, 멜라니 318
클럭혼, 클라이드 35
키지, 켄 22
『뻐꾸기 둥지 위로 날아간 새』 22
킨, 도널드 163
킬패트릭, F.P. 146
킹, 마틴 루터 22

|ㅌ|
타나토스 19, 203
타오스 인디언 69
템포 111, 289
토플러, 앨빈 62
『미래의 충격』 148
통문화적 맥락 57
통문화적인 교육 270
통제 52
통제체계 75, 76
투영적 동일시 318
트루크 섬 252
트루크족 206
트웨인, 마크 251
티브족 114
틴버겐, 니콜라스 200, 201

|ㅍ|
파블로프 180, 268
파워스, 윌리엄 74
패러다임 60, 88
패턴 170
퍼거슨, 찰스 58, 59, 228
페리 제독 157
평원 인디언 194, 313
포유류 49, 112, 279
폴라니, 마이클 129
폴리크로닉 47
  ~한 문화 211
  ~한 사람 44, 45, 211
  ~한 시간 37
  ~한 행동 211
푸앵카레, J.-H. 240, 292
푸에블로 인디언 111, 215, 216, 308, 315
풀러, R. 30, 62, 256, 257
풀먼, G. 140, 141
프랑스 문화 157
프록세믹스 110, 143, 241
프로이트, 지그문트 19, 25, 26, 63, 74, 180, 191, 203, 208, 214, 317, 318
프로이트 학파 317
프로테스탄트 윤리 299
프록세믹스 실험 247
프롬, 에리히 26, 28
프리브램, 칼 261, 262, 265, 267, 269

프리젠, W.V. 112
플라톤 291
플랑크, 막스 240
P-타임 37
　~ 체계 37, 44~46
피치, 폴 261, 262, 265, 267~269
피카소, 파블로 54

| ㅎ |

하딘, 가레트 17, 18, 61
하이젠베르크, 베르너 179
학습 73, 240, 241, 260, 261, 265, 279
　~충동 282
핼프린, 로렌스 107
행동 88, 144~146
　~양식 288
　~연쇄 47, 199~202, 205, 207, 210, 211, 216~219, 232, 289
　~주의 136

　~체계 88
행위 72
헌던, 제임스 287
헨토프, 냇 287
호퍼, 에릭 250
호피문화 294
호피 인디언 252, 293
호피족 57, 128, 193, 194, 203, 204, 294
홀든, 콘스턴트 178
홀로그래피 모델 267
홀로그래피 이론 268
홀트, 존 63, 287
홍위병 226
환경 67
환경결정론 180
휴스, 리처드 306, 312
　『자메이카의 열풍』 306
흑인 문화 59, 121, 137, 313